La OBRA CIVIL y el CINE
una pareja de película

Valentín J. Alejándrez
Gorka Magallón
Ignacio Bisbal Grandal
Rubén Miguel Pereña

CINTER Divulgación Técnica

Primera edición, diciembre de 2005

Reservados todos los derechos. Queda prohibida la reporducción total o parcial de esta obra, por cualquier medio mecánico o electrónico, sin la debida autorización por escrito del editor.

EDICIÓN:
©CINTER DIVULGACIÓN TÉCNICA
www.cinter.es

Todas las fotografías son citas del autor.
Véase relación al final del libro.

DISEÑO DE LA CUBIERTA:
Gonzalo García-Rosales

DISEÑO DEL INTERIOR:
Elsa Chaves

ISBN: 84932270-1-3
Depósito legal: M. 51.149-2005

Impreso en Madrid

George Bailey

> *¿Sabes cuáles son los tres sonidos más hermosos del mundo?*

Tío Billy

> *El desayuno está servido; la comida está servida; la cena está...*

George Bailey

> *¡No, no, no, no! La cadena del ancla, el motor de un avión y el silbido de un tren.*

'¡Qué bello es vivir!'
(Frank Capra, 1946, *It's a wonderful life*)

Agradecemos la colaboración de:

Paco Gómez, Pablo Montero, Manuel G. Romana, Patricia Viada, José Antonio Pérez Narvión, Manolo Matji, Lourdes Lázaro, Carlos Nogueira, Marina Álvarez, Gemma Peribáñez, Rosa Montero, Enrique Bordes, Gonzalo García-Rosales, Raimundo Angosto, Luis Mª Martínez, María Luisa Aznar, Luis Navas, Beatriz Lorente, Guillermo Alarcón, Daniel Arce, Juan Valbuena, Mónika Vicente, Carlos Ramón Arce, Sara Guzmán, Ramón Sánchez, Manuel Villa, Charly Planell, Julio Alejándrez, Elena Pedre, Francisco Javier Bisbal e Isabelle Monfort.

Todos ellos, en mayor o menor medida, nos han ayudado con el estilo narrativo, la manipulación de fotografías, la revisión y corrección de problemas, las citas y referencias bibliográficas, el cálculo de estructuras mediante elementos finitos, el diseño del libro, los comentarios sobre las películas visionadas en grupo, el préstamo de algunas películas y el descubrimiento de otras, gestiones profesionales e incluso personales.

Ha habido varias cosas en mi vida que las he soñado antes de conseguirlas. Algunas las puedo confesar.

Los sueños han tenido varias formas de acercarse. Unos sueños son los conscientes que se tejen en paseos íntimos mirando al cielo, a los edificios o a las personas; o en la soledad del cuarto de estudio mirando de forma mecánica los apuntes de Resistencia. En esas situaciones de soledad, que provocan una profunda concentración, me encontraba, sin quererlo, creo, urdiendo historias increíbles, sueños, anhelos; quizás, sin darme cuenta, descubriendo nuevos deseos y caminos por los que ir. Amasaba historias que me impulsaban lejos, a lugares imposibles, a situaciones inalcanzables. Esas historias siempre quedan y ese poso forja el carácter que modifica el comportamiento para que se consiga, de una u otra forma, en mayor o menor medida, ese deseo o uno parecido.

Otros sueños, los que se acercan más a su palabra, son los que se sueñan durmiendo. Esos sueños que parecen no tener explicación y que son la repetición desordenada de sucesos ocurridos, deseados u odiados. Por alguna razón, en algún momento de mi vida soñé sueños que luego se han hecho realidad. ¡Pequeños pasos para la humanidad pero grandes pasos para mí! ¡Qué sé yo!, montar en Vespa, por ejemplo. Recuerdo nítidamente el momento en que lo soñé y recuerdo la Vespa en la que iba. Aún me dura el recuerdo y aún conservo la afición que comencé a cuidar desde que pude comprarme una.

Pero los sueños más especiales, los más potentes, los más reales, los que más poder han ejercido sobre mí son los que he soñado con el cine. Digo que han ejercido poder porque los sueños son mucho más que un momento de gozo, son una de las herramientas para construirse a uno mismo. La felicidad creo que consiste en intentar parecerse a lo que uno quiere ser, es decir a lo que se sueña. Si se sueña yendo al cine, el cine es una parte muy importante de la felicidad.

Son las tres de la mañana. No tengo ningún problema para levantarme porque hoy es un día muy importante. Me vienen a recoger en un todoterreno y salimos hacia la montaña. El camino es largo hasta la falda de la cordillera pero la carretera es buena y se hace bastante corto. Al comenzar la montaña sólo quedan quince kilómetros para la cumbre pero a los ingenieros se les hizo un nudo en el plano y no hay quien vaya a más de cuarenta. Así que tardamos una hora en subir. Seguía siendo de noche cuando llegamos al altiplano de la cumbre. El paisaje excepcional, con el sol en la espalda, permite ver nítidamente la montaña de enfrente, magnífica. Es más alta que ésta y tiene una preciosa fortificación a la que, si Dios quiere, llegaremos dentro de un rato y no por carretera. Descargamos el remolque, extendimos las telas en forma de delta y las montamos en las barras con sus ballestas de rigidez, montamos los triángulos de mando y, en cinco minutos, estaríamos listos para despegar hacia el castillo de la montaña de enfrente. Desde que vi como el protagonista despegaba en su ala delta con una simple carrera por la pendiente y que a partir de ese momento sus ligeros balanceos le permitían gobernar su ala, subir, descender o girar hacia los lados, volando, hasta que conseguí hacer lo mismo pasaron algunos años en los que no dejé de anhelar, de soñar con el vuelo. La película se llama "El asalto de los hombres pájaro", con James Coburn.

La ingeniería civil comparte con los sueños algo evidente para quien se pare y observe. ¿O no es un sueño desafiar las leyes de la naturaleza, por ejemplo la gravedad, ayudándose de la física, la estática, la hidráulica, la geología, o las matemáticas, para cruzar un valle por un camino artificial separado de la tierra, volando por el aire? ¿O no es un sueño desafiar la fuerza del agua, apresarla, retenerla y canalizarla por cauces artificiales para obtener un beneficio social? Cualquier obra civil de la que se hable encierra un sueño que no se deja ver si no se mira con pasión porque no es un sueño individual, es un sueño colectivo. Su belleza es su beneficio que no se ve a primera vista porque es tan potente lo construido que casi forma parte de lo evidente.

Y la obra civil ha sido y sigue siendo indispensable para soñar, para explicar sueños, para transportar el cuerpo y para que el alma viaje. Las imágenes de los sueños están hechas de trenes, de túneles, de puentes. El cine los ha utilizado para contar sueños, para hacer soñar y para hacerlos soñar a ellos. El cine es sueño, la obra civil es cine, el sueño se hace con obras civiles y las obras civiles son el sueño de locos aventureros desafiantes de las leyes de la realidad.

La profunda relación del cine con la obra civil es tan evidente que sorprende que nadie antes la haya postulado: "una pareja de película".

Este libro también es un sueño. Para mí porque me siento un poco agitador de su nacimiento y porque, como he intentado transmitir, creo en la intensa relación de la que se habla y creo que se ha escrito con un profundo conocimiento y un gran amor por ambas materias.

Quizás sea imposible pensar el cine sin la obra civil. ¿Podría existir el cine sin puentes o sin túneles o sin carreteras o sin puertos? Igual que la vida, rotundamente no.

Juan Carlos Arroyo Portero
Cinéfilo
Piloto de autogiro
Ingeniero

INTRODUCCIÓN — 15

DESDE EL CINE A LA OBRA CIVIL — 21

El subtexto
'El puente sobre el río Kwai' o la creación como locura — 23

El texto
'El tren' o el cine como ingeniería — 55

La estructura
'Breve encuentro' o el conocimiento del alma humana — 81

DESDE LA OBRA CIVIL AL CINE — 103

Un poco de historia — 105

Ferrocarriles — 119

Carreteras — 149

Problema. Granujas a todo ritmo — 175

Obras hidráulicas — 181

Problema. Érase una vez en América — 205

Puentes — 211

Problema. El puente sobre el río Kwai — 239

Túneles — 247

Problema. El temible burlón — 265

Puertos y aeropuertos — 269

LA CIUDAD Y EL CINE — 287

LA OBRA CIVIL INTERPRETA — 309

Relación de películas — 329

Relación de fotogramas — 385

Bibliografía comentada — 391

Introducción

El 28 de diciembre de 1895 se produjo la primera exhibición abierta al público de un documento cinematográfico. Los hermanos Lumière proyectaron en el *Salon Indien* de París, subsuelo del *Grand Café,* varias piezas que ellos mismos habían rodado. Según los testimonios de la época, 'La llegada de un tren a la estación' (Louis Lumière, 1895, *L'Arrivée d'un train à la Ciotat*) fue la que causó mayor impresión y provocó incluso que una señora se levantase de su butaca y huyese despavorida para no ser atropellada. Ocho años más tarde y al otro lado del Atlántico, los que corren y se disparan están en la pantalla y son actores. Edwin S. Porter estrenó 'Asalto y robo a un tren' (1903, *The great train robbery*) y sentó las bases del cine como espectáculo narrativo. No deja de ser significativo que este norteamericano, como los hermanos franceses, rodase su película alrededor de las vías de un tren.

Desde entonces son infinidad las películas que han recogido en sus fotogramas las diversas obras de la ingeniería civil: puentes, carreteras, presas, vías ferroviarias, canales, puertos... Con seguridad, ante esta enumeración, los nombres de muchas películas ya se agolpan sin freno hasta en la cabeza del cinéfilo menos avezado. Otros habrán deducido incluso que algún tipo de obra civil ha dado lugar a un género cinematográfico: las *road movies*.

El cine es sobre todo movimiento, y no sólo por el paso del celuloide por el proyector a veinticuatro fotogramas por segundo. Es cambio y transformación. Los protagonistas se mueven y se transforman, como la energía potencial del agua en una presa se convierte en energía eléctrica unos metros más abajo.

Las obras civiles permiten a los humanos burlar los obstáculos naturales y desplazarse de un lugar a otro. El lector se sorprenderá al recordar cuántas películas empiezan en una estación o en un puerto. Puede que los personajes inicien un viaje o arriben a una tierra desconocida. Puede que huyan de algo: de un desengaño amoroso o de un oscuro pasado. Puede que se dispongan a acometer una fabulosa aventura o deban afrontar un peligroso encargo. En cualquiera de los casos, el conflicto les aguarda a la vuelta de la esquina.

Podemos afirmar que la obra civil es punto de partida para la aventura. Si profundizamos aún más, diríamos que puede ser la aventura misma. El cine ha utilizado la obra civil para crear suspense y emoción en determinadas secuencias. De saltar un puente levadizo o tirarse de un tren en marcha depende en muchas ocasiones la supervivencia de sus protagonistas.

Si prescindimos de las partes y pasamos al todo, observamos que alrededor de la obra civil puede descansar también el argumento completo de una película. ¿Cuál es la primera que les viene a la cabeza? No es arriesgado suponer que se trata de 'El puente sobre el río Kwai' (David Lean, 1957, *The bridge on the river Kwai*). Una magnífica película que empieza y, tras mucho silbar, termina con la construcción de un espectacular puente.

Una vez expuesto que la obra civil puede ser escenario de la acción y protagonista del argumento, intentemos dar un paso más. Como la literatura y el resto de disciplinas artísticas, el cine aprovecha también la carga simbólica que destilan las

obras de ingeniería. El ejemplo de esto sería el puente, brazo artificial que une dos mundos antes inalcanzables. El puente se convierte así en un territorio misterioso que aúna la vida y la muerte, el aquí y el más allá, el amor y el desamor, el éxito y el fracaso. En definitiva, un escenario de resonancias mágicas donde hasta lo más improbable puede suceder. Pero los puentes no son los únicos, y veremos cómo el séptimo arte ha recorrido las distintas obras civiles a lo largo de más de un siglo.

Quizás el propósito más ambicioso de esta publicación sea el de averiguar hasta qué punto la obra civil se ha inmiscuido en el lenguaje cinematográfico y le ha aportado nuevas posibilidades de expresión. Bien como "localizador" de la acción (¡cuántas películas nos muestran el Golden Gate para contarnos que nos encontramos en San Francisco!), como elipsis (el plano de unas vías de tren sirve para avanzar o retroceder en el tiempo) o de maneras más sutiles e innovadoras que intentaremos describir.

En la práctica, haya más o menos diálogo, la dramatización reposa en su mayor parte sobre los hombros de los intérpretes. Pero aparte de la interpretación que actores y actrices nos puedan proporcionar, narrar cinematográficamente consiste también en llenar de sentido y significado los objetos que les rodean. Cuando esos objetos resultan ser obras de ingeniería civil entonces llegamos a la más feliz de las circunstancias en cuanto a este libro se refiere.

Creemos que no puede ser casualidad que la obra civil y el cinematógrafo hayan ido de la mano desde el nacimiento de este último. Las páginas que siguen se proponen precisamente desvelar las claves por las que tales esfuerzos del ingenio humano se han cruzado produciendo valiosos frutos a cada encuentro.

Para ello hemos estructurado el texto en dos grandes bloques. El primero lanza la mirada desde el cine hacia la obra civil. En tres capítulos trata de demostrar cómo una obra civil puede conformar el *subtexto*, el *texto* o la *estructura* de una película. El segundo mira al cine desde la obra civil. Organizado por tipología, escudriña las múltiples utilidades que el cine le ha dado a la misma. Además de estos dos bloques, analizamos en otro capítulo cómo el séptimo arte ha acompañado a la evolución de la ciudad a lo largo de sus más de cien años, e incluso en un último epígrafe, admiraremos la capacidad interpretativa de alguna obra civil.

Salpicados a lo largo del libro, el lector encontrará una serie de ejercicios resueltos desde la física más elemental hasta el cálculo de estructuras más complejo, pasando por la hidráulica. Todos ellos han sido planteados a partir de datos y hechos observados en alguna película. Sólo se ha estimado aquello que no se ha podido corroborar a través de la pantalla. Hemos de remarcar que el objeto de éstos no es demostrar la imposibilidad o inverosimilitud de las secuencias. Entendemos (y disfrutamos con ello) que el cine tiene un lenguaje que permite, de alguna forma, no respetar a Newton o Arquímedes. La única razón de estos ejercicios es jugar.

Contamos con que existen ciertas omisiones pero el espacio de este libro es limitado y nuestro conocimiento también. Nuestro espíritu no ha sido enciclopédico, y nos sentiremos satisfechos si la lectura que sigue logra al menos despertar la curiosidad por alguna de las películas que citamos o analizamos.

El movimiento se demuestra andando, dice un dicho popular. Pues sitúense en una estación cualquiera de su gusto y dispóngase a oír el silbato que anuncia la partida del tren. Un tren que cruzará por encima y por debajo de carreteras, rodeará campos de cultivo regados por el agua de una presa y llegará, si no les aburrimos demasiado, a buen puerto.

¡Buen viaje!

Desde el CINE a la OBRA CIVIL

El subtexto

'El puente sobre el río Kwai' o la creación como locura

El duelo de civilizaciones

Al coronel Nicholson (Alec Guinness) le han mandado rendirse y como buen inglés, amante del orden y la disciplina, así lo ha hecho. Él y todos los hombres a su mando se han entregado al ejército japonés y abandonado de esta forma el control sobre su propio destino. Sienten que la guerra (y la aventura por tanto) ha terminado para ellos y, con Nicholson a la cabeza, ninguno espera ya gran cosa de su participación en el conflicto. El alto mando japonés les destina a un campo de prisioneros perdido en la selva birmana para que sirvan de mano de obra en la construcción de la vía ferroviaria entre Bangkok y Rangún. Sólo les queda guardar la dignidad y el honor en la derrota. Y, si acaso alguno cuenta con la rebeldía y las fuerzas para ello, intentar escaparse.

En una de las primeras secuencias de la película, quizás la más memorable de todas, los ingleses entran en el campo silbando una tonada a pleno pulmón y guardando la más estricta formación. A pesar de que su exterior es lamentable, con la ropa hecha jirones y una evidente falta de higiene personal, su interior parece intacto. El contraste es significativo. Tras muchos meses de guerra, una deshonrosa claudicación y una atroz caminata, estos hombres desfilan por la selva como si lo hicieran por *Buckingham Palace*. Su moral parece a prueba de bombas, parecen tallados con el material del que están hechos los héroes, parecen la demostración más fehaciente de la superioridad de una civilización, parece que son mejores... El coronel Nicholson, henchido de satisfacción, les contempla convencido de que así es.

Por el contrario, el comandante de la Marina estadounidense Shears (William Holden), uno de los pocos supervivientes del campo, lo hace con un escepticismo no exento de preocupación. Ha visto llegar y morir a demasiados prisioneros como para tomarse en serio tal alarde. Sabe que, llegado cierto punto, lo único que importa es conservar el propio pellejo. *"Es la clase de heroísmo que nos hará morir a todos"* pronostica no sin razón.

El japonés al mando del campo de prisioneros, el coronel Saito (Sessue Hayakawa), tampoco parece impresionado, más bien al contrario. Se muestra marcial y hace ver a los ingleses que son unos cobardes por haberse rendido. Según el código del *bushido* han incurrido en el mayor de los deshonores para un soldado. Las palabras que el japonés lanza sobre sus prisioneros llevan implícitas que él también se considera fruto de una civilización superior.

Ahora veamos cómo empieza la novela de Pierre Boulle que dio lugar a la película. "El infranqueable abismo que algunos observadores encuentran entre el alma occidental y el alma oriental es posible que sólo sea un espejismo. ¿No será la representación convencional de un lugar común sin base sólida? ¿No será que la necesidad de salvar las apariencias fue, en esta guerra, igualmente imperiosa e igualmente vital para los ingleses y para los japoneses? ¿No será que esa necesidad determinaba invisiblemente las actitudes de los unos con el mismo rigor y la misma fatalidad que las de los otros y, sin duda, la de todos los pueblos? ¿No será que los actos aparentemente opuestos de ambos enemigos sólo eran manifestaciones, diferentes pero anodinas, de una misma realidad inmaterial? ¿Acaso el espíri-

tu del coronel nipón, Saito, no era esencialmente análogo al de su prisionero, el coronel Nicholson?"(*)

Las primeras líneas de la novela dejan bien a las claras la intención y el sentido de la obra, por mucho que el discurso esté articulado en su mayoría en forma de interrogación. Pierre Boulle acota los dilemas por los que se van a mover sus personajes y apunta la dirección en la que deberán ir encaminadas las reflexiones del lector: el *subtexto*. "Tales eran las preguntas que se formulaba el médico comandante Clipton, prisionero él también lo mismo que los quinientos desgraciados conducidos por los japoneses a la zona del río Kwai..."(**) Otro plumazo y Boulle ya nos ha introducido en el *texto* cuando apenas hemos concluido la primera página del libro.

Y, sin embargo, en las páginas que vienen a continuación no hay nada parecido a la memorable llegada de los soldados al campo de prisioneros que muestra la película. Dicha secuencia es una invención del filme, una *adaptación* de Lean y sus guionistas de los interrogantes lanzados por el escritor en su primera página. Una puesta en imágenes del peculiar duelo de civilizaciones que conforma el *subtexto* de la historia. Un ejemplo memorable, como la propia secuencia, de *dramatización* cinematográfica.

(*) Pierre Boulle. *El puente sobre el río Kwai*. Emecé Editores S. A., Buenos Aires, 1958. Pág. 11
(**) *Idem*.

La dramatización cinematográfica de un puente

Analicemos a continuación el porqué de esa *dramatización* cinematográfica. Y, para ello, remontémonos muy lejos en el tiempo, hasta el siglo cuarto antes de Cristo, hasta el primer teórico de la narración en cualquiera de sus vertientes.

Aristóteles repasa los elementos de la tragedia cuando llega a esta conclusión: "el más importante de estos elementos es el entramado de las acciones, pues la tragedia es imitación no de hombres, sino de una acción y una vida; así pues los personajes no actúan para imitar los caracteres, sino que los caracteres se los van adaptando a causa de sus acciones. De manera que las acciones y el argumento son el fin de la tragedia y el fin es lo más importante de todo."(*)

Aristóteles incide en la diferencia entre *ver* y *contar*, en su caso para separar lo que es la tragedia y la comedia de la narrativa típica de la épica en la que un único orador cuenta la historia de principio a fin. Mientras, en la comedia y la tragedia son los personajes mismos de la acción los que llevan a cabo la imitación.

"El argumento no es unitario, como algunos creen, por el hecho de centrarse en un solo personaje, pues a un solo personaje le ocurren muchas y hasta infinitas cosas, algunas de las cuales no implican unidad ninguna. De igual modo hay muchas acciones de un mismo personaje de las cuales no resulta ninguna acción unitaria. (...)

(*) Aristóteles. *Poética*. Ediciones Itsmo S. A., Madrid, 2002. Pág. 46

Así pues, al igual que las demás artes de imitación la unidad de la imitación resulta de la unidad de su objeto, así también es preciso que el argumento, puesto que es imitación de una sola acción, lo sea de una sola y que ésta sea completa, y que las partes de las acciones estén de tal modo ensambladas entre sí, que, si se cambia de lugar o se suprime una de ellas, se altere y conmueva también el conjunto. Pues aquello que por estar o no estar adjunto a algo no produce efecto apreciable alguno, eso no es en absoluto una parte del todo.

Y es evidente también a partir de lo dicho que la función del poeta no es contar lo sucedido sino lo que podría suceder y lo posible en virtud de la verosimilitud o necesidad."(*)

Avancemos en el tiempo y escuchemos ahora a otro señor barbudo: "si un escritor de prosa sabe lo suficiente sobre lo que está escribiendo debe omitir parte de lo que conoce y el lector, si el escritor trabaja con sinceridad, percibirá esas partes tan intensamente como si realmente estuvieran escritas. La dignidad del movimiento de un iceberg se debe a que sólo una octava parte de él emerge del agua."(**)

Si hacemos caso a Hemingway, una novela es como un iceberg en el que no todo asoma a la superficie. Una película, como una novela, es una construcción artificial que requiere de un considerable trabajo previo de documentación y estructura. Un importante esfuerzo destinado a dotar el artificio de esa verosimilitud y unidad que tanto preocupaban a Aristóteles.

(*) Aristóteles. *Poética*. Ediciones Itsmo S. A., Madrid, 2002. Pág. 51
(**) "*If a writer of prose knows enough about what he is writing about he may omit things that he knows and the reader, if the writer is writing truly enough, will have a feeling of those things as strongly as though the writer had stated them. The dignity of movement of an iceberg is due to only one-eighth of it being above water.*" Ernst Hemingway. *Death in the afternoon*. Scribner's, 1932. Chap. 16. Pág. 192.

Ese esfuerzo de ocultamiento que propone Hemingway ha sido profusamente adoptado y ampliado por el cine en sus más de cien años de existencia. Uno de los principales axiomas de la narrativa cinematográfica establece que la *acción* debe venir *antes que la reflexión*. Es la única manera de implicar al publico y evitar que caiga en el aburrimiento. Se deben presentar los hechos y dejar que el espectador los interprete. De esta forma se activa su participación y en lugar de mero *receptor pasivo,* el espectador se convierte en *hacedor* de la película. Dicho de otra forma: se debe conducir al espectador por el *texto* pero mantenerle alejado del *subtexto*.

Se trata de un balance muy delicado y difícil de conseguir. Requiere de mucha pericia y hace fracasar a multitud de películas, en las que *lo que se pretende contar* y el *cómo se cuenta* no terminan de encajar. Y aunque el cine sea un empeño de creación colectiva, ese trabajo de modelar el iceberg y decidir qué asoma por la superficie corresponde principalmente al guionista. Es él quien propone al director qué partes de la historia van a ocupar finalmente la pantalla y cuáles van a conformar el armazón invisible, los *pilares* sobre los que se sustenta el resto.

Esos *pilares*, si se nos permite el símil ingenieril, son los que vamos a abordar en 'El puente sobre el río Kwai', película que David Lean dirigió en 1957 a partir de una novela del escritor Pierre Boulle. La adaptación fue llevada a cabo por dos reputados guionistas, Carl Foreman y Michael Wilson, que dramatizaron todas esas interrogantes que conforman el *subtexto* de la historia y que Boulle expone a través de su narrador, el médico comandante Clipton.

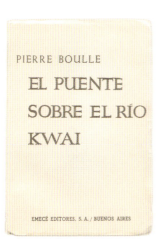

Podían haberlo hecho a través de una voz en *off,* un recurso habitual del cine para las adaptaciones literarias, pero decidieron tomar la ruta más ardua y enfrentarse al trabajo desde la narración cinematográfica más pura.

El proceso hasta dar con el guión definitivo fue largo y conflictivo y no hay que menospreciar el papel desempeñado por Lean. El primero en fijarse en el potencial del libro fue Carl Foreman, guionista de 'Solo ante el peligro' (Fred Zinnemann, 1952, *High noon*). Foreman, por entonces en la lista negra de Hollywood y exiliado a Inglaterra, se hizo con los derechos de la adaptación y desarrolló un primer guión. Luego se lo llevó a Sam Spiegel, uno de los grandes productores del momento tras el éxito de 'La Reina de África' (John Huston, 1951, *The African Queen*) y 'La ley del silencio' (Elia Kazan, 1954, *On the waterfront*). Spiegel quedó deslumbrado y se lanzó a la búsqueda de un director para el proyecto. Tras la negativas de John Ford, Howard Hawks y William Wyler (no cabe duda de que el hombre sabía elegir), consiguió interesar a David Lean. La leyenda dice que, tras su divorcio de la actriz Ann Todd, el director necesitaba ganar dinero y escapar de la presión del fisco de su país, Inglaterra. Pero igual es preferible pensar que, lisa y llanamente, se sintió fascinado por la historia.

Que no por el guión. Como condición para embarcarse en el proyecto, Lean propuso tirar el guión de Foreman y empezar de cero. Spiegel aceptó y contrató a Calder Willingham, guionista de 'Senderos de gloria' (Stanley Kubrick, 1957, *Paths of Glory*), para que hiciera una nueva adaptación de la historia. Pero su trabajo tampoco gustó a Lean, así que él mismo se puso a trabajar en el guión. Al

abordar el personaje del estadounidense Shears, Lean se encontró en dificultades y pidió ayuda a Spiegel. El productor contrató entonces a Michael Wilson, guionista de 'La gran prueba' (William Wyler, 1956, *Friendly persuasion*) y 'Un lugar en el sol' (George Stevens, 1951, *A place in the sun*) y también integrante de la dichosa lista negra. Wilson sí logró entenderse con Lean y colaboró en el guión hasta el final. Así se formó el sólido trío (Spiegel, Lean y Wilson) que, cinco años más tarde, también daría la campanada con 'Lawrence de Arabia' (David Lean, 1962, *Lawrence of Arabia*).

A la hora de determinar los títulos de crédito de la película, Lean propuso que el guión fuera firmado por Wilson y él mismo. Pero Spiegel hizo caso omiso. Por un lado cedió a las presiones de la industria respecto a la lista de marras y por otro menospreció el trabajo de Lean. Cuando la película se estrenó el guión iba firmado por... ¡Pierre Boulle! Sin comerlo ni beberlo, el escritor francés, que no sabía una palabra de inglés y no había participado en el proceso, se encontró con un *Oscar* al mejor guión adaptado. Eso sí, la estatuilla la recogió el orondo Spiegel en un gesto que no sentó nada bien a Lean. En 1985 fue reparada la injusticia. Los nombres de Foreman y Wilson se restituyeron a la película y se les concedieron sendos *Oscars* a título póstumo. Aún así, Lean persistió en la pataleta y declaró que "no hay una sola palabra de Foreman en la película"(*).

El cine es un esfuerzo de creación colectivo y todas estas idas y venidas dan una idea bastante exacta de lo mucho que puede llegar a complicarse. Pero al final de todo sólo quedan los resultados. En ese sentido, 'El puente sobre el río Kwai' es

(*) Stephen M. Silverman. *David Lean*. Harry N. Abrahams Inc. publishers, New York, 1989. Pág. 119.

un ejemplo soberbio de adaptación al cine de una obra literaria. Hasta el punto de que habrá quien piense que la película supera en calidad artística al libro. Lo que a nosotros nos interesa es subrayar la importancia que la obra civil adquiere dentro de la película, tanto en su argumento como en su código narrativo, en su *fondo* como en su *forma*. Y en este capítulo nos vamos a detener sobretodo en lo primero, en todo lo que implica ese concepto que tan alegremente denominamos *fondo*.

Foreman (otorguémosle el beneficio de la duda), Wilson y Lean (aunque no esté acreditado) se valen del puente que da título a la película para aglutinar a su alrededor las motivaciones de todos los personajes y otorgar unidad a la historia. El puente soporta por sí sólo la carga antes mencionada de verosimilitud y necesidad aristotélicas. Pero es que además los guionistas consiguen encarnar en él las diferentes aspiraciones que toda obra civil puede adoptar según su propósito y contexto.

El puente como civilización

Sigamos con el argumento. En su discurso de bienvenida, el coronel Saito hace notar a los ingleses que el campo de prisioneros no cuenta con alambradas ni empalizadas ni torres de vigilancia. No lo necesita, la inhóspita selva que les rodea asegura el fracaso de cualquier tentativa de fuga. No hay carreteras ni medio de transporte alguno en kilómetros a la redonda. La selva es virgen a su alrededor,

son reos de una naturaleza hostil. Están solos, los unos con los otros, en una penosa reclusión que significa también una convivencia forzosa. Dicha condición de prisioneros pero también de pioneros, es uno de los grandes hallazgos de la novela que la película sabe aprovechar.

Saito les asegura que no tienen por qué llevarse mal siempre que cumplan con la tarea que les ha sido asignada. ¿Y cuál es esa tarea? La construcción del puente sobre el río Kwai. Para el japonés dicha construcción es, ante todo, una cuestión de honor. Si no la termina en los plazos previstos tendrá que matarse, como más tarde le confiesa a su homólogo inglés. Al coronel Nicholson en ese momento de la película el puente le importa un pimiento. Su preocupación es mantener la dignidad y la disciplina de sus hombres. Por ello, cuando Saito pretende obligar a los oficiales a trabajar junto a sus subordinados en el puente, Nicholson se escuda en la convención de Ginebra para negarse. Sus hombres son soldados, no esclavos.

Así se establece entre japoneses e ingleses el primer conflicto, un duelo entre dos civilizaciones milenarias con distintos códigos y valores, encarnadas en los personajes de Saito y Nicholson. El inglés y sus oficiales son recluidos en unos inhumanos chamizos de reducidas proporciones y construidos con placas de metal. El japonés espera de esta forma doblegar su voluntad por el calor y el hambre. Sin embargo no lo consigue. El vencedor de este primer asalto resulta ser Nicholson. Básicamente porque los trabajos en el puente no marchan como debieran y Saito necesita de la cooperación de los oficiales ingleses. De manera que el japonés se salta su código y cede ante la obstinación de su enemigo. Los oficiales ingleses son

liberados y recibidos por la tropa entre vítores y aplausos. Mientras, Saito llora desconsoladamente en su habitación.

Vencedor de esta primera escaramuza, Nicholson pasa revista a sus tropas. Descubre que durante su reclusión ha cundido la indisciplina y se ha instalado la relajación; algo intolerable para los soldados de Su Majestad. El inglés se propone entonces restaurar el orden y reforzar la moral de la tropa y el instrumento para conseguirlo va a ser el puente mismo. Detengámonos un momento en la puesta en escena que Lean utiliza en esta secuencia. Nicholson y sus oficiales cruzan el río Kwai en una balsa cuando toman la decisión de construir el puente y colaborar por tanto con el enemigo. Otro ejemplo de *dramatización* cinematográfica que sugiere que están cruzando algo más que una corriente de agua.

Embebido por el triunfo de su primer envite, Nicholson traspasa la escurridiza línea que delimita los deberes de un oficial, de un patriota y por último de una persona moral. Está empezando a saltarse también sus propios códigos. No seamos demasiado duros con él. Lo que Saito les propone no es precisamente picar piedra sin sentido alguno, sino la construcción de un puente que garantice la continuidad de la línea férrea y facilite la civilización de esa selva que es su carcelera. Un trabajo que en último termino implica, paradójicamente, hacer saltar por los aires sus cadenas. Un esfuerzo que supone, de una manera indirecta pero real, una mejora en su calidad de vida. Si no exactamente en la suya, al menos en la de sus congéneres de raza humana. Saito les está ofreciendo la posibilidad de olvidar los intereses partidistas de tal o cual nación para trabajar en beneficio de toda la Humanidad.

Y díganme ustedes si no se trata de un reto a la altura de la idea que Nicholson guarda de él y sus tropas, un desafío acorde con su avanzado nivel de civilización. Un trabajo para los mejores, en definitiva.

¿Lo entiende Nicholson en esos términos? ¿Lo intuye al menos? No lo parece, al menos en este primer momento. Pero todo lo dicho yace en el *subtexto* de la película, en el grueso del iceberg que está bajo la superficie. La prueba la encontramos al retroceder un poco en la película, hasta la primera reunión de los oficiales aliados en el campo de prisioneros. Shears le advierte entonces a Nicholson de que la confrontación con Saito es peligrosa. En ese enclave remoto donde se encuentran no existe la ley y el japonés puede disponer de ellos a su antojo. ¿Y qué es lo que contesta el coronel inglés? *"Nosotros tenemos la oportunidad de implantar la civilización"*.

Japoneses e ingleses se reparten el trabajo *"en un sano ambiente de competición"*, en palabras del propio Nicholson. Sus intereses coinciden por primera vez y se olvidan de sus divergencias e incluso de que se encuentran en medio de un conflicto internacional. El coronel Saito sufre en silencio al mismo ritmo que Nicholson se encariña con el proceso, pues en este segundo asalto de tal peculiar duelo de civilizaciones, los ingleses se apoderan poco a poco de la construcción del puente por su mayor pericia y experiencia.

El puente como trascendencia

"He visto unos árboles por aquí cerca parecidos a olmos", le dice el capitán Reeves (Peter Williams) a Nicholson. *"¿Sabía usted que el puente de Londres está construido con olmos? Pueden durar hasta seiscientos años"*. *"¡Seiscientos años!"* exclama Nicholson con la mirada vidriosa. Lo que antes ni siquiera ocupaba su subconsciente, empieza a abrirse paso hasta su consciente. Ya no se trata sólo de darles una lección a los japoneses, de demostrar la supremacía de una civilización. La idea de construir algo para la humanidad y pasar a la posteridad empieza a hacer mella en el coronel.

Llega un momento en el que, para poder cumplir el plazo marcado, Nicholson incluso pone a trabajar en el puente a oficiales y enfermos. Es decir, da la vuelta como un calcetín a los códigos que regían su comportamiento al principio de la película. Pasa por encima de la Convención de Ginebra por la que tanto peleó con Saito. Se salta la ley y se coloca *motu proprio* al margen de la civilización.

Los ingleses, entregados en cuerpo y alma a su coronel, logran la proeza de terminar el puente a tiempo. Y es magnífico. Nicholson y sus oficiales clavan una placa que atestigua su gesta para los siglos venideros. Bajo la luz del atardecer, Nicholson y Saito se encuentran sobre el puente. Es un momento melancólico y el inglés se franquea con su par japonés. En el largo y fatigoso proceso de levantar el puente ha olvidado la lección que pretendía darle y ha surgido entre ellos

algo parecido a la amistad, o a la intimidad al menos. En ese islote de férrea disciplina que regentan, están condenados a entenderse. Si no como amigos, al menos como iguales.

Delante de Saito, Nicholson repasa sus 28 años de carrera militar y su vida en general; se siente más cerca del final que del principio. En un alarde de sinceridad, le confiesa al japonés que a menudo se pregunta por la huella que tal vida pueda dejar en este mundo. *"Tontos pensamientos dirá usted, pero esta noche..."*, los ojos de Nicholson brillan con felicidad, *"esta noche..."*. El inglés no termina la frase porque su bastón de mando cae de sus manos y se precipita al río. Avergonzado de tal emotividad impropia de un inglés (que no de tamaña complicidad con el enemigo), Nicholson se disculpa y se aleja del puente.

Resulta evidente que Nicholson se disponía a expresar su gozo por haber logrado trascender el tiempo y pasar a la posteridad, dejar su huella en este mundo. Pero Lean, que conoce el delicado equilibrio entre *texto* y *subtexto*, decide dejar la frase en el aire y cerrar la secuencia con una imagen, la de esa vara de mando cayendo al agua. Ése es otro de los hallazgos de la película: la humildad con la que Lean nos presenta los hechos (modela el iceberg) para que el espectador saque sus propias conclusiones. Sabe que las películas que se cierran y explican en sí mismas no están destinadas a trascender como ese mismo puente sobre el que gira la trama.

Una prueba más del oficio de Lean, y quizás todavía más arriesgada, es la secuencia final que resuelve el clímax de la película. El estadounidense Shears, que había logrado huir del campo y con mucha fortuna alcanzar la retaguardia del mando aliado, vuelve con un comando encargado de volar el puente. La noche previa a la inauguración montan las cargas sobre los pilares y tienden el cable hasta el detonador, escondido junto a la orilla del río. La idea es detonar el puente al paso del tren de autoridades que viene a inaugurarlo.

Pero momentos antes de la llegada del tren, Nicholson repara en los cables. Preocupado por su puente, advierte al coronel Saito de que ocurre algo extraño. Los dos bajan a la ribera del río y tiran del cable hasta encontrar el detonador. Shears y Warner (Jack Hawkins), el oficial al mando del comando, les contemplan con inquietud y estupefacción, pues no logran explicarse la actitud del coronel inglés. El espectador sí puede hacerlo, se haya sometido o no a las reflexiones expuestas anteriormente, pues ha visto el resto del proceso.

Joyce (Geoffrey Horne), el joven canadiense encargado de hacer la detonación, se abalanza sobre Saito pero, para su sorpresa, Nicholson le derriba y da la alerta a los soldados japoneses. La voladura del puente peligra, y más cuando el joven es incapaz de acuchillar a un oficial aliado para lograr su objetivo, a pesar de que así se lo reclamen Shears y Warner desde la otra orilla del río.

Shears corre en ayuda del joven pero es ametrallado por los soldados japoneses. Consigue alcanzar la otra orilla y se desploma a los pies de un boquiabierto Nicholson. Los dos hombres se reconocen y este reconocimiento basta para que el hechizo del coronel inglés se rompa. *"¿Qué es lo que he hecho?"* se pregunta así mismo desconcertado.

Una vez alcanzada la consciencia de su error, el protagonista debería redimirse con un final heroico. Pero como demostraremos más tarde, esta película no trata de héroes sino más bien de gente corriente. Así que Lean ordena la acción de otra manera. Una manera que no concuerda con los estrictos códigos del cine de Hollywood pero tampoco con lo propuesto por la novela.

En la obra de Boulle, el puente no llega a ser volado, sino que la operación fracasa y la construcción permanece. El personaje de Warner es el encargado de poner fin a la historia con sus reflexiones sobre los hechos. En la película esto es lo que ocurre. Cuando Shears se desploma a sus pies y Nicholson repara en su error, un proyectil de mortero disparado por Warner cae a su lado, malhiriéndolo. Atontado por la explosión, Nicholson acierta a levantarse, da una vuelta a su alrededor y se desploma sobre el detonador de forma inconsciente. El puente, eso sí, salta por los aires y el tren de autoridades que lo atravesaba se precipita al río Kwai.

¿Héroes o lunáticos?

Lean consigue la redención de su personaje principal de una manera ciertamente retorcida, al tiempo que evita que destruya su puente de forma consciente. Lo construyó con la cabeza llena de pájaros y en el mismo estado lo destruye. Nunca sabremos si lo hubiera hecho de manera consciente, Lean nos escatima esa elec-

ción. Pero no olvidemos lo que ese puente significa para Nicholson: su suma en esta vida, su aportación para la posteridad, pero también su contribución a un mundo mejor y más civilizado. Tras extraños vericuetos, Nicholson ha conseguido llevar la civilización a esa selva hostil. Un fin encomiable que ha sido logrado con medios no tan dignos de elogio.

Quizás otro hombre menos estricto y más inteligente hubiera sabido evaluar los riesgos de un encargo tan peliagudo o habría sabido al menos detenerse a tiempo. Pero Nicholson se deja llevar por su vanidad, primero para darle una lección al coronel Saito en su peculiar duelo de civilizaciones y luego para pasar a la posteridad.

La sensación que intuimos durante toda la película es que la empresa les viene grande a los protagonistas, que los ideales que pretenden defender no terminan de encajar en el material humano disponible. No son héroes, en el sentido clásico del término. No están adornados con grandes cualidades ni habilidades especiales. Su único mérito es su obstinación, una determinación que raya en la locura en el caso del inglés y en la humillación en el del japonés.

Cuando David Lean habló con Alec Guinness sobre el personaje de Nicholson, el actor estuvo a punto de rechazar el papel que le otorgaría un *Oscar*. Lean le pidió que interpretara a un aburrido inglés de clase media. Tal y como lo veía él, Nicholson es un don nadie que ha encontrado en la cadena de mando las circunstancias perfectas para pasar por un gran hombre; y en ese campo de prisioneros perdido de la civilización, el terreno abonado para adquirir protagonismo.

Lo mismo ocurre con el coronel Saito, un hombrecillo que se sube a un cajón para hablar a sus semejantes y que a duras penas puede vivir con el estricto código del honor que se ha impuesto. Las pruebas de esta caracterización que Lean dispone para sus protagonistas están sembradas a lo largo de todo el metraje. En general reposan en que, durante el transcurso de la película, sus actos terminan por contradecir lo que pregonan inicialmente sus ideales. Saito incurre en deshonor al rendirse a la pericia de los ingleses para terminar la obra a tiempo y Nicholson se salta la Convención de Ginebra a la torera al hacer trabajar a oficiales y enfermos en su puente.

La noche previa a la inauguración del puente, los prisioneros ingleses hacen una fiesta para celebrar el éxito de su empresa. Dos de los soldados suben al escenario y perpetran una pantomima mediante una cursi cancioncilla. La letra dice así:

"Si tú fueras la única chica de la Tierra / y yo el único chico / nada más importaría en este mundo. / Podríamos seguir amándonos de la misma manera / en un Jardín del Edén sólo para nosotros dos."

La elección de la canción no es gratuita. Nada parecido hay en el libro. De nuevo de una forma cinematográfica, en este caso más bien teatral, Lean nos transmite su parecer sobre los personajes. Mientras la farsa tiene lugar en el escenario, Lean nos muestra sucesivamente a Nicholson y Saito. Su peculiar duelo de civilizaciones queda reducido de esta manera a un bobo romance entre dos hombrecillos pasados de ego.

Una reinterpretación terrible de la propuesta que Boulle ha lanzado en las primeras líneas de su libro.

La creación como locura

"Era la oportunidad que había esperado toda la vida. Siempre había soñado con la realización de una gran obra, sin sentirse constantemente perseguido por las oficinas administrativas; ni exasperado por la injerencia en su trabajo de funcionarios que le pedían estúpidas justificaciones, ingeniándose para crearle inconvenientes con el pretexto de la economía, y que terminaban anulando las posibilidades de una creación original. Aquí sólo le rendiría cuentas a su coronel. (...) Sí, el trabajo era difícil, y faltaban los medios; pero él vencería las dificultades con su entusiasmo. Sentía en su espíritu el soplo que atiza el fuego creador y hace crecer las llamas que devoran todos los obstáculos."(*)

Éstas son las palabras con las que Boulle describe en su novela al capitán Reeves, el ingeniero inglés al que Nicholson encarga diseñar y construir el puente. Palabras en las que se puede sentir identificado sin problema alguno cualquier creador, ya sea ingeniero, pintor, director de cine o escritor.

En la adaptación cinematográfica la peripecia de Reeves apenas está contada, pero tampoco se pierde por el camino. El buen hacer de los guionistas, su fino trabajo

(*) Stephen M. Silverman. *David Lean.* Harry N. Abrahams Inc. publishers, New York, 1989. Pág. 88.

de esculpir el iceberg, consigue que el conflicto y la aspiración de Reeves se transfieran al protagonista que encarna Alec Guinness.

Ya hemos contado cómo termina la novela, con Warner explicando por qué fracasa la voladura del puente. En la adaptación cinematográfica las últimas líneas son para Clipton (James Donald), el médico que oficia de narrador en la novela y de sensato observador de la acción en la película. Clipton desencaja sus rasgos y exclama "*Madness, madness!*" ("*¡Qué locura!*" podría ser la traidora traducción) hasta tres veces mientras las llamas devoran el puente. La cámara se eleva y la película termina con el mismo plano de un ave solitaria en vuelo con el que empezó.

¿Qué es lo que propone Lean con tan dramático final? ¿A qué se refiere la locura mencionada por Clipton? ¿Al sacrificio de sus amigos? ¿A la destrucción del puente y la muerte de los viajeros del tren? ¿Al horror que toda guerra supone? ¿Al sinsentido de construir algo para instantes después derribarlo? ¿O precisamente a esa innata aspiración del ser humano por trascender los límites marcados por la Naturaleza, por levantar de la nada un artificio que atestigüe la asombrosa capacidad humana o, en palabras de Reeves, "la forma palpable de la creación (...), la potencia fecundante de sus concepciones y sus búsquedas"(*)?

Nosotros proponemos esta última interpretación pero la grandeza de 'El puente sobre el río Kwai' reside precisamente en que admite otras igual de válidas. De hecho la mayoría de los textos que tratan sobre la película ponen el acento en su antibelicismo. Sea cual sea la interpretación elegida, todas giran alrededor de ese

(*) Stephen M. Silverman. *David Lean.* Harry N. Abrahams Inc. publishers, New York, 1989. Pág. 106.

puente, de esa obra civil que, tras 161 minutos de metraje se ha cargado de diferentes significados tanto para los personajes como para los espectadores.

Queda así demostrado que una obra civil, en este caso un puente, puede concentrar el esfuerzo y el ingenio humanos hasta el punto de hacernos olvidar las cosas más elementales: la participación en un conflicto armado, la observancia de unos ideales o el propio instinto de supervivencia. Si convenimos en eso, no tendremos problema en conceder la menor. Esto es, que la construcción de una obra civil puede llegar a ser una apasionante aventura que vertebre toda una película.

El mayor decorado jamás construido

A pesar de que el puente sea el gran protagonista de la película, el recipiente sobre el que se depositan todas las motivaciones de los personajes, es curioso constatar que la película apenas se detiene en su construcción. Tan sólo un par de escenas muestran los trabajos que requiere levantar el puente. Cuando en la selva Saito y Nicholson se ponen de acuerdo en los términos para construirlo, la acción de la película toma otros derroteros. Entonces el foco de interés se desplaza a la peripecia del comandante Shears por la retaguardia aliada. Si hemos convenido que sobre el puente converge toda la acción de la película, ¿por qué ocurre así?

Se podría pensar que ocurre porque los trabajos de construcción del puente no son interesantes, no son vistosos en pantalla. Y es una buena razón, de hecho. Entrar en detalles sobre el trabajo ingenieril podría aburrir al espectador, es parte del iceberg que debe quedar bajo el agua. Pero la razón principal es, sin duda, que ya no existe conflicto. Los coroneles se han arreglado. Japoneses e ingleses trabajan juntos, codo con codo, en una armonía si no perfecta al menos fructífera. Y sin conflicto, la película se para. Por eso la cámara se dirige allí donde se encuentra. Hasta la peripecia de Shears que, huido de la selva hostil y cómodamente instalado en la retaguardia, es requerido por el alto mando aliado para regresar al escenario de su pesadilla.

A Shears le horroriza la idea pero es chantajeado y no le queda más remedio que aceptar la oferta de sus superiores. Su viaje con Warner y Joyce por la selva ocupa la pantalla en la siguiente media hora. Una media hora que nos muestra la difícil marcha de los personajes y su lucha por abrirse paso en la tupida selva; y que nos proporciona el perfecto contrapunto a lo que antes hemos apuntado sobre la labor civilizadora de la obra de ingeniería.

Lean, no obstante, parece tener sus dudas sobre tal labor. Su puesta en escena y la fotografía de Jack Hildyard nos muestran una selva hermosa y apabullante. Parece decirnos que en la naturaleza virgen hay más armonía que en la civilización de los hombres. La escena del baño en las pozas del río junto a las porteadoras nativas así lo sugiere, con esa súbita interrupción de la violencia humana en lo que antes era un escenario idílico, un jardín del Edén. El primer y el último plano de la película, esa majestuosa ave en vuelo, apuntan también en esa dirección.

Sin embargo, Lean y un equipo de más de cien personas se instalaron en la selva y destrozaron su armonía natural. Se talaron 1.500 árboles que 48 elefantes arrastraron hasta el enclave donde se decidió ubicar el puente. Un enclave que distaba mucho de ser el verdadero lugar de la acción. El productor Sam Spiegel se desplazó hasta la frontera entre Birmania y Siam (*), la zona en la que transcurrió el episodio histórico de la construcción del "tren de la muerte" y que sirvió de punto de partida para la novela de Boulle. Pero la zona apenas contaba con carreteras que soportaran la infraestructura que el rodaje requería. Y, además, el río Kwai resultó una decepción: era realmente pequeño.

En Malasia encontraron un río que les gustó más, pero discurría por una zona dominada por la guerrilla. De hecho, uno de los furgones que el Gobierno malayo dispuso para proteger a Spiegel y su equipo fue asaltado y sus hombres asesinados. Cuando pensaban en trasladarse a Yugoslavia para rodar semejante historia, el director artístico Don Ashton propuso Ceilán(**) pues la conocía bien. Esta isla en el extremo meridional de la India convenció a Spiegel y, a 60 millas de Colombo, se empezaron a construir los decorados del puente y el campo de prisioneros.

Más de 400 nativos trabajaron durante ocho meses en la construcción del puente, a partir de los cálculos de la empresa danesa *Equipment and Construction Co.* y bajo la supervisión del ingeniero inglés Keith Best. Levantaron la que era por entonces la mayor estructura de la isla, más de 120 metros de largo y 20 sobre el nivel del agua, con un coste de 250.000 dólares de la época. Se construyeron diques

(*) Actualmente Myanmar y Tailandia
(**) Actualmente Shri Lanka

río arriba para controlar el caudal del agua. Hasta el ferrocarril fue cuidadosamente preparado. Spiegel adquirió un convoy al gobierno de Ceilán e hizo tender kilómetro y medio de línea férrea para que cogiera velocidad. Todo ello para hacerlo saltar por los aires junto con el puente delante de las cámaras. Digan ustedes si se trata o no de una verdadera locura.

La explosión se podía haber falseado en un estudio de Hollywood con maquetas y trucajes fotográficos, pero Spiegel buscaba lo que denominaba "la autoridad de lo auténtico". Ese afán hizo que un equipo de más de quinientas personas trabajara durante ocho meses en plena selva y bajo unas sofocantes condiciones climáticas. Ese afán es el responsable de que John Kerrison, uno de los ayudantes de dirección, perdiera su vida por las maltrechas carreteras de Ceilán. Pero también es el responsable de que un montón de niños nativos asistieran por primera vez a la proyección de una película en el lujoso campamento que montó Spiegel. Para terminar, ese afán es el que hizo que la película tuviera ocho nominaciones a los *Oscar* y recibiera siete, incluidos los de mejor película, director y actor protagonista.

En 'El puente sobre el río Kwai' *continente* y *contenido* se mezclan de una misteriosa y desconcertante manera. Nos lleva a preguntarnos si la excelencia artística de cualquier obra no reposará precisamente en ese equilibrio *texto-subtexto*, en esa adecuación entre *forma* y *fondo*, que subrayábamos al principio. Ya hemos mencionado que la realización de una película participa de la misma locura que invade al coronel Nicholson, de la aspiración del ser humano por trascender el tiempo y el espacio que le ha tocado vivir. En el caso de Lean y Spiegel dicha aspiración pasaba por hacer la mejor película posible aunque sus métodos fueran contra su propio credo personal (como le pasa a Nicholson) o contra el mensaje último de la película (la armonía de la Naturaleza). Para elaborar una película que denuncia la locura que invade al hombre en su intento por trascender, Spiegel y Lean no repararon en costo alguno y se comportaron como verdaderos lunáticos.

Es una tentación pensar que ni el propio coronel Nicholson habría llegado tan lejos.

Las diferentes necesidades del drama

El cine busca la espectacularidad; y las grandes proporciones que en ocasiones cobran los decorados son comparables a las más costosas obras de ingeniería. Ejemplos de obras megalomaníacas hay muchos a lo largo de la historia del cine, empezando por 'Intolerancia' (D.W. Griffith, 1916, *Intolerance*) o 'Avaricia' (Erich Von Stroheim, 1924, *Greed*) siguiendo por 'Corazonada' (Francis Ford Coppola, 1982, *One from the heart*) y terminando por 'Los amantes del Pont-Neuf' (Leos Carax, 1991, *Les amants du Pont-Neuf*) o la más reciente, 'Gangs of New York' (Martin Scorsese, 2002). En todas ellas la construcción de los decorados de la acción supuso un verdadero reto para los medios de la época y a veces una auténtica ruina para sus artífices; pero lo que pasó con ellos después es algo que no se ve en pantalla. Se desmontarían y apolillarían en la nave de cualquier estudio, se aprovecharían para construir otros decorados o simplemente se destruirían. En 'El puente sobre el río Kwai' esa destrucción cobra tanta importancia en pantalla como la propia construcción. Al contrario del incendio de Atlanta en 'Lo que el viento se llevó' (Victor Fleming, 1939, *Gone with the wind*)(*), un episodio aislado de la acción, aquí se trata del verdadero meollo del argumento.

La locura de sus creadores explica el proceso de construcción del puente, pero.., ¿qué es lo que justifica su destrucción?

Volvamos al polémico final de la película. La diferencia con el del libro es enorme y no se justifica solamente por la redención de Nicholson. ¿A qué más responde? Aparte de redimir al protagonista principal de la historia, se trata de recompensar de cara al público los esfuerzos del comando encargado de volar el puente. El antagonista de Nicholson a estas alturas de la película no es ya Saito, con el que ha llegado a una entente casi perfecta, sino el propio Shears. La peripecia del estadounidense y su comando ha ocupado la mayor parte de la pantalla en el último trecho de la película y la expectación creada en el espectador debe ser satisfecha con la destrucción del puente. Así de crudas son las reglas de la narración cinematográfica: es preferible *que pase algo a que no pase*. La película, siempre en movimiento, siempre saltando de un conflicto a otro mayor, debe terminar con un final a la altura de lo propuesto anteriormente. Y en esa inexorable escalada, la destrucción de una obra civil de tal tamaño es un clímax demasiado goloso como para despreciarlo.

(*) En ese incendio se usaron, por cierto, los decorados de otra película mítica: 'King Kong' (Merian C. Cooper, 1933).

No hay que olvidar que el cine es un arte destinado a las masas. La literatura puede permitirse buscar la especificidad, el escritor puede establecer un contacto más íntimo y complejo con sus lectores. Dispone del tiempo y las páginas para ello. Pero el cine, y más el de estas proporciones, debe satisfacer en dos horas a un número inmenso y heterodoxo de espectadores.

Tampoco se puede ignorar que se trata de una forma de expresión esencialmente visual. La descripción literaria de la voladura de un puente puede llegar a ser estremecedora, pero la destrucción real expuesta en una pantalla seguro que lo es. No es que una imagen valga más que mil palabras, sino que la *dramatización* tiene diferentes necesidades según su soporte. De nuevo, el *fondo* y la *forma*.

Como dice Gerald Pratley en su estudio sobre Lean, "en el libro el lector puede aceptar la no-destrucción del puente. Ha experimentado suspense desde la escritura, pero no en el mismo sentido físico que la audiencia que está viendo la película."(*)

¿A qué se refiere Pratley con ese *físico*?

Para buscar la repuesta acudamos a las reflexiones de un guionista de los grandes, Jean-Claude Carrière. "Con mayor facilidad –y sobre todo con más naturalidad– que el cine, el teatro puede evocar, recrear la imaginación y las fantasías más ocultas de los espectadores. Si en un momento determinado del *Mahabharata* un actor nos dice *"veo a los elefantes en la llanura, con sus arrugadas trompas escupiendo*

(*) Gerald Pratley. *The cinema of David Lean*. A. S. Barnes & Co., Inc. 1974. Pág. 137.

sangre", no habrá ningún espectador que espere ver a los elefantes en el fondo de la sala. Los verá, en el mejor de los casos en algún lugar de sí mismo. Aparecerán alejados de todo soporte realista, en la interpretación del actor y en las precisas imágenes que nos hace evocar, que nos obliga a encontrar y ver, imágenes que siempre tienen algo en común (el tema, es decir, los elefantes, las trompas arrugadas, la sangre que mana) y que, sin embargo, son distintas para cada uno de nosotros, dependiendo de nuestra imaginación particular.

(...) Pero, ¿quién se atreve a correr un riesgo como éste en el cine? Las tentativas de este género sólo han conducido a callejones sin salida, a veces interesantes pero siempre infructuosos. El cine es, fundamentalmente, una forma de expresión realista. Ya se proyecte en una sala o en la pantalla de un televisor, siempre será un rectángulo aislado, construido a partir de fotografías sucesivas. Y su legendario poder ('en el cine se puede mostrar todo') se convierte al mismo tiempo en su más extraña debilidad: 'en el cine, se debe mostrar todo'."(*)

Esa condición realista del cine impide que gocemos con los deleites que ofrece la imaginación. Pero en compensación, nos fuerza a tomar partido en un sentido físico, nos empuja a adentrarnos en la aventura que la pantalla nos ofrece y nos obliga a jugar a vida y muerte como lo hacen los protagonistas de la película.

Es probable que fuera eso, y no la dinamita, lo que hizo volar el puente.

(*) Jean-Claude Carrière. *La película que no se ve.* Ed. Paidós, Barcelona, 1997. Pág. 62.

El texto

'El tren' o el cine como ingeniería

La obra civil como texto

Gracias al 'El puente sobre el río Kwai' hemos visto que la obra civil puede erigirse en la parte central del argumento, la motivación alrededor de la que actúan todos los personajes, el elemento que otorga la unidad indispensable para que una película llegue a buen puerto. También que la obra civil puede arrogarse las más variopintas simbologías, incluso algunas enfrentadas entre sí. Pero hemos comprobado que el hecho físico de su construcción apenas ocupa tres secuencias en la película. ¿Es que la obra civil resulta aburrida en el cine? ¿Es que vacía de significados, sin carga simbólica, no guarda interés alguno?

'El tren', película de 1965 dirigida por John Frankenheimer, viene a demostrarnos lo contrario. En los últimos días de la ocupación alemana de París, el coronel nazi Von Waldheim (Paul Scofield) se propone llevarse a Berlín las obras de los grandes maestros de la pintura francesa, los cuadros que por entonces estaban expuestos en el *Jeau de Paume*. La Resistencia capitaneada por el ferroviario Paul Labiche (Burt Lancaster) se dispone a impedirlo.

Dichos cuadros son los que aglutinan la motivación de los personajes y cargan con el significado último de la película. Como ocurre en la película de Lean con el puente, esas obras maestras apenas se ven en pantalla. Tan sólo se muestran en la primera secuencia de la película, cuando el coronel Von Waldheim se deleita en su contemplación en el propio *Jeau de Paume*. Luego los cuadros son embalados, depositados en cajas y embarcados en un tren. Y durante todo el accidentado trayecto no vuelven a ver la luz.

En 'El puente sobre el río Kwai' el duelo de civilizaciones se producía alrededor de una obra de ingeniería; ingleses y japoneses rivalizaban en demostrar su nivel de desarrollo, la sabiduría y habilidad acumulada a lo largo de años de civilización.

Pero su conocimiento era aplicado a una causa práctica: salvar un obstáculo natural para tender una vía férrea. Un puente y una vía férrea que, una vez terminada la guerra, pudieran servir a toda la humanidad y no sólo a los intereses partidistas de una nación. A ojos del coronel Nicholson, dicha obra civil adquiría casi la categoría de arte, pues se convertía en su pasaporte último a la posteridad.

En 'El tren' está en juego una cuestión más sutil y etérea. No se trata de construir algo, por muy bello o práctico que pueda resultar, sino de salvaguardar la sensibilidad desarrollada a lo largo de los años por una nación. Las metas alcanzadas en su carrera por alcanzar la belleza. Su arte. Al contrario de lo que ocurre con el puente sobre el río Kwai, el arte tiene escasa aplicación práctica y difícil verificación. Un puente es bueno si soporta el paso de los trenes. Resulta más complicado establecer si un cuadro es bueno o no. Los propios nazis consideraban las obras expuestas en el *Jeau de Paume* como arte degenerado y Von Waldheim tiene que hacer hincapié en su traducción a dinero para convencer a su Estado Mayor de llevárselas. La verificación de un cuadro es algo personal y espinoso de argumentar, es una cuestión de sensibilidad.

Conviene remarcar además, que esta vez nos encontramos en Francia, propietaria de una de las redes de ferrocarril más completa y avanzada del mundo. A tal nivel de desarrollo civil corresponde subir un poco más la apuesta. Como ocurría con el puente en el inhóspito entorno de la película de Lean, esos cuadros son de partida "la gloria de Francia", el crisol de su sensibilidad, el patrimonio último de una civilización.

Queda claro desde el mismo principio de la película que Von Waldheim no tiene intención alguna de destruir los cuadros, sino de apoderárselos para el Tercer Reich. Ése es el mayor acierto de la película: la trama se plantea en clave territorialista. Se trata de impedir que se alejen unos pocos kilómetros más allá. Por ello entra en juego la obra civil, principal garante de comunicación en el mundo tal y como lo conocemos. El citado tren y su vía férrea son el escenario que ocupa toda la película. Volviendo al lenguaje que hemos articulado en el capítulo anterior, diríamos que la obra civil es el *texto* de la película mientras los cuadros integran el *subtexto*.

Las tres primeras secuencias de la película dejan bien sentado todo lo mencionado hasta ahora en este capítulo. La parte invisible del iceberg. Son las únicas que no transcurren alrededor del camino férreo entre París y Berlín. A partir de este momento ya no nos separamos más de ese tren y esas vías, apasionante escenario de otro duelo. En este caso no tanto un duelo de civilizaciones como una lucha a muerte entre dos tipos antagónicos de persona.

En el capítulo anterior hemos intentado abordar los retos específicos a los que se enfrentan los guionistas. En éste nos vamos a ocupar de los retos con los que le toca lidiar al director. Desafíos que tienen que ver con el *texto*, con la parte visible del iceberg. En definitiva, con la película que se va a ver en los cines, que también cuenta con sus pautas y sus reglas. Necesita un ritmo, una interpretación de los actores y una planificación de la acción. En resumidas palabras, una puesta en escena.

Por supuesto que son tareas que ya deben estar tratadas desde el guión. El cine es un esfuerzo de creación colectiva y, cuanto mayor sea el conocimiento de la técnica y de los intríngulis del lenguaje que tenga todo el equipo, mejor para la película. Pero hay temas que le toca decidir al guionista y otros al director (y otros al director de fotografía, al montador, al músico o al eléctrico de turno).

Todo ello con el objetivo de hacer crecer el guión de manera que todas sus propuestas se encarnen en celuloide y alcancen su verdadera razón de ser. Volvamos a Carrière:

"Con bastante frecuencia he comparado esta inevitable metamorfosis con la oruga que se convierte en mariposa. El cuerpo de la oruga contiene ya todas las células, todos los colores de la mariposa, es su virtualidad. Pero aún no puede volar.

La esencia misma de su sustancia la destina al vuelo y, sin embargo se agarra torpemente a la rama de un árbol, a merced de los expectantes pájaros.

Cuando llega el momento y se transforma, cuando adquiere su forma definitiva y empieza a volar de flor en flor, de su primera apariencia sólo queda la piel, que el viento arranca finalmente de la rama. Así también el guión, olvidado como una oruga."(*)

Frankenheimer conduce con mano firme esa transformación y su película alza el vuelo con la naturalidad y ligereza de las mariposas. Para ello utiliza los elementos propios de la obra civil, en este caso un tendido férreo. Raíles, agujas, túneles, puentes, apeaderos y estaciones marcan la puesta en escena y deciden la suerte de los protagonistas de la película.

(*) Jean-Claude Carrière. *La película que no se ve*. Ed. Paidós, Barcelona, 1997. Pág. 113.

Veamos un ejemplo. En un momento dado de la película, Labiche y sus dos compañeros de la Resistencia conducen la locomotora por una vía solitaria. Vienen de arreglarla tras el intento de sabotaje que le ha costado la vida a Papa Boule (Michel Simon) y se encaminan hacia la estación donde van a engancharla al resto del convoy. Pero un avión aliado les localiza y comienza a ametrallarlos desde el aire.

Labiche acelera la marcha pero a campo abierto apenas tienen opciones contra ese avión. La situación se pone fea cuando al doblar una curva aparece la solución: ¡un túnel! Labiche y sus compañeros se adentran en él y detienen la locomotora, quedando así a cubierto del ataque aéreo.

Lo más curioso es que la película nos proporciona también el ejemplo contrario. Si la presencia de un túnel es lo que salva a Labiche en esta secuencia, en una posterior es la ausencia de un túnel lo que le permite triunfar en su cometido de detener el tren. Labiche ha conseguido frenar el tren una vez más, explosionando las vías. Pero ha sido una victoria pírrica, su reparación apenas va a llevar a los alemanes media hora. Para evitar que siga destrozando las traviesas, Von Waldheim manda a sus hombres que monten guardia a lo largo de la vía. Labiche descubre que el trayecto rodea una pequeña colina. El resistente la escala a duras penas y se deja caer por su ladera opuesta hasta las vías. Consigue así adelantar a los alemanes. Labiche aprovecha un accidente topográfico no lo suficientemente relevante como para justificar un túnel pero sí para impedir la línea recta del recorrido. Gracias a él consigue posicionarse de nuevo para detener el tren y, esta vez, de forma definitiva.

La decisión del ingeniero que diseñó la vía férrea determina el éxito o fracaso de Labiche, como antes la existencia de un túnel le permitió conservar la vida. Llegados a este punto podemos decir sin miedo a equivocarnos que son los elementos propios del trabajo ingenieril los que se transforman en sustancia dramática. Una sustancia que, como Labiche y su accidente topográfico, apura hasta el límite las posibilidades que ofrece la obra civil.

Vemos que los retos que la naturaleza plantea al ingeniero civil pueden ser utilizados también por los escritores cinematográficos para sus propios fines. Para crear *tensión* y suspense y luego resolver la acción con sorpresa y verosimilitud de forma que el espectador quede satisfecho.

Por lo tanto, que a nadie se le ocurra decir que las obras de ingeniería son aburridas. Pueden ser la aventura más apasionante del mundo si caen en las manos de unos guionistas con oficio y de un director en estado de gracia.

Tensión/reposo

Al preguntarnos en el capítulo anterior por las razones que llevaron a destruir el puente que tanto trabajo había costado levantar a Spiegel y a su equipo, nos referíamos al cine como una forma de expresión esencialmente *realista* que requiere de la complicidad *física* del espectador. Antes del razonamiento y la imaginación, los espectadores reaccionamos en una sala oscura de una forma más primaria y menos elaborada.

Las películas nos agarran por el cuello y nos someten a una noria de altibajos que mantienen vivo nuestro interés. Nos identificamos con los protagonistas y sufrimos y ganamos o perdemos con ellos. Conocemos otros lugares y nos dejamos fascinar por otras vidas. Cuando entramos en un cine, los espectadores estamos dispuestos a creérnoslo todo.

Ahora fijémonos en una secuencia de 'El tren'. Tras el primer intento de sabotaje que ha logrado retrasar el tren un día, éste con su valiosa mercancía ya se encuentra camino de Berlín. Von Waldheim ha puesto a Labiche a los mandos de la locomotora para asegurarse de que no haya más sabotajes. Sin embargo, sabemos que los resistentes van a intentar algo porque Labiche ha telefoneado a la estación de Metz. Pero no sabemos de qué se trata.

En el tren, para asegurarse de que siguen la ruta correcta, los oficiales alemanes tachan en el mapa las estaciones del recorrido a medida que las superan. Es de noche y las únicas indicaciones con las que cuentan son los letreros que hay en las estaciones con los nombres de las distintas poblaciones. A su llegada a Metz encuentran la estación bombardeada y en llamas. El tren inicia una curva para salvar las vías en mal estado. El oficial nazi que viaja junto a Labiche en la locomotora se inquieta por el cambio de rumbo. Pero Labiche le tranquiliza: *"abra bien los ojos y ensanche su horizonte"* le espeta, utilizando una frase que él ha recibido del propio Von Waldheim. Efectivamente, los letreros de la siguiente estación indican que el tren sigue camino a Berlín. El oficial se tranquiliza sin darse cuenta de que, al paso del convoy, los falsos carteles son despegados dejando ver los verdaderos. Y es que en lugar de avanzar hacia Berlín, el tren está retrocediendo en dirección a París.

Los espectadores de cine somos como ese oficial alemán. Estamos dispuestos a tragarnos lo que sea, por muy improbable que parezca, siempre que se atenga a unas reglas de verosimilitud y necesidad. Queremos ensanchar nuestros horizontes.

Pero al mismo tiempo, a medida que la proyección avanza, también nos vamos haciendo unas expectativas que secretamente deseamos que la película cumpla. Si no lo hace, nos sentimos estafados y nos bajamos del tren.

Mucha gente sale del cine diciendo que se ha aburrido porque de antemano sabía lo que iba a pasar. Es un reproche injusto en la medida en la que las reglas de dra-

maturgia son las que son y trabajan con elementos finitos. En cualquier caso, el comentario responde a una realidad: el espectador se ha puesto por delante de la película. Ha descubierto los hilos y ha abandonado el tinglado. Estamos dispuestos a que nos conduzcan pero no a ver girar el volante.

¡Qué raro es el cine! Se trata de cumplir con las expectativas del espectador pero siempre de una manera sorprendente. Se trata de ir un paso, y sólo uno, por delante de él. Se trata de ser sorprendente pero también inevitable. Casi una contradicción entre términos.

Reducir ese margen de razonamiento del espectador, someterle a la experiencia *física* de manera que no tenga la ocasión de adelantarse a los hechos, es posiblemente la magia más grande que proporciona el cine. Esa magia descansa en una cuidada dosificación de *tensión* y *reposo*. Como ocurre con la música, la clave está en el ritmo.

Un elemento crea *tensión* y otro la resuelve. Un plano levanta nuestras expectativas y otro las satisface. Así una y otra vez, desde el arco general de la película hasta su unidad más pequeña, los planos. Tanto el todo como las partes que lo componen deben contar con su equilibrio de *tensión* y *reposo* (*Set-up* y *pay-off* para los anglosajones). Es la única manera de tener en vilo al espectador y mantenerle alejado de los hilos que sujetan el tinglado. Y a veces, ni así lo conseguiremos.

Veamos un ejemplo de la película. Labiche ha decidido que sea Papa Boule, un viejo maquinista cascarrabias, el encargado de conducir el tren de los cuadros. Es un trabajo sin mayor complicación, pues por entonces aún no han decidido sabotear su marcha y supone un trayecto corto y nocturno, al amparo de los bombardeos aéreos. Intuimos que Labiche pretende proteger al viejo. En la primera secuencia en la que vemos a Papa Boule, el jefe de estación de Vaires se acerca para felicitarle porque al fin le han asignado un convoy. Papa Boule no está orgulloso; no es un tren que vaya al frente, de lo que deduce que no lleva nada importante. El jefe de estación le convence de que lleva la más valiosa de las cargas: los cuadros que suponen la gloria de Francia.

"*¡La gloria de Francia!*", Boule paladea las palabras como Nicholson los años del puente de Londres. Su mirada astuta nos hace suponer que trama algo. Lo único que hace es acercarse a la barra del café de la estación y pedirle al camarero que le cambie un billete en piezas de un franco.

Una acción tan banal que por sí sola no levanta expectativa alguna. Pero ahí entra en juego la puesta en escena de Frankenheimer. Un *zoom* de la cámara nos lleva hasta un primerísimo primer plano de las monedas sobre el mostrador. Y eso sí que genera *tensión*..., ¿qué pasa con esas monedas?

Un par de secuencias después vemos detenerse el tren de los cuadros en la estación de Rive-Reine, con la locomotora envuelta en humo. El oficial alemán se acerca corriendo hasta Papa-Boule para preguntarle por qué se han detenido. El viejo le

dice que hay un problema con el aceite y el alemán corre a llamar por teléfono a Von Waldheim. La cámara se queda con Papa Boule que, satisfecho, abre el conducto del aceite y saca de él la moneda de un franco que lo estaba obturando. *Reposo*.

Pero al mismo tiempo, también tensión. Pues Boule regresa con la locomotora averiada a Vaires, una estación atestada de alemanes. Allí el mayor Herren (Wolfgang Preiss) le hace vaciar sus bolsillos y descubre las monedas impregnadas de aceite. *"Es usted un viejo loco, debía haberlas tirado"*, le espeta casi con lástima. *"Cuatro francos son cuatro francos"*, responde Boule, que sabe de sobra que el castigo para los saboteadores es la muerte. Labiche intenta interceder ante Herren y ante Von Waldheim pero sus súplicas no son escuchadas. Papa Boule es fusilado delante del resto de ferroviarios. *Reposo*.

Al mismo tiempo *tensión*, porque la cámara nos muestra los rostros de los ferroviarios e intuimos que eso no va a quedar así. Efectivamente, el asesinato de Papa Boule es el desencadenante de la trama principal de la película. Es lo que determina que Labiche y sus compañeros de la Resistencia se decidan a sabotear el tren de los cuadros.

Si a este ejemplar juego de *tensiones* y *reposos* le añadimos una planificación sobria y expresiva, nos hemos asegurado una puesta en escena lo suficientemente eficaz como para que casi ningún espectador se nos pierda por el camino.

Un duelo de antagónicos

Y decimos casi porque todavía nos falta hablar del trabajo con los actores. La peripecia del coronel Von Waldheim guarda una gran similitud con la del coronel Nicholson. Como la de Labiche se asemeja a la del comandante Shears. Pero mientras en 'El puente sobre el río Kwai' los tres protagonistas (Nicholson, Shears y Saito) encarnaban el prototipo de hombre *nacional* (pautado y flemático el inglés, cínico e individualista el estadounidense, marcial y honorable el japonés), en 'El tren' la caracterización de los personajes no es tanto fruto de su nacionalidad como de su posicionamiento ante la realidad.

Von Waldheim es un oficial cultivado, fruto de la aristocracia germánica e, imbuido del credo del Tercer Reich, posiblemente se siente superior a sus contemporáneos. Paul Labiche es un humilde currante que toda su vida ha trabajado alrededor de lo que más ama: los trenes. Ferroviario desde que nació, posiblemente no haya visto un cuadro ni leído un libro, pero sabe todo lo que hay que saber sobre trenes y vías férreas. A lo largo de la película le vemos trabajando con sus manos en infinidad de ocasiones. Su patrimonio no es la cabeza, su intelecto, sino sus manos, su capacidad manual. A Von Waldheim, por el contrario, apenas le vemos hacer otra cosa que dar órdenes. Ante cada contratiempo su primera reacción es llamar a uno de sus oficiales. Es una de la cabezas pensantes de su ejército, pero al mismo tiempo depende de sus subalternos para que dichas órdenes sean efectivas.

Esa caracterización posiblemente provenga del guión pero hacerla visible en pantalla es parte del trabajo de puesta en escena del director. Los actores necesitan directrices claras para encarnar los personajes que propone el papel. Es tarea del director delimitar su interpretación y conducirles por una senda lo más coherente posible. Y la caracterización que propone Frankenheimer para sus dos personajes principales, amén de soberbia, no es gratuita. Pues el drama latente durante toda la película, el *subtexto*, es precisamente ése: la dicotomía entre arte e ingeniería; entre idealismo y pragmatismo; entre sensibilidad y utilidad, si se nos permite simplificar un poco.

Labiche gana la partida porque tiene un mejor compromiso con la realidad que Von Waldheim. Acostumbrado a cambiar el entorno con sus propias manos, sabe hasta dónde puede llegar, qué se puede hacer y qué no. Von Waldheim, al habitar el terreno de lo ideal, tiene más problemas para lidiar con las imperfecciones de la realidad. *"Nada es imposible"* le dice una y otra vez a su principal apoyo, el mayor Herren, un hombre tan pegado a la realidad como puede serlo el propio Labiche. Al final es el propio Herren el que despierta a Von Waldheim de su ideal: *"hemos perdido"* le dice. Y al coronel nazi no le queda más remedio que aceptarlo.

Esa dialéctica que presenta la película entre lo *ideal* y lo *posible* define a la perfección el trabajo de un director de cine. Su principal cometido consiste en enfrentarse a los hechos consumados que todo rodaje supone y conseguir que su trabajo se acerque lo máximo al ideal que alberga en su cabeza. Un ideal que proviene del guión en papel y que va a ser misteriosamente transportado al celuloide. Un viaje que nunca va a ser enteramente satisfactorio para el director, pues de la abstracción a lo concreto siempre hay un trecho. El *casting* de los actores, la elección de las localizaciones, la planificación de la acción.., en todas las etapas del proceso de producción de una película el director tiene que rebajar sus ideales para hacer concesiones a las circunstancias. Al mismo tiempo debe atizar el fuego de su ideal y pelear por acercarse lo máximo posible a él.

Un director de cine, como un ingeniero, y en general cualquier creador, debería ser mitad Von Waldheim y mitad Labiche.

La narración cinematográfica como ingeniería

Volvamos a la maravillosa secuencia de los letreros y resaltemos de nuevo la habilidad de Frankenheimer y sus guionistas. La construcción dramática y su puesta en escena funcionan como un reloj de precisión. El espectador descubre el embrollo antes que los propios alemanes, lo cual aumenta su deleite. Pero es que además, una vez repuesto de la emoción y el asombro, se zambulle en la reflexión sin necesidad de indicación alguna por parte de los artífices de la película.

Y la reflexión que yace bajo los hechos es demoledora. El paisaje no atiende a fronteras, las construcciones humanas que intentan acotar el territorio son por definición artificiales y, por tanto, intercambiables. Es un pequeño milagro que se

pueda contar tanto con tan poco, que una sencilla concatenación de imágenes logre desatar pensamientos tan sofisticados en el espectador. Por supuesto que habrá personas que no los alcancen, o alcancen otros igual de válidos, pero eso no estropeará su deleite. Una película es como una cebolla, si se nos permite el manido símil. Cuantas más capas desprenda, más visionados aguanta. Y 'El tren' resulta una cebolla bien gorda. Porque de lo que no se puede dudar es del mérito y la intención de su construcción dramática y su puesta en escena.

Por si existe todavía algún escéptico, fijémonos en otra secuencia. El convoy ha retrocedido y la vía férrea ha sido colapsada por un espectacular choque de trenes. Parece que la Resistencia ha asestado un golpe definitivo. Pero no es así. La determinación de Von Waldheim no se arruga por minucias, así que ordena limpiar las vías y recolocar la locomotora. Los alemanes trabajan duramente en ello y Labiche se desespera porque los aliados no van a llegar a tiempo de impedírselo. El jefe de la Resistencia le comunica a Labiche que un ataque aéreo va a arrasar al día siguiente todos los convoyes que se encuentren camino de Alemania. La única manera de salvar los cuadros pasa por pintar de blanco los techos de los tres primeros vagones del convoy, de forma que sean respetados por la aviación aliada.

Allí van Labiche y sus compañeros armados de cepillos y pintura. ¡Pintores de brocha gorda que salvan así las grandes obras de sus reputados compañeros de profesión! Tal paradoja es suficiente por sí sola para demostrar la intención de los artífices de esta película en la que *fondo* y *forma* se funden en ejemplar armonía.

Una vez ensanchados nuestros horizontes, avancemos en la acción de la película y profundicemos un poco más en la reflexión. Recordemos que el conflicto sobre el que reposa la película es que los nazis quieren llevarse a Berlín las obras maestras de la pintura francesa. El arte, como el paisaje, tampoco atiende a fronteras. Pertenece a la humanidad desde el momento mismo de ser creado. Se puede poseer su propiedad pero no su sustancia última. *"Un cuadro pertenece al que sabe apreciarlo"*, le espeta Von Waldheim a Labiche al final de la película. *"Esos cuadros volverán a mí o a hombres como yo"*. Y tiene razón. Lo prueba que la única respuesta del resistente a esas palabras sea disparar su ametralladora y matar al oficial nazi.

El heroísmo de la película radica en todos esos hombres y mujeres que empeñan su vida por quedarse con algo que, o no han visto o no aprecian, y que, en cualquier caso, no tiene repercusión práctica en su vidas. Para conseguirlo son capaces de sacrificar, aparte de sus vidas, aquello que simboliza el pragmatismo, la utilidad máxima: la obra civil. Lo más paradójico de la película es que son los franceses los que destrozan su propio sistema ferroviario a lo largo del metraje y los alemanes los que se preocupan por arreglarlo y protegerlo.

Se puede pensar que se trata de un heroísmo banal y sin sentido. O noble y generoso, según el espectador lleve a un puerto u otro su reflexión. Pero las preguntas que se plantean son similares a las de 'El puente sobre el río Kwai': ¿hasta qué punto se puede sacrificar la vida de tantos hombres tan sólo por mantener la belleza en un sitio u otro?, ¿merece la pena dilapidar vidas humanas y, por extensión, obras de ingeniería por algo que se sitúa fuera de nuestro conocimiento?

Labiche contestaría que no. Von Waldheim que sí. La encargada del *Jeau de Paume*, trasunto de Rose Valland (la heroína real que se encargó de velar por los cuadros durante la ocupación nazi de París y de cuyos escritos surge la película) cree que los hombres y mujeres de la Resistencia arriesgan su vida por mucho menos que eso. Y es lícito pensar que no anda desencaminada. En tiempos de guerra, la vida vale lo que un mendrugo de pan, no digamos lo que una locomotora, ni siquiera lo que un cuadro de Cezanne.

Como en el caso de la película anterior nosotros dejamos la pregunta en el aire. Ante la complejidad del dilema, nosotros nos abstenemos de contestar y menos desde tiempos de paz y la comodidad de nuestro sofá. Pero tras destacar la humildad y generosidad con la que actúan Frankenheimer y sus guionistas, como Lean y los suyos, intentemos ahondar en las pistas que sobre tal interrogante deja el director a través de su puesta en escena.

El director despide la película con un montaje de imágenes de los rehenes muertos y las cajas con los cuadros. Una dramatización perfecta del conflicto que subyace bajo todo el metraje. Ahí queda, para que cada espectador adopte su resolución. Sin embargo hay un hecho que no debemos pasar por alto. En un momento determinado de la película, el fogonero Didont (Albert Rémy) le espeta a su compañero Labiche: *"cuando todo esto termine deberíamos echarle un vistazo a esos cuadros ¿no?, Labiche"*.

Es una secuencia terrible, en la que el resistente acepta su sacrificio con despreocupación y se permite bromear sobre algo que ni siquiera conoce. Pues el momento que esperaba Didont llega al final de la película. Los cuadros se apilan en la cuneta de la vía férrea y, tras haber matado a Von Waldheim, nada impide a Labiche echarles un vistazo para comprobar por sí mismo si el sacrificio de Didont y tantos otros ha merecido la pena. Sin embargo, Labiche pasa a su lado, duda un hermoso segundo, y se aleja por la carretera sin prestarles mayor atención. En plano general vemos las obras maestras del arte, la gloria de Francia, tiradas en la cuneta de una vía férrea con la única compañía de un montón de cadáveres humanos y de una locomotora todavía humeante.

The end. ¡Menudo final! Todos los elementos de la película reunidos en un magnífico último plano. Sin embargo, hubiera sido diferente si Labiche se hubiera detenido a contemplar alguno de los cuadros, como se ha detenido antes de su careo con Von Waldheim para sofocar su locomotora. ¿Es que Labiche no tiene ninguna curiosidad artística? ¿Ninguna esperanza de que los cuadros le satisfagan? Llegado a este punto, parece evidente que es así. Por muy bellos que sean, en tal circunstancia nunca colmarán las expectativas de un hombre como Labiche. Posiblemente de ningún hombre o mujer, sean como sean. La belleza, por muy absoluto que parezca su ideal, también se devalúa según las circunstancias. Como ocurre con la utilidad de la obra civil, tan maltratada en el *texto* de esta película; como ocurre con el proceso de puesta en escena de un guión.

Ahora estamos en condiciones de escuchar a Frankenheimer de viva voz. "Lo que quería dejar claro es que ninguna obra de arte vale lo que una vida humana. De eso trata la película. Lo creo muy profundamente. Pero reducir la película a la exposición de un mensaje así es ser muy injusto (con la película) porque en mi opinión se trata de una buena película de acción que, además, tiene algo que contar."(*)

Bendita modestia la de Frankenheimer. Pocas películas habrá que pongan tantas cuestiones existenciales sobre el tapete. Sin embargo, él lo reduce a "una película de acción con algo que contar". Nada está forzado en 'El tren', ningún discurso se nos pretende colar con calzador. Su puesta en escena es tan potente y expresiva que muchas de las grandes preguntas que la humanidad se ha hecho a lo largo de los siglos emanan de forma natural de los personajes y la acción.

Al final lo que parece desprenderse de la película es que la vida humana es la escala última que determina cualquier tipo de posicionamientos morales o filosóficos. La unidad de medida que en su lado de la balanza contrapesa todo lo que la humanidad haya podido crear en sus intentos de trascendencia: arte, guerra, amor, religión…

(*) *"The point I wanted to make was that no work of art is worth a human life. That's what the film is about. I feel that very deeply. But to say that the film is a statement of a theme like that is really being unfair (to the film) because in my opinion it is a good action movie, which, incidentally has something to say."* Gerald Pratley. *The cinema of John Frankenheimer.* A. Zwemmer Limited, London. A.S. Barnes & Co., New York, 1969. Pág. 125.

Una escala imposible de obviar. Todo para el ser humano. Desde el ser humano.

Para desengrasar de tanta trascendencia terminemos con una anécdota del rodaje. Frankenheimer preparó cuidadosamente la secuencia en la que un tren descarrila en la estación de Rive-Reine y colapsa la línea férrea. Lo midió todo al milímetro y dispuso seis cámaras con sus operadores a lo largo de la vía. En el último momento, un séptimo operador se acercó para preguntarle qué tenía que hacer. Frankenheimer, que se había olvidado de él, le pidió que enterrara su cámara junto al raíl y la accionara a control remoto. Cuando así lo hizo se dio la señal de acción.

La locomotora debía ir a 7 millas por hora pero el maquinista se puso nervioso y aceleró más de la cuenta. Frankenheimer, que la veía venir a través del visor de la cámara, enseguida se dio cuenta de que algo iba mal: ¡la máquina se les echaba encima a más de 15 millas por hora! Frankenheimer gritó a todos los operadores que se alejaran y él mismo salió corriendo. El tren descarriló a 25 millas por hora y se llevó por delante las seis cámaras que estaban junto a la vía. Por fortuna nadie resultó herido y la cámara enterrada salvó la secuencia, pues su toma, tal y como se ve en la película, resultó magnífica.

Tensión y reposo. Lo ideal y las circunstancias. La escala de lo humano. Todo ello condensado en unos pocos segundos. Pero dejemos de lado el mensaje último de la película, por muy apasionante que sea. Lo que a este libro le atañe es la relación entre cine y obra civil. Y en ese sentido, 'El tren' demuestra que la belleza no tiene por qué estar reñida con la utilidad. La construcción dramática de la película como la construcción ingenieril que en este caso la hace posible, tanto guión y puesta en escena como tren y línea ferroviaria, son producto del ingenio humano, construcciones artificiales que si no llegan a la categoría de arte, cosa harto discutible, sí son hermosas en su eficiencia milimétrica.

¿O no?

La estructura

'Breve encuentro' o el conocimiento del alma humana

Lo ordinario y lo extraordinario

"Es de suma importancia saber que el entendimiento del público es emocional. Una película basada en hechos intelectuales con personajes incapaces de sentir emociones y sin motivos para sentirlas, es incomprensible. No sólo estas emociones son la única base común a toda la gente sino que también es cierto que el público no tiene tiempo para la asimilación intelectual del material. La comprensión emocional es un proceso inconsciente que no requiere tiempo."(*)

La reflexión de Eugene Vale abarca tanto el sentido *físico* al que apelaba Gerald Pratley al comparar la novela de "El puente sobre el río Kwai" con la película resultante como la modestia con la que Frankenheimer abordaba su trabajo en "El tren", una película de acción con su buena carga de profundidad.

Pero sigamos con Vale. "La acción en sí misma no existe. Alguien debe actuar. Este alguien es un ser humano; por ello debemos estar familiarizados con el ser humano para seguir y comprender la acción. Por otra parte, no es posible entender al ser humano a menos que actúe. Sólo cobra vida a través de la acción. Aunque la preponderancia de la acción o la caracterización es cuestión de gustos, el cine no debe descuidar ni desatender ninguna de ellas."(**)

En los capítulos anteriores hemos hablado de la técnica, de los elementos que componen el relato cinematográfico y su misteriosa combinación; en definitiva, de todo

(*) Eugene Vale. *Técnicas del guión para cine y televisión.* Ed. Gedisa, S.A., Barcelona, 1996. Pág. 159.
(**) *Idem.* Pág. 76.

lo que se puede aprender, ya sea en una escuela de cine o en casa con manuales de todo tipo. Ahora intentaremos abordar otro requisito imprescindible para un narrador cinematográfico, sea guionista o director: su conocimiento del ser humano.

El ser humano, ese frágil compendio de Dios y el Diablo, ese ente miserable y, al mismo tiempo, magnífico. La escala única de todo lo que conocemos y de todo lo que el cine haya podido inventar en más de 100 años de existencia. Aunque la película sea de Walt Disney y veamos unos simpáticos animalillos, aunque se trate de ciencia ficción y los protagonistas sean marcianos, nuestra relación con ellos siempre nacerá de una identificación esencialmente humana.

La mejor prueba de ello es que cuando se ha abordado desde el cine la representación de seres de otros planetas o de animales en dibujo animado siempre se les ha dotado de un carácter antropomórfico. "Sin el conocimiento de la naturaleza humana ningún escritor debería atreverse a enfrentar la tarea de escribir un relato sobre seres humanos"(*) concluye Vale.

Tanto 'El puente sobre el río Kwai' como 'El tren' se desarrollan en situaciones excepcionales (o no tan excepcionales, por desgracia), durante periodos de guerra en los que los seres humanos se enfrentan a terribles decisiones. Hablemos ahora de otra película que sucede en las circunstancias más anodinas de la vida. *"Todo empezó en un día corriente, en el lugar más corriente del mundo: el bar de la estación de Milford".* Estas son las palabras que emplea el personaje de Laura Jesson (Celia Jonson) para comenzar a relatarnos su aventura.

(*) Eugene Vale. *Técnicas del guión para cine y televisión.* Ed. Gedisa, S.A., Barcelona, 1996. Pág. 77.

'Breve encuentro' es una película de 1946 adaptada por el dramaturgo Noel Coward a partir de su obra *Still life* y dirigida por David Lean unos cuantos años antes de 'El puente sobre el río Kwai'. "No sé por qué" explica Lean, "pero hay trenes en la mayoría de mis películas. Supongo que es por el niño que hay en mí. He tenido trenes de juguete desde pequeño. Igual se trata de algo particularmente inglés, pero no lo creo. Aunque también Celia (Johnson) tenía el mismo sentimiento con los trenes."(*) Durante el rodaje de 'Breve encuentro', Celia Johnson y David Lean solían detener su trabajo para salir al andén a contemplar el paso del *Flying Scotsman*, el tren expreso que, como se ve en la película, atravesaba la estación de Carnforth entre barahúndas de vapor y golpes de sirena. Esta fascinación por los trenes compartida por Johnson y Lean aparece en incontables películas a lo largo de la historia del cine y ha sido especialmente desarrollada por Tom McCarthy en la reciente 'Vías cruzadas' (2003, *The station agent*).

Como tantas películas, 'Breve encuentro' empieza en una estación de ferrocarril. Laura es una mujer felizmente casada que todos los jueves coge el tren para ir de compras a Milford, un pueblo cercano. Esa escapada semanal es su único desahogo de la vida familiar: Celia hace sus compras, cambia sus libros en la biblioteca y luego entra en el cine para ver una película. Hecho lo cual se dirige a la estación para coger siempre el mismo tren que le devuelve a la comodidad de su hogar y a la compañía de su marido y sus dos hijos.

Pero un día, al paso del expreso (el *Flying Scotsman*) que precede con puntualidad inglesa al tren de Laura, una mota de carbonilla le salta al ojo. Laura entra en el

(*) Stephen M. Silverman. *David Lean.* Harry N. Abrams Inc. Publishers, 1989, NY. Pág. 60.

bar de la estación para intentar sacársela con un vaso de agua. Alec Harvey (Trevor Howard), un amable doctor, se ofrece a ayudarla y consigue liberar a Laura de la carbonilla. Tras un breve intercambio de amabilidades formales (la película es un manual de *politeness* inglesa) cada uno se dirige a su respectivo tren.

Al jueves siguiente, Laura y Alec se encuentran en la calle y se saludan amistosamente. Intercambian pareceres sobre el tiempo atmosférico, el tema de conversación por excelencia de los que apenas se conocen. Son todavía dos extraños el uno para el otro. Algo que va a cambiar el siguiente jueves, cuando ambos coinciden en una abarrotada casa de comidas y deciden compartir mesa para almorzar. Sentados el uno frente al otro se ponen al corriente de sus respectivas vidas y la complicidad surge de forma natural entre ellos. Alec propone acompañar a Laura al cine y allá van, felices de haberse conocido.

Llegados a este punto, cualquier lector que no haya visto la película probablemente sepa ya lo que va a pasar. Efectivamente, Laura y Alec se enamoran y tienen que hacer frente a lo que ello supone en sus vidas. Primero una incontenible explosión de sensualidad y vitalidad. Luego, cuando toman conciencia de lo hondo de sus sentimientos, la culpa se apodera de ellos y arruina su relación. Al final deciden separarse sin remedio y fiarlo todo al recuerdo de esos pocos jueves que han pasado juntos.

Una historia arquetípica de amor desdichado que bebe de fuentes literarias tan conocidas como Anna Karenina o Madame Bovary. Pero volvamos a donde ha-

bíamos dejado la historia. Cuando Laura y Alec entran en el cine lo primero que les ponen es un horrendo *trailer* de una película llamada *Flames of passion* ('Llamas de pasión'). Una historia de amor que transcurre en la selva entre tribus de salvajes y animales exóticos y que el propio trailer define en pantalla con hiperbólicos adjetivos: *Colossal!!!! Gigantic!!!! Epochmaking!!!!*

Laura y Alec no pueden evitar sonreír ante la audacia del *trailer* y todavía más cuando, a su fin, lo que ocupa la pantalla es un anuncio de cochecitos para bebés. Recordemos ahora las palabras con las que Laura empieza a narrar su historia en *off*: *"Todo empezó en un día corriente, en el lugar más corriente del mundo: el bar de la estación de Milford"*. Y también las que las preceden: *"no sabía que algo tan intenso pudiera pasarle a una mujer corriente"* (traducimos "corriente" por "*ordinary*" pero la sensación es que algún matiz se nos escapa por el camino).

¿Qué pretende Lean con esa puesta en escena? ¿Con esa contraposición entre ordinario y extraordinario? La historia que nos cuenta no puede ser más típica; sus protagonistas no gozan en principio de ningún atractivo especial: son tan sólo un médico de pueblo y una ama de casa. Los escenarios por los que se mueven tampoco pueden ser más vulgares: un aburrido villorrio inglés y una estación como tantas otras. La acción que hemos presenciado es terriblemente cotidiana; lo más movido que hemos visto es saltar la carbonilla. Está claro que no es *Flames of passion* y sin embargo la intensidad que destila la película es extraordinaria.

Como muestra, un botón. Tras el cine, Laura y Alec se encaminan a la estación y entran en el bar para tomar un té. Laura le indica a Alec que repare en la dueña del bar, una estirada mujer que es cortejada por el jefe de estación. Con ese gesto tan mínimo le abre las puertas de su mundo, de sus inquietudes y curiosidades. Alec le corresponde hablándole de forma apasionada de su profesión. Mientras enumera las enfermedades pulmonares que estudia (*neumocosis, calicosis*...), Laura y Alec intercambian una mirada que podría derretir un iceberg. Los espectadores asistimos de forma privilegiada al nacimiento de su amor. Otro pequeño milagro cinematográfico que, como en los capítulos anteriores, reposa en un ejemplar equilibrio entre *texto* y *subtexto* y, sobretodo, en unas interpretaciones prodigiosas.

Lean y Coward dejan bien claro que no hace falta viajar a la selva ni a ninguna parte, que no se necesitan grandes decorados ni desorbitados presupuestos para dar con la aventura más apasionante. Puede encontrarse a nuestro alrededor si sabemos buscarla. Esa capacidad del cine para trascender lo cotidiano y escarbar en las personas en busca de su grandeza, esa capacidad de colocarnos en un lugar de privilegio desde el que redescubrir lo que nos rodea, ese dar la vuelta al calcetín.., no está al alcance de cualquiera. Se necesita un profundo conocimiento del alma humana para hacer una película como 'Breve encuentro'.

Y como planteábamos con 'El tren', también nos gustaría resaltar que no hace falta haber sentido el amor así para disfrutar de la película. Su construcción dramática y la interpretación de sus actores se basta por sí misma para convertirla en un espectáculo gratificante, que se mete en nuestra cabeza y remueve lo que allí tengamos, sea lo que sea.

Caracterización o acción

Lean era consciente de lo que tenía entre manos: "desafiamos todas las reglas. No teníamos grandes estrellas. Había un final infeliz para la historia de amor. La película ocurría en localizaciones nada 'glamourosas'. Y los tres protagonistas eran de mediana edad. Unos años antes, hubiera sido la receta perfecta para un desastre en taquilla, pero no fue el caso de 'Breve encuentro'."(*)

El cine ha sido acción desde su nacimiento. Persecuciones, batallas de tartas, peleas de todo tipo, tiroteos.., han sido el denominador común de la mayoría de las películas en las primeras décadas de su historia. Cuanto más famosos y guapos fueran sus protagonistas y más exóticos los decorados, mejor funcionaba el tinglado. La fórmula todavía sigue vigente pero, afortunadamente, ya no es la única.

En un momento dado de su caminar, guionistas y directores se dieron cuenta de que había un movimiento inverso que estaban descuidando. Ese movimiento consistía nada menos que en profundizar en los personajes y sus caracterizaciones. Cuanto mejor estuviera definido un personaje, mayor significado se desprendería de cualquiera de sus acciones. De forma que ya no había necesidad de repetir persecuciones o imaginar una nueva vuelta de tuerca para una pelea de espadas. El gesto más corriente del mundo (esa mano de Trevor Howard posándose sobre el hombro de Celia Johnson) podía ser la acción suficiente de una secuencia si los personajes estaban construidos de forma adecuada. Un mundo de posibilidades se extendía a sus pies.

(*) *"We defied all the rules. There were no big-star names. The film was played in unglamourous settings. And the three leading characters were approaching middle-age. A few years ago this would have been a recipe for box office disaster, but this wasn't the case of Brief Encounter."* Stephen M. Silverman. *David Lean.* Harry N. Abrams Inc. Publishers, 1989, NY. Pág. 65

O dicho de otra forma, guionistas y directores se dieron cuenta de que en vez de *inventar*, podían dedicarse a *recrear*. Atendamos de nuevo a Vale: "la conclusión de este examen teórico es que no es posible la acción sin caracterización. Cuanto más fuerte queramos que sea una acción, más cuidado debemos poner en la caracterización que deseemos crear. No hay alternativa: caracterización o acción. Ambas están inseparablemente ligadas."(*)

Este equilibrio entre *caracterización* y *acción*, tan delicado como el de *texto-subtexto* o el de *tensión-reposo*, ha ido cambiando a lo largo de los años. Las primeras películas basaban su atractivo principalmente en la acción y contaban con personajes estereotipados que respondían a las etiquetas de el héroe, la chica o el malvado. Con el devenir del tiempo las caracterizaciones se fueron completando y la acción se situó en su justo lugar. Ahora mismo, en las pantallas de nuestros cines, podemos disfrutar de películas de acción con personajes acartonados y de profundos dramas psicológicos con escasa acción. Que cada cuál decida por sus gustos y afinidades, pero a nosotros nos gustaría insistir con Vale en que una cosa va unida a la otra y que el trabajo del cineasta consiste precisamente en encontrar el equilibrio adecuado para la historia que pretenda contar.

Lean lo encontró en 'Breve encuentro' y también en 'El puente sobre el río Kwai'. Y no se trata del mismo equilibrio.

(*) Eugene Vale. *Técnicas del guión para cine y televisión.* Ed. Gedisa, S.A., Barcelona, 1996. Pág. 100.

Lo inefable

"*Indecible*. De tal naturaleza o tan grande que no se puede expresar con palabras."(*) Toda creación es una búsqueda. De respuestas, de significados, de conexiones y gratificaciones. La búsqueda de algo que escapa a las palabras o a los signos del lenguaje que utilicemos. Un intento por sublimar los códigos y alcanzar una comunión más allá del entendimiento racional.

Muchas veces salimos del cine totalmente deslumbrados por la película que acabamos de ver. Pero cuando intentamos transmitir tal deslumbramiento nos damos cuenta de que nos faltan las palabras, de que la articulación que hacemos de lo que nos ha emocionado en la pantalla siempre es grosera e incompleta. Fracasamos una y otra vez en contar lo que hemos sentido y porqué nos ha complacido tanto.

No sabemos explicar por qué una secuencia nos ha puesto tan nerviosos y su desenlace nos ha vaciado tanto. Tampoco logramos entender cómo es posible que una acción del protagonista, aparentemente incongruente e incomprensible, nos haya parecido, por el contrario, emocionante y consecuente. Y mucho menos conseguimos descubrir cómo la organización de los hechos nos ha provocado unas reflexiones tan alejadas de lo que en principio sucedía ante nuestros ojos.

Así pasan las horas discutiendo sobre la película.

(*) *Diccionario de uso del español.* María Moliner. Ed. Gredos S.A., Madrid, 1992

Aunque deseemos que nuestras expectativas sean complacidas y pretendamos comprender todo lo que la película propone, siempre dejamos también un residuo para el misterio. Para lo desconocido y su aprendizaje. Cuando entramos en el cine queremos pasar un buen rato, pero también queremos aprender algo nuevo. Queremos ensanchar el horizonte de nuestras vidas y encontrar alguna respuesta para lo que nos rodea e inquieta. Alguna respuesta, que no todas.

Si tuviéramos todas las respuestas dejaríamos de hacernos preguntas. Y sin preguntas ni misterio, estaríamos secos y parados. Como ocurre con los buenos guiones, estamos siempre en movimiento.

"Materializar lo invisible: ¿será éste el mejor uso posible de cualquier lenguaje? El cine, desde que existe, nunca ha caminado solo. Nadie camina sin compañía, aunque persiga la soledad, aunque se crea solo. El cine se ha codeado siempre, a menudo con insistencia –lo haya querido o no- con todas las demás formas, con todas las demás voces. En los últimos años se ha insistido mucho en lo 'no dicho', en el *subtexto*. Se ha dado la misma importancia a lo que ocurre entre las réplicas de Chejov que a lo que dicen esas mismas réplicas (felizmente, entre las réplicas de Chejov ocurren muchas cosas). Del mismo modo en que el arte no figurativo deja mucho espacio, a menudo todo el espacio, al imaginario del que mira, la música, buscando las vibraciones perdidas entre las notas, más allá de la melodía, ha revelado otros territorios muy poco frecuentados. En una frase ya célebre, decía Sacha Guitry: "el concierto que acabáis de escuchar era de Wolfgang Amadeus Mozart. Y el silencio que le ha seguido también era de Mozart". Algunos músicos contem-

poráneos dicen que intentan, ante todo, pasar de un silencio a otro silencio. De la misma manera en que, para Grotowsky, el arte de la danza se manifestará más claramente cuando los pies se elevan por encima del suelo, y no cuando lo tocan, todos nosotros hemos soñado con lo efímero, lo ligero, lo volátil, lo fantasmal, todo aquello que se dice sin decir y se da a ver sin mostrarse. Y así hemos tendido, la mayor parte de las veces a ciegas, hilos invisibles entre los signos que consideramos demasiado visibles, demasiado ruidosos y pesados."(*)

Busquemos ahora un pasaje de 'Breve encuentro' para ilustrar las palabras de Carrière. Laura y Alec se han besado por primera vez, en el pasaje subterráneo de la estación, antes de tomar sus respectivos trenes. Laura se sube al suyo y se sienta junto a la ventanilla. Mientras contempla el paisaje desfilar ante sus ojos, su *off* nos cuenta que es feliz como una colegiala, que quiere a Alec y que su amor es correspondido. La cámara gira suavemente y la ventanilla pasa a ser una pantalla de cine donde ahora desfilan los sueños de Laura. La vemos con Alec bailando bajo arañas de cristal, en un palco de la opera en París, en góndola por los canales de Venecia, viajando en coche, contemplando las estrellas desde un barco.., en definitiva, vemos las inquietudes y ensoñaciones que Laura jamás se atrevería a poner en palabras. Las ilusiones que no ha podido desterrar de su cabeza, a pesar de llevar una vida satisfactoria e incluso feliz. Lo que no tiene razón alguna para estar ahí.

Si el cine (o el teatro o la literatura o la música) pudiera darnos todas las respuestas, dejaríamos de visitarlo enseguida. Siempre reservamos un hueco para el misterio y lo desconocido, una intimidad de preguntas y expectativas personal e

(*) Jean-Claude Carrière. *La película que no se ve*. Ed. Paidós, Barcelona, 1997. Pág. 27

intransferible..., una ventanilla de tren que a veces se transmuta en pantalla de cine. Ése es el material con el que deben trabajar los creadores y la diana hacia la que deben apuntar sus obras.

Es lo que nunca dejará de interesarnos.

La ingeniería como estructura

Hemos empezado el capítulo contando de forma lineal el argumento de la película, pero hemos parado enseguida. La historia que cuenta ya es suficientemente conocida de por sí al partir de una fuerte tradición literaria. Por si eso no fuera argumento suficiente, también hay una serie de circunstancias que concurren cuando el espectador se enfrenta a una pantalla. La primera de ellas es que la mayoría de las veces, sea por la promoción o por el boca a boca, ya tiene una idea aproximada de lo que va a ver. Eso determina su elección de tal o cual película. Pero es que además y como herencia del *star-system* hollywoodiense, el espectador conoce la mayoría de las veces a los actores protagonistas. O aunque no los conozca (puede ser este caso, ya que Trevor Howard apenas había actuado en tres películas por entonces, aunque sí en infinidad de obras teatrales) sabe identificarlos al instante, pues casi nunca se trata de una audiencia virgen, sino de una audiencia ya curtida con películas anteriores.

En el caso de 'Breve encuentro', por su temática y sus circunstancias externas, parecía difícil anticiparse a las expectativas del espectador, ir un paso (y sólo uno) por delante de él. Había que gratificar sus expectativas pero también guardar un margen para sorprenderle y evitar así que cayera en el aburrimiento. Lean y Coward debían ser conscientes de tal dificultad pues deciden contar su película de forma no lineal. Esto es, por medio de un largo y fragmentado *flashback* en el que Laura le cuenta su aventura extramatrimonial ¡a su marido! La voz en *off* de Laura selecciona los momentos que determinan su relación con Alec y los adereza con sus reflexiones íntimas. La historia avanza y retrocede en el tiempo a partes iguales, manteniendo en todo momento la atención del espectador.

Para que no se pierda en este ir y venir temporal, Lean se sirve (voz en *off* aparte) de los horarios de la estación de Milford. Laura y Alec se separan todos los jueves cuando toman los respectivos trenes que les llevan de vuelta a casa. Como buenos ingleses, son muy estrictos con ello. Apenas se plantean el hecho de perder el tren para prolongar el placer que supone estar juntos. En España, por poner un ejemplo cercano, nadie dudaría en hacerlo. Sólo al final de la película y en pleno apogeo de su enamoramiento, los amantes toman esa decisión. A Laura le cuesta un horror, llega incluso a subirse al vagón para instantes después abandonarlo en marcha. No es para menos, pues esa acción de perder el tren está cargada de una fuerte connotación: la de su primer encuentro sexual.

Todos los hechos dramáticos de la película ocurren entre la llegada de un tren y la salida de otro. De forma que el horario de trenes de la estación de Milford estruc-

tura y organiza la película. El paso del expreso, la megafonía y el silbato del jefe de estación nos ponen en situación y permiten que los hechos dramáticos se desarrollen sin confusión alguna. Un material en principio insignificante que en las hábiles manos de Coward y Lean se convierte en uno de los aciertos de la adaptación.

Ocurre en infinidad de películas, la acción se enmarca entre la llegada de un tren y la marcha de otro, como veremos más adelante en el capítulo dedicado al ferrocarril. Y quien dice tren, dice barco, avión o cualquier otro medio de transporte. Por no hablar de las películas que transcurren durante el trayecto de un viaje, ésas son todavía más numerosas. Es lógico que así sea pues, como decíamos en la introducción, el cine supone ante todo movimiento y la obra civil es la que lo garantiza. Pero en 'Breve encuentro' la estructura es especialmente reseñable pues actúa en dos direcciones: la obra civil no sólo ordena el trayecto entre diferentes espacios, sino también entre diferentes tiempos.

Estructura temporal aparte, Lean y Coward se guardan todavía un as en la manga para mantener en vilo al espectador. El desenlace de esa súbita historia de amor. Sabíamos que Laura y Alec se iban a enamorar, pero no qué va a pasar con su relación adúltera. El final tiene que estar a la altura de lo narrado anteriormente, de esa brutal explosión de sentimientos que muestra la pantalla. Como exponíamos en el capítulo anterior, uno de los mayores retos a los que se enfrenta un cineasta es precisamente ése: lograr un final que para el espectador sea sorprendente pero inevitable. 'Breve encuentro' lo tiene. Dicho lo cual, esta vez nos guardaremos muy mucho de reventarlo por si algún lector aún no ha visto esta espléndida película.

Una victoria momentánea

En la pieza teatral de la que nace la película, la mayoría de la acción transcurría en el bar de la estación. Al abordar su adaptación para la gran pantalla, Lean y Coward decidieron huir del estudio ("ese agujero negro", le llamaba el director) y salir a escenarios naturales para que la película tuviera un vuelo más cinematográfico. La estación de Carnforth fue utilizada para recrear la de Milford y en su andén se construyó el *refreshing room* o bar de la estación, de forma que las entradas y salidas al andén de los protagonistas fueran inmediatas.

Ya hemos hablado en 'El puente sobre el río Kwai' del alto concepto que sobre la naturaleza tenía Lean. No es de extrañar por tanto que cuando Laura y Alec salen juntos por primera vez se dirijan al jardín botánico. Y que la segunda vez que lo hacen se internen en la campiña y terminen en un puente de piedra sobre un arroyo.

Las diferentes obras de la ingeniería civil han acompañado al ser humano desde tiempos inmemorables. A la vez que se perfeccionaba su diseño y construcción también se recubrían de todo tipo de connotaciones. Desde el momento que tales connotaciones eran aprovechadas por la literatura, el teatro o la fotografía para sus propios fines expresivos, los puentes, caminos, presas, etc, forjaban un caudal de significado que posteriormente el cine supo aprovechar.

Pero este tema de la simbología que destila la obra civil y su aprovechamiento expresivo por el cine lo vamos a tratar en los próximos capítulos. Ahora sólo quisiéramos mencionar la utilización que Lean hace en 'Breve encuentro' de los puentes, andenes y subterráneos. Los primeros son utilizados en su simbología primigenia, la de lugar de encuentro para dos orillas antes separadas. Si bien es cierto que los andenes de la estación de Milford juegan el mismo papel y allí es dónde se conocen Laura y Alec, también lo es que las estaciones suelen ser lugares demasiado concurridos para una relación adúltera. Cuando Laura y Alec deciden hacer una excursión fuera de todo lo que conforma su mundo, terminan sobre un pequeño y solitario puente de piedra en medio del campo. Allí se besan por segunda vez, acechados por la sombra inexorable del remordimiento, conscientes ya de su condición de orillas demasiado alejadas para construir un puente duradero.

La primera vez que lo hacen no deja de ser menos significativa. Ocurre en el paso subterráneo que conecta los andenes de la estación de Milford. Los subterráneos siempre han sido símbolo en la tradición narrativa de la conexión con otros mundos. Resguardados de la luz del sol, los túneles son campo de cultivo para experiencias recónditas y alejadas de la normalidad. Con su puesta en escena Lean parece decirnos que debajo de la alfombra de lo ordinario hay siempre trazas de lo extraordinario. Existen mundos ocultos bajo éste en el que vivimos, otras sensaciones y formas de vivir; un *subtexto* casi de ciencia ficción que, sin embargo, encaja perfectamente en la película de la que estamos hablando.

Resulta curioso que el último día que Laura y Alec pasan juntos, una vez que ya han decidido poner fin a su relación, repitan el mismo puente de piedra en la campiña. Volver a los lugares donde hemos sido felices es un empeño vano en el que los seres humanos tropezamos una y otra vez. Como si la permanencia del espacio desmintiera la fugacidad de los sentimientos, como si Heráclito no nos hubiera enseñado que el río nunca pasa dos veces bajo el mismo puente. Por el contrario, en la película el hecho de que Laura y Alec repitan escenario parece sugerir más bien que empiezan a doblarse ante el paso del tiempo, que inician las odiosas rutinas que toda relación conlleva.

En este sentido, la estructura temporal de 'Breve encuentro' se antoja especialmente pertinente. Los amantes se construyen su propio tiempo, fuera de las preocupaciones cotidianas y las rutinas del hogar. El diálogo de la escena en que se confiesan su amor es especialmente significativo. Laura sabe que no son libres para amarse, que tienen ya demasiadas ataduras: *"It's still time"*, dice entre sollozos. Y Alec responde *"It's no time at all"*.(*) Recordemos que la pieza teatral de la que parte la película se llama precisamente *"Still time"*. Como si el amor consistiera finalmente en eso: en ser capaces de parar el tiempo, de concedernos una pausa mágica en un proceso inexorable, una batalla ganada en una guerra que irremisiblemente vamos a perder.

A menor escala que el amor, pues al fin y al cabo se trata de material de segunda mano, el cine y cualquier expresión artística en general nos proporciona la misma victoria momentánea sobre el tiempo. Ya no se trata de trascenderlo como decía-

(*) La traducción resulta imposible. Los subtítulos rezan *"Es tiempo muerto"* y *"No es tiempo real"*, pero la traducción más fiel, aunque también más fea, sería *"Es tiempo detenido"* y *"No es tiempo para nada"*.

mos a propósito de 'El puente sobre el río Kwai', sino solamente de pararlo un poquito.

El hecho de que el receptor de la locución en *off* de Laura sea su propio marido es otro de los aciertos de 'Breve encuentro'. El espectador se zambulle desde el principio en la intimidad de la pareja de una forma tan abrumadora que es imposible que el devenir de la historia le deje indiferente. Porque Lean y Coward se preocupan de caracterizar muy bien a Fred, el marido de Laura, justo contrapunto a la historia de amor adúltero. Fred es un buen hombre, amoldado a sus rutinas hogareñas pero también un esposo atento y un padre cariñoso. Tanto Laura como Alec como Fred son excelentes personas que se ven prisioneros de unos sentimientos que, en el caso de los dos primeros, les desbordan. No hay una visión moral del adulterio. Sólo una descripción casi behaviorista de su relación. Y eso es, a nuestro juicio, lo que hace grande esta película.

'Breve encuentro' no destacaría entre mil películas por la historia que narra. Entre cien sí destacaría por la solidez y pertinencia de su estructura. Pero sobre todo lo que la hace única es la sensibilidad con la que radiografía los sentimientos humanos, esa intimidad de la que hace partícipes a los espectadores y que resulta comparable al tesoro más difícil de conseguir en una buena película de aventuras.

Desde la OBRA CIVIL al CINE

Un poco de historia

Para aquellos que duden o desconozcan el significado de obra civil pueden recurrir a la definición con que la Real Academia de la Lengua Española describe como obra pública a aquella que es de interés general y se destina a uso público, pero como todo, esta definición puede ser matizada analizando a grandes rasgos su evolución en la historia.

En primer lugar hay que ampliar un poco el alcance de esta primera definición, incluyendo no sólo las obras realizadas para bien público que pueden ser utilizadas por todos, sino también aquellas otras obras construidas igualmente con fondos públicos que tienen reservado el uso únicamente al funcionariado, a los representantes públicos y de la Administración. Todos ellos, en mayor o menor medida, trabajan para el bien público aunque su utilidad no sea siempre perceptible por los ciudadanos.

Estas obras llamadas ahora civiles fueron también llamadas obras públicas e incluso obras reales cuando eran los reyes los únicos con poder para encargar su construcción. Algunas de ellas, ahora civiles, son la herencia de campañas militares que necesitaron de puentes y carreteras para invadir o colonizar. Otras fueron obras privadas de mecenas o señores feudales que ahora quedan para el mantenimiento a cargo de los fondos públicos. Pero empecemos por el principio.

Uno de los indicadores más fiables del grado de civilización y desarrollo de un país es el de la cantidad y calidad de sus obras civiles, desde las carreteras y vías de comunicación hasta las depuradoras de agua. No es de extrañar, por tanto, que las obras civiles en la antigüedad fuesen construidas por las grandes civilizaciones que destacaron sobre las demás, especialmente en el ámbito cultural y social. El dominio de la fuerza de las armas fue acompañado en la mayoría de los casos del dominio cultural, pero no en todos. Ejemplos veremos de civilizaciones dominadoras que no fueron capaces de construir ni prácticamente mantener obras civiles, así como veremos culturas grandiosas que, por su carácter y modo de vida, tampoco se prodigaron demasiado en ellas.

Si nos remontamos hasta 5.000 años antes de Cristo y viajamos al Egipto de los Faraones encontramos una primera referencia a lo más parecido a una obra civil. La necesidad de comunicación entre distintas ciudades impulsó la instauración de un servicio de correos que en un principio se realizaba a pie y alrededor del año 1600 a.C. comenzó a utilizar caballos. En ambos casos tuvieron que mejorar y cuidar los caminos que unían las grandes ciudades y a pesar de no disponer todavía de todas las técnicas que actualmente conocemos, esos caminos no dejan de ser obras civiles mantenidas con el dinero público recaudado a través de impuestos. Esta necesidad de comunicación será, aunque no la única, el gran motor para la creación y mantenimiento de obras civiles a lo largo de toda la historia, y así, veremos como se construyeron carreteras, puentes, túneles, puertos y canales navegables siempre en busca de facilitar el movimiento y por tanto, la comunicación. Citando a Pablo de Alzola y Minondo en su Historia de las Obras Públicas en España, "El movimiento es el gran resorte del cuerpo social, siendo el medio por el cual domina el hombre la naturaleza". Movimiento y dominación de la naturaleza son conceptos importantísimos que suponen dos de los grandes motores de la construcción de obras civiles. El movimiento, a su vez, no deja de ser el espíritu del cine como herramienta, como invento que revolucionó la técnica de capturar imágenes congeladas para pasar a registrar sobre unos soportes similares imágenes en movimiento.

En este periodo de la antigüedad también encontramos las obras más espectaculares y enigmáticas de la historia. Se trata de las pirámides, esos gigantescos mausoleos que siendo una obra para uso nada público, al contrario, absolutamente privado, se realizaron con el dinero de los impuestos y con el trabajo de los agricultores "funcionarios" que cambiaron su trabajo cotidiano en el campo para, organizados en cuadrillas y dirigidos por capataces y arquitectos, aplicar unas técnicas constructivas propias de cualquier obra civil moderna. Todavía hoy suponen una gran incógnita que enfrenta a historiadores y arqueólogos.

Howard Hawks en 'Tierra de Faraones' (1955, *Land of the Pharaohs*) fue quien mejor supo recrear el proceso constructivo de una de estas famosas pirámides, la del Faraón Keops (Jack Hawkins) diseñada por Vashtar (James Robertson Justice) mientras se vivía la historia de amor entre el propio Keops y la princesa Nellifer (Joan Collins). Se compara el proceso constructivo de las pirámides con el de una obra civil moderna como lo hizo Juan López, el encargado de obra que José Luis Guerin nos descubrió en 'En construcción' (2001). Y ésta no fue una cuña cinéfila que Guerin forzase en el diálogo para justificar la programación televisiva de 'Tierra de Faraones' que se ve y escucha en los hogares del barrio en toda una secuencia. No, fue el propio Juan López el que, en conversación con Guerin y sin saber el título de la película de Howard Hawks, le contó con pelos y señales el guión de la misma confesando que era la película sobre construcción que más le gustaba. A partir de esa conversación surgió la necesidad de incluir en la película la referencia cinéfila.

Volviendo al servicio de correos, éste no siempre fue acompañado de carreteras (los persas y los griegos utilizaron hogueras y torres en lo alto de las lomas), pero con el Imperio Romano se volvió a impulsar el uso de los caminos para el correo en particular y la comunicación en general. Mejoraron los sistemas de empedrado de las vías hasta el punto de conseguir recorrer una distancia de 200 millas romanas (280 km) en menos de 24 horas, velocidad que no se alcanzó en España hasta mediados del siglo XIX. Los romanos, así como los etruscos, tenían un carácter más expansivo que los griegos, que con sus ciudades-estado vivían mirando más hacia el centro de la ciudad que hacia el exterior. El único medio que los romanos tenían para mantener en orden tanto territorio anexionado, era la construcción de una red de vías empedradas en las que diseminaron un sistema de estaciones para cambio de tiros y de coches que permitía una rápida comunicación, tanto para la defensa como para el comercio interno del Imperio. Por supuesto, estas vías tenían un carácter militar en primera instancia, pero una vez construidas quedaban para el uso civil y se mantenían con el dinero público.

En el siglo I a.C. el poeta y filósofo romano Tito Lucrecio Caro escribió *"De rerum natura"*, en el que describía la naturaleza de la materia y el comportamiento de la misma, hablando por primera vez de la persistencia de las imágenes en la

retina. Sin saberlo, escribía sobre algo que sería fundamental muchos siglos después para el nacimiento del cine.

El Imperio Romano no sólo empedró los caminos, también construyó: canales navegables en los que no había azudes que impidiesen dicha navegación; canales con el único fin de evitar inundaciones en las ciudades, como el canal de Trajano que protegía Roma; acueductos de abastecimiento de agua que consiguieron caudales de hasta 15.000 litros por segundo en Roma; canales de riego; azudes en canales secundarios para los trabajos de molienda de granos; puertos fluviales y marítimos y faros para la señalización de los mismos. Todo ello hace de los romanos los grandes ingenieros de la antigüedad y esas obras han quedado, alguna de ellas casi intactas, para el uso y disfrute actual, como la *Via Appia* construida durante la República en el año 312 a.C. que sirvió como cadalso para Espartaco y sus más de 6.000 gladiadores rebeldes en la versión de Stanley Kubrick (1960, *Spartacus*). Todos ellos fueron crucificados al borde de la citada calzada desde Capua hasta Roma y desde el sufrimiento de la cruz, Espartaco pudo conocer a su hijo recién nacido y libre.

Los romanos no fueron los únicos en construir calzadas. Los cartagineses en la península Ibérica también empedraban caminos que fueron utilizados por Aníbal en su marcha contra Roma, que en el cine dejó constancia Carlo Ludovico Bragaglia con 'Aníbal' (1960, *Annibale*) y Victor Mature en el papel protagonista. Aunque las que nos quedaron más enteras con el paso de los siglos han sido las calzadas romanas, que incluso han pasado a formar parte de la red urbana romana, como es el caso de la *Via Appia Antica* donde ya en los años 60 Stella practica la prostitución empujada por Accattone en la película de Pier Paolo Pasolini (1961, Accattone)

La decadencia se fue haciendo dueña del Imperio Romano y facilitó las invasiones bárbaras que consiguieron entre los siglos V y VI adueñarse de la mayor parte de Europa. Estos pueblos que dominaron con las armas no acompañaron su hegemonía con cultura ni desarrollo, y no dedicaron ningún esfuerzo al progreso ni al mantenimiento de las infraestructuras encontradas en los territorios invadidos, realizando únicamente trabajos de reconstrucción sólo cuando eran imprescindibles para sus fines.

Paralelamente en el tiempo, las tribus árabes distribuidas por el norte de África y Oriente Medio, después de muchas luchas internas terminarían uniéndose bajo la adopción del Islam y expandiendo su dominio por encima, incluso, de algunos de los pueblos bárbaros que reinaban en la península ibérica. A ellos se les debe una refinada arquitectura y sobre todo unas técnicas de regadío y abastecimiento de agua innovadoras, así como la construcción de nuevas carreteras, puentes, canales navegables y esclusas que permitiesen salvar los desniveles provocados por los azudes.

Tras siglos de cultura árabe extendida por medio mundo civilizado, los pueblos bárbaros vivieron un periodo caracterizado por la escasa comunicación de unos con otros, la supresión del comercio exterior, una escasa demografía y la expansión del catolicismo. Todo ello terminó por sentar las bases de las futuras naciones europeas. Los pueblos del norte de la península ibérica comenzaron la Reconquista contra los árabes mientras el Imperio Germánico de los Austrias se fraguaba en centroeuropa a través de una maraña de pequeños reinos dominados por señores feudales. El espíritu religioso se hizo fuerte y llegó a convertirse en un nuevo motor para el crecimiento y el mantenimiento de las vías de comunicación, debido en mayor medida al interés por las peregrinaciones, sobre todo a Santiago de Compostela, y a las Cruzadas contra los árabes para reconquistar Tierra Santa. Ridley Scott en el año 2005 ambientó su película en un entorno histórico recreando una de estas cruzadas con 'El reino de los cielos' (*The kingdom of heaven*).

Los triunfos de la Reconquista contra los árabes dieron paso a un período intenso donde coincidieron el surgimiento de las identidades de los futuros países europeos, el Renacimiento italiano, el desmembramiento de la cristiandad y los viajes y conquistas ultramarinas, que con el descubrimiento de América abrieron las puertas a unos territorios destinados, con mayor o menor fortuna, a la colonización y urbanización proveniente del viejo continente.

Del descubrimiento de América se han ocupado varias películas tratando el tema desde distintos puntos de vista hasta el año 1992. Fecha en la que coincidiendo con el quinto centenario del descubrimiento, se estrenaron un par de superproducciones intentando historiar el evento. John Glen y Ridley Scott dirigieron 'Cristóbal Colón: el descubrimiento' (1992, *Christopher Columbus: the discovery*) y '1492: La conquista del paraíso' (1992, *1492: conquest of paradise*) respectivamente.

Es durante el Renacimiento cuando comienzan a resurgir actitudes claramente proteccionistas con las obras públicas. En el año 1500 los Reyes Católicos ordenan el mantenimiento de las mismas y aunque no las pagan directamente, se encargan de la inspección de todas aquellas de vital importancia, aportando el importe de las penas pecuniarias por delitos comunes e infracciones de las ordenanzas, para la construcción y mantenimiento de las mismas.

Todavía no se puede decir que hubiese una plena conciencia de la importancia social que tiene una buena red de caminos y un abundante inventario de obras públicas. Durante el Imperio de Carlos I de España y V de Alemania y sobre todo durante el reinado de su sucesor Felipe II, todo el dinero de las arcas públicas fue gastado en inacabables guerras cayendo en el olvido el cuidado de las obras civiles, por aquel entonces llamadas obras reales, que debían compartir partida monetaria con los palacios, monasterios y catedrales.

Habría que esperar al año 1600 para que en Francia se instaurase un servicio de obras públicas por cuenta del Tesoro. Por primera vez se contempló en unos presupuestos el gasto para la construcción y mantenimiento de las obras públicas. Los franceses fueron los precursores y de hecho, hubo que esperar 150 años más para encontrar algo similar en España.

Éste, sin duda, fue un momento muy importante para la evolución de la obra civil y por ende de la sociedad, pero faltaría todavía un tiempo para que uno de los hitos más influyentes de la historia moderna, la Revolución Francesa (1789), con-

Puente de hierro sobre el río Severn

siguiese alzar al poder a la burguesía y los gobiernos comenzaran a planificar políticas sociales y urbanísticas.

Prácticamente al mismo tiempo pero al otro lado del Canal de la Mancha, tiene lugar otro de los eventos históricos que marcaría el futuro de la obra civil. A mediados del siglo XVIII, la consecución de distintos éxitos técnicos y científicos acompañados de transformaciones económicas y sociales, componen la que fue llamada Revolución Industrial a la que se debe, por ejemplo, la construcción del primer puente de hierro sobre el río Severn en Inglaterra a cargo de John Wilkinson (1779). En 1825 se inauguró el primer ferrocarril de pasajeros y la red mundial ferroviaria alcanzó los 37.000 km en 1850.

Durante la segunda década del siglo XIX se comenzó a utilizar el hormigón en combinación con el hierro, siendo a finales del siglo cuando se considera la primera utilización del hormigón de forma independiente. Todo está listo para que casi finalizando el siglo aparezca el invento que da pie a este libro. Polémicas aparte sobre quién lo inventó primero, si Edison en Estados Unidos o los hermanos Lumière en Francia, todos bebieron de las mismas fuentes tan lejanas como el mismísimo Lucrecio. Como mejor definición de lo que es el cinematógrafo no podríamos encontrar sino la descripción que de él aparece en el prospecto de la presentación del mismo en el Congreso de las Sociedades Francesas de Fotografía de junio de 1895:

"El aparato inventado por los señores Auguste y Louis Lumière permite recoger por una serie de tomas instantáneas todos los movimientos que durante un tiempo dado se suceden delante del objetivo, así como reproducir tales movimientos proyectándolos a tamaño natural sobre una pantalla ante una sala con público".

La patente fue fechada el 13 de febrero de 1895, pero no sería hasta el 28 de diciembre del mismo año cuando se proyectase por primera vez en público una sesión cinematográfica que abrió con la famosa 'Salida de los obreros de los talleres Lumière' (Louis Lumière, 1895, *La sortie des usines Lumière*). En esta sesión se proyectaron diez breves películas entre las que se incluyó la que marcó el comienzo del idilio entre el cine y la obra civil, 'Llegada del tren a la estación' (Louis Lumière, 1895, *L'arrivèe d'un train à la Ciotat*).

No está claro si es cierta la leyenda de que algún espectador salió huyendo al ver acercarse el tren hacia la pantalla, pero lo que sí quedó patente es que el cine, recién nacido, se sentía atraído por las obras civiles y lo que en ellas ocurría. En esa misma sesión se pudo contemplar la película 'Demolición de un muro' (Louis Lumière, 1895, *Démolition d'un mur*), que con el efecto de la moviola volvía a levantarse como por arte de magia, y en sesiones posteriores se proyectaron grabaciones como 'Partida de pescadores de un puerto / Una barca saliendo de un puerto' (Louis Lumière, 1895, *Barque sortant du port*) o 'Botadura del Fürst Bismarck' (Louis Lumière, 1896, *Lancement du Fürst-Bismarck*) que repetían las obras civiles como localizaciones o incluso protagonistas.

El cine de los primeros años se dedicó fundamentalmente a los documentales. Quizás por la espectacularidad de muchas de las obras civiles y la novedad de alguna de ellas, la cámara no dejó de mirarlas con fascinación e ingenuidad.

En España el proceso fue básicamente el mismo, pero con un par de años de retraso tan sólo. Fructuoso Gelabert rodó en 1897 'La salida de los obreros de la Fábrica España Industrial', en 1898 'Llegada de un tren a la estación del Norte', en 1903 'El puerto de Barcelona' para llegar hasta 1910 con su 'Fabricación del cemento Asland'.

Entre 1910 y 1920 Antonio Tramullas rodó varios reportajes sobre el pantano de Cova-Foradada e incluso le dedicó una película a una presa hidroeléctrica.

A estas alturas, al otro lado de los Pirineos y también cruzando el charco hasta los Estados Unidos ya se dedicaban a crear películas con argumentos y guiones basados en ficciones. En Francia Méliès sorprendía con sus trucos de montaje y efectos especiales presentando en 1902 la famosa 'Viaje a la luna' (1902, *Le voyage dans la lune*). En Estados Unidos, Edison proyectó en 1903 la sorprendente 'Asalto y robo al tren' (*The great train robbery*) con Edwin S. Porter como director, y cómo no, una vía ferroviaria como enlace entre las dos historias que, paralelamente por primera vez, se simultaneaban en la película.

Las obras civiles y las técnicas para diseñar, proyectar y construir siguieron evolucionando rápidamente en este primer cuarto de siglo. En octubre de 1928 se fecha la primera patente de hormigón pretensado a nombre de Eugène Freyssinet, y se fabrican los primeros postes prefabricados de hormigón pretensado en la fábrica de Montargis. Este paso que supondría un punto y aparte en la historia de la ingeniería y la obra civil, ocurrió tan sólo un año más tarde que el estreno cinematográfico de 'El cantor de Jazz' (Alan Crosland, 1927, *The jazz singer*), en la que por primera vez se escuchaba a los actores y actrices hablar. Era el comienzo del cine sonoro.

Desde entonces, tanto el cine como la obra civil han experimentado muchos cambios, pero han seguido dándose la mano una y otra vez. Nuestra intención es analizar esa historia común, cómo el cine se ha ayudado de los distintos tipos de obras civiles para simbolizar y expresar en pantalla lo que no es necesario explicar en detalle. Lo haremos estudiando los distintos tipos de obra civil y cómo éstos han sido utilizados por el cine.

De manera general podemos distinguir tres tipos de obras civiles. Primero las que aún siendo actuaciones civiles no son obras en sí. Dentro de este grupo se encuentran las ordenaciones del territorio que suelen ser el germen de las obras civiles como tales. El segundo tipo de obras es el que agrupa a aquellas que utilizan los recursos del terreno y los utilizan provechosamente, por ejemplo una presa o una obra de regadío, o un puerto de mar. El tercero es aquel que utiliza el terreno simplemente porque existe y lo necesita para apoyarse en él, como por ejemplo, una carretera o una vía de tren, o bien necesita "salvarlo" como es el caso de los puentes, viaductos y túneles.

Mirando hacia atrás en la historia, en este caso del cine, encontraremos infinidad de películas con escenas determinantes en la trama que suceden en puentes, vías de tren o estaciones. Otras nos contarán historias surgidas a raíz de la planificación y ordenación de futuras obras civiles como la construcción de presas o ferrocarriles, y algunas tendrán como argumento la destrucción, por razones militares o terroristas, de diques, puentes o vías ferroviarias.

Entremos de nuevo en el cine, pero esta vez, hagámoslo de la mano de la obra civil.

Ferrocarriles

¿Sueñas con trenes?

Cuando los hermanos Lumière inventaron el cinematógrafo, lo primero que hicieron fue acercarse hasta una estación para rodar la llegada de un tren. Ya hemos señalado que tanto el cine como el tren, o en general la obra civil, en la medida que asegura el transporte de personas o mercancías, son deudores del movimiento. Aparte de esa conexión primera y por otro lado evidente, ¿qué provoca que el tren aparezca una y otra vez en todo tipo de películas? ¿Qué lo hace tan atractivo?

Matrimonio de conveniencia

Cine y tren han caminado de la mano hasta extremos insospechados. En 1904, un bombero llamado George S. Hale creó junto a dos socios un viaje simulado en tren. Acondicionó una sala en forma de vagón y proyectó sobre la parte delantera películas que se habían filmado desde la cabecera de un tren. La sala incluso se balanceaba mientras se escuchaba el característico traqueteo. Los *Hale's Tours* fueron tal éxito que en 1907 se habían abierto más de quinientas concesiones por todos los Estados Unidos.

Al otro lado del mundo, en la Unión Soviética de 1931, un cineasta llamado Alexander Medvedkin montó un estudio rodante y lo puso al servicio de la

Revolución. Recorría las fábricas y las minas del país adoctrinando a los obreros con los documentales que rodaba sobre el terreno, con el fin de reordenar el trabajo y mejorar la productividad.

"La idea era crear una fábrica cinematográfica rodante con una programación insólita y un nuevo lema: Hoy filmamos, mañana exhibimos. (...) hacíamos de tres a cinco copias de estas películas. El Cinetren, encabezado por los activistas, recorría con ellos una mina tras otra, y en todas partes nuestras críticas eran recibidas con entusiasmo. (...) El cinematógrafo *con acción de estilete* tuvo mucho éxito. Nuestro tren rodante solía recibir las visitas de las esposas de los alcohólicos señalados, así como de pecadores arrepentidos que habían contribuido a la desorganización del trabajo; querían que se borraran de la película los testimonios oprobiosos de su conducta. No podíamos hacerlo, pero prometíamos no seguir con las exhibiciones en caso de que se enmendaran."(*)

Sin llegar a los extremos de Medvedkin pero retomando la idea de Hale, el festival de cine de Holanda, ha celebrado su 25 aniversario en el año 2005 con la proyección de películas en vagones de tren acondicionados para ello. En los viajes de largo recorrido se vieron los largometrajes a concurso y en los trayectos de cercanías los cortometrajes.

"El cine encuentra una metáfora apropiada en el ferrocarril. El tren provee la experiencia prototípica de mirar a una imagen en movimiento enmarcada y como un doble mecánico del aparato cinematográfico. Ambos son medios de transpor-

(*) Alexander Medvedkin. *Cine sobre ruedas (El Cinetren)*. Ed. Arte y literatura, La Habana, 1984. Pág. 10, 20 y 25

tar un pasajero a un lugar totalmente diferente; ambos son vehículos de eventos narrativos, historias, intersecciones de desconocidos; ambos se basan en una paradoja: movimiento y quietud simultánea. Estos son dos grandes aparatos de la visión que han dado lugar a similares formas de percepción, y están destinadas a formar el tiempo de ocio de la sociedad de masas".

Las complejas palabras de Lynn Kirby en su ensayo *Male histeria and early Cinema* también tienen su trasposición a imágenes. En una película reciente, 'El tren de Zhou Yu' (Zhou Sun, 2002, *Zhou Yu de huo che*) hemos visto uno de los planos mas bellos relacionados con el ferrocarril. Zhou Yu (Gong Li) conoce el amor pero éste se encuentra alejado de su lugar de residencia. El tren les une puntualmente cada semana. En un momento de pasión haciendo el amor, la luz comienza a parpadear como si la habitación se hubiese convertido en un vagón y el paisaje a través de la ventana desfila a gran velocidad como si de la ventanilla de un tren se tratara. Este milagro cinematográfico, como el que señalamos en el capítulo dedicado a 'Breve encuentro' participa de lo que Wolfgang Schivelbusch denominó "la *panoramización* del mundo". "Lugares lejanos ahora parecían cercanos, y tanto el tren como el cinematógrafo los enmarcaban para la contemplación del pasajero-espectador. Las semejanzas entre los medios es sorprendente: incluso la fugaz visión de postes telegráficos pasando velozmente delante de la ventanilla de un tren en marcha coincide con el parpadeo cinematográfico de las veinticuatro imágenes por segundo que se detecta subliminalmente sobre la pantalla."(*)

(*) Fernando Labad y Daniel Canogar. *Ingrávidos.* Fundación Telefónica, 2003

La aventura de la civilización

Históricamente, el tren materializó el cambio industrial para gran cantidad de gente. Superó por primera vez el límite absoluto de velocidad de un vehículo que tenían los carros de guerra asirios (39 km/h). De hecho, lo duplicó. En la época existían científicos que creían que el cuerpo humano no resistiría tal velocidad (nunca lo había hecho en el pasado) y se desmoronaría por efecto de la inercia dentro del vehículo. Aún más significativo es que mantuviera esa altísima velocidad para la época durante horas, mientras acarreaba toneladas de mercancías. Su característica de camino fijo y el hecho de ser la única alternativa al carro y la caballería, provocó que las ciudades se macizaran y aparecieran los edificios de gran altura, que se alineaban alrededor de las estaciones. Estar cerca de la estación era tan importante que muchas ciudades crecieron precisamente hacia ella, cuando la estación se había construido fuera de la ciudad por conveniencia del trazado, disponibilidad de espacio o simplemente por ser parte de una operación especulativa.

El ferrocarril ha sido el colonizador continental por excelencia, el nexo de unión y de comunicación entre los extremos más alejados de cada continente. La mayoría de nosotros hemos conocido esa conquista histórica no en la escuela, sino en las salas de cine. El cine de Hollywood, cuando todavía no podía hablar e insertaba rótulos con diálogos y sucintas explicaciones, ya se encargó por mediación de John Ford de plasmar tamaña aventura. 'El caballo de hierro' (1924, *The iron horse*) narra la construcción del primer ferrocarril transcontinental en Estados

Unidos: las obras iniciadas en el este, desde Mississippi por la *Union Pacific*, y el oeste, desde Sacramento por la *Central Pacific* convergieron en Promontory (Utah) allá por la primavera de 1869.

En la película de John Ford se aprecia perfectamente la hazaña que supuso la colocación masiva de vías y traviesas; el apisonado manual del balasto bajo las mismas a lo largo de miles y miles de kilómetros; el esfuerzo de los trabajadores chinos, italianos e irlandeses y los conflictos que encontraron en el camino; el rigor del clima, el acoso de los indios (¡que intentan parar el caballo de hierro tendiendo una cuerda a su paso!) y sobre todo, los accidentes topográficos que la empresa tuvo que afrontar. En una de las primeras secuencias de la película, una locomotora es arrastrada monte arriba por una espectacular reata de caballos y, en general, toda la trama oscila sobre una curiosa premisa argumental: la necesidad de encontrar un paso para el ferrocarril a través de las *Cheyenne Hills*.

También plantea de soslayo temas específicos de la obra civil, como su sentido frente a la obra militar o la revalorización de los terrenos gracias a la construcción del ferrocarril. El primer caso se refleja en una escena en la que un general le pide a Lincoln que no desperdicie el dinero público en obras civiles y lo guarde para la guerra. El segundo queda retratado en otra escena en la que un propietario añade un cero al precio de su terreno en venta al enterarse de que allí habrá una estación. La película termina con el encuentro y unión de los dos trazados, el que partía del este y el que lo hacía desde el oeste. Ford y sus guionistas se las apañan para que dicho encuentro también suponga la reconciliación de la pareja protagonista,

interpretada por George O'Brien y Madge Bellamy. Pero no todo está dramatizado en dicho final, las locomotoras que se ven en la última escena son las *Jupiter* originales que protagonizaron el momento histórico.

En el apartado visual hay que constatar que Ford aprovecha el propio tren para colocar la cámara. El *travelling* frontal sobre las vías es un plano que se repetirá en el cine hasta la saciedad, lo mismo que el *travelling* lateral que le sirve al director para reproducir de manera magistral el asalto de los indios al tren. 'El caballo de hierro' es un fresco monumental que además contiene ya todos los momentos recurrentes del *western*: la estampida de bisontes, la pelea en el *saloon* (tan querida por el director), el vado del río, el ataque en círculo de los indios y el rescate de la caballería. En definitiva, una obra maestra de un hombre que se definía así: "me llamo John Ford y hago películas del Oeste".

Años después, ya con sonido, otro gran director, Cecil B. DeMille, retomaría el mismo tema con 'Union Pacific' (1939). Y, sorprendentemente, hace pocos años uno de los autores más aclamados por los cinéfilos modernos, Michael Winterbottom, también lo abordaría en clave de tragedia griega con 'El perdón' (2000, *The claim*). Su asombroso parecido argumental a 'El caballo de hierro' la convierte casi en un *remake*.

Si Ford contó cómo se construyó el ferrocarril, también mostró cómo desmontarlo. En 'Misión de audaces' (1959, *The horse soldiers*), John Wayne encabeza una brigada del Séptimo de Caballería encargada de adentrarse en territorio sudista

para destruir la estación de Newton y su línea férrea. Una tarea muy apropiada para el coronel John Marlowe que, en la vida civil, es precisamente ingeniero de ferrocarril. Mientras sus hombres desmontan y doblan los raíles, queman las traviesas y vuelan el tren y su locomotora, Marlowe se emborracha en el bar del pueblo. Un oficial a su cargo se acerca al rabioso coronel: *"Bueno, John, ahí va medio millón de dólares en material de transportes"* le dice. *"No importa"*, responde Marlowe antes de echarle a patadas del bar, *"así me gano yo la vida: construyendo ferrocarriles"*.

La fascinación por el tren

El ferrocarril supuso un gran adelanto pero en principio sólo fue una extraña novedad en el paisaje. Un intruso admirado por la gente que todavía no hacía uso de él, pero que tenía cerca alguna de las líneas férreas por las que puntual y periódicamente cruzaba con estruendo ese carrusel de hierro y humo. Cambiemos de continente y adentrémonos en la maravillosa trilogía que Satyajit Ray rodó en los años 50 a partir de las novelas del bengalí Bibhutibhushan Bandyopadhyay. En la primera de las películas (1955, *Pather panchali*), Apu de niño corre por el campo de la India para llegar a tiempo a ver pasar un tren por un alejado pero exótico paraje. Ese mismo tren será el que finalmente le lleve a él y a su familia a la ciudad y, más tarde, ya en la segunda entrega (1956, *Aparajito*) a estudiar a la Universidad en Calcuta como continuación de un ciclo vital que tiene uno de sus momentos

más bellos con la llegada de Apu a la impresionante estación de Howrah en Calcuta, al otro lado del río Hooghly. La peripecia de Apu, narrada con pulso firme por Satyajit Ray a lo largo de tres películas, nos da la exacta medida de lo que supuso el ferrocarril, los cambios que produjo y las posibilidades que abrió para la población de medio mundo.

Esa atracción que sentía Apu por el tren fue sentida también años más tarde en un pequeño pueblo de La Mancha por Isabel (Telleira) y Ana (Torrent) a las órdenes de Víctor Erice (1973, El espíritu de la colmena). Una atracción que les hace esperar el tren escuchando con el oído en la vía para, entre asustadas y admiradas, sentir el paso veloz del mismo en uno de los planos más bellos del cine español. La misma fascinación que impulsaba a David Lean y a Celia Johnson a salir al andén a presenciar el paso del *Flying Scotsman* por la estación de Carnforth, en la que estaban rodando 'Breve encuentro' (1946, *Brief encounter*).

El tren es un ingenio admirable que cautiva nuestra atención, ya sea con la mirada limpia de Apu o de los indios de la pradera, ya con la mirada instruida y apasionada de Finbar McBride, el protagonista de 'Vías cruzadas' (2003, *The station agent*). Peter Dinklage encarna a un hombre solitario aquejado de enanismo que, tras cerrarse por defunción el negocio de su único amigo y protector, dejará la reparación de trenes de juguete para irse a vivir al lugar que el fallecido le donó en herencia: una abandonada estación en New Jersey. La película se rodó en parte en la estación de Hoboken, pero el director Tom McCarthy ideó el guión al conocer la vieja y también abandonada estación de Newfoundland y charlar con su pro-

pietario. Descubrió así la pasión que lleva a los fanáticos del ferrocarril (*railfans*) a fundar clubs por medio mundo y a comprar incluso estaciones inservibles. "Los trenes representan una conexión con nuestro pasado, una época en que viajar era mucho más agradable, más elegante, más romántico, pero también una especie de excitación infantil por viajar y explorar. Viajar en tren es diferente porque se puede mirar el paisaje por el que pasas. Si conduces un coche o vas en avión, te pierdes los detalles."(*)

En el cine hemos conocido multitud de personajes que conviven con las vías del tren. A veces porque son ferroviarios, caso de 'Trenes rigurosamente vigilados' (1966, *Ostre sledovane vlaky*) adaptación de Jiri Menzel de la novela de Bohumil Hrabal; y de las no menos estupendas 'La bestia humana' (Jean Renoir, 1938, *La bête humaine*) y 'Deseos humanos' (Fritz Lang, 1954, *Human desire*), fruto ambas de la misma novela de Emile Zola. En otras ocasiones a los personajes no les queda más remedio. Recordemos el cuchitril en el que viven los Blues brothers (John Landis, 1980, *The Blues brothers*) que se sacude cual terremoto al paso del metro, como le ocurre también a la casa que habitan Brad Pitt y Gwyneth Paltrow en 'Seven' (David Fincher, 1995).

Muchas veces el autor sólo busca completar la caracterización de sus personajes: gente que se mueve por la periferia de la vida, al margen de las grandes corrientes que marca el ferrocarril, como los mendigos de 'Milagro en Milán' (Vittorio de Sica, 1950, *Miracolo a Milano*) o los jóvenes autistas de 'Fallen Angels' (1995, Wong Kar Wai, *Duo luo tian shi*), que comparten piso junto a las vías del tren. El

(*) Tom McCarthy en el folleto ilustrativo que acompañaba la proyección de la película *The station sgent* en el circuito de cines Renoir, Madrid. Estreno: 27 de febrero de 2004

director de culto por excelencia de nuestros días, Kar Wai, se inventa en '2046' (2004) un tren futurista que lleva a sus personajes hasta el año 2046 para rescatar allí los recuerdos perdidos.

Otro tren inventado es el Polar Express que Robert Zemeckis animó a partir de una historia navideña de Chris Van Allsburg (2004, *Polar Express*). El embrujo por el ferrocarril no sólo ataca a los humanos. En otra película de animación, la francesa 'Bienvenidos a Belleville' (Sylvain Chomet, 2003, *Les Triplettes de Belleville*), es un perro el que se vuelve loco cuando los trenes pasan junto a la ventana por la que hace guardia con celo de prusiano.

Lars Von Trier aprovecha la fascinación por el ferrocarril para su 'Europa' (1991), la película que le puso en el disparadero. El director danés usa el *travelling* frontal sobre las vías mencionado antes para introducirnos en su historia como si de un proceso de hipnosis se tratara. Una voz en *off* desgrana la cuenta atrás que nos sumerge en la peripecia de Leopold Kessler (Jean-Marc Barr), un estadounidense de origen alemán que tras la II Guerra Mundial vuelve a Alemania para contribuir a su reconstrucción como civil. Su trabajo como revisor en un lujoso vagón coche-cama le permite entrar en contacto tanto con la resistencia nazi como con los altos mandos aliados que gestionan el país. Como Lean o Kar-Wai, Von Trier también repite con los trenes. En 'Bailar en la oscuridad' (2000, *Dancer in the dark*) una Bjork prácticamente ciega se guía por las vías para poder ir desde su casa hasta la fábrica en la que trabaja. El nada ortodoxo filme de Von Trier también cuenta con un número musical que tiene lugar sobre el tren mientras atraviesa un puente metálico.

Quizás el ejemplo más dislocado de la utilización del ferrocarril en el cine se encuentre en 'La vida es un milagro' (Emil Kusturica, 2004, *Zivot je cudo*). Los gerifaltes de un pequeño pueblo en la frontera serbobosnia se agachan desde la locomotora para esnifar cocaína sobre los raíles al ritmo de la música de la *Non Smoking Orchestra*.

La gente lleva su pasión por los trenes hasta límites insospechados. Walter O'Rourke, un millonario estadounidense de 65 años, a pesar de contar con negocios y propiedades por todo el país, prefiere trabajar de revisor en un tren de cercanías de New Jersey. "Me doy cuenta de que algunas personas, especialmente algunos de mis compañeros, pueden considerarme un perro verde. Pero ¿quién ha dicho que un hombre no puede amar lo que hace para ganarse la vida?"(*) Lo que no sabemos es si el bueno de Walter lo dice por su magro sueldo de revisor o por los dividendos que rinden sus múltiples participaciones en ferrocarriles de medio mundo. El mismo impulso del señor O'Rourke mueve a los personajes de 'El último tren' (2002, *Corazón de fuego*), película uruguaya de Diego Arsuaga. Para evitar la venta de una histórica locomotora, los ancianos integrantes de un club ferroviario deciden secuestrarla. Se embarcan en un conmovedor viaje que les hará recorrer medio país y enfrentarse con todas las fuerzas vivas.

En conclusión, el tren fascina y enamora. Quizás porque su traqueteo ayuda a la articulación pausada y lúcida del pensamiento. La mejor prueba de ello es uno de los más renombrados directores que ha dado el cine español, Mario Camus, que presume siempre de escribir los guiones de sus películas durante los trayectos en tren.

(*) Artículo escrito por Vincent M. Mallozi del New York Times y publicado en la contraportada del periódico El País, 18-4-05.

El tiempo encapsulado

Los viajes en ferrocarril tienen una peculiaridad que no encontramos en otro tipo de transporte. El tren no se puede parar en cualquier lugar y la vida de los pasajeros está encorsetada dentro del espacio que delimita el convoy durante el tiempo que dure el trayecto. Pero ese espacio es lo suficientemente grande como para permitir el movimiento interno: los pasillos y plataformas que posibilitan amores, desamores, persecuciones, robos, engaños, juergas y asesinatos. A diferencia de los viajes por carretera o por avión y en consonancia con lo que ocurre en los barcos, esto crea un pequeño universo espacial y temporal en el que puede pasar cualquier cosa. Las similitudes con una película, o incluso una obra de teatro, son evidentes. Un viaje en tren comporta un tiempo determinado y unas localizaciones específicas que el viajero-protagonista puede usar a su antojo. Puede mirar por la ventanilla o moverse y observar al resto de pasajeros.

"La gente siempre ve cosas en los trenes" le dice el revisor a Joyce Willecombe (Nancy Olson) cuando ella le cuenta que ha visto a dos hombres subirse al tren de manera furtiva. Las sospechas resultan ser ciertas y gracias a la ayuda de William Calhoun (William Holden), comisario de la Union Station de Chicago, sirven para desarticular el secuestro de una rica heredera. 'Union Station' (Rudolph Maté, 1950) es una serie B de la Paramount que sirve de perfecto epítome para lo que estamos contando.

Algo tan jugoso no podía pasar desapercibido para el rey del suspense. Alfred Hitchcock contó una historia de espías con desapariciones misteriosas y, cómo no, falsos culpables, que se desarrolla casi en su totalidad dentro de un tren. 'Alarma en el expreso' (1938, *The lady vanishes*; también existe un *remake* de mismo título de Anthony Page en 1978) utiliza ese microcosmos del interior de un tren para narrar los avatares de otra mujer que intenta convencer al resto de pasajeros de la desaparición de una ancianita. El misterio tramado por el director inglés se resuelve con un golpe de efecto muy de su gusto: la firma de la ancianita permanece escrita en el vaho de la ventanilla y atestigua su existencia. Para las elipsis temporales y el ritmo general de la película, *Hitch* usó insertos de trenes reales en movimiento rodados en la *British Southern Railway* y la *Longmoor Military Railway* en Hampshire, con término en la estación Victoria. Un recurso que también se ha repetido en las películas hasta la saciedad.

Seis años antes, Josef Von Sternberg también lo utilizaba en su portentosa 'El expreso de Shanghai' (1932, *Shanghai express*). Nadie como él ha exprimido las posibilidades estilísticas que un viaje en tren ofrece. En este caso, el confinamiento de los personajes en el interior del convoy está dividido en dos capítulos. El primero es el trayecto desde la estación de Pekín hasta la emboscada de los rebeldes, y el segundo, el trayecto final hasta llegar a Shanghái. Pero incluso durante la retención obligada no se pierde la sensación de enclaustramiento y el espacio tan sólo aumenta hasta los límites de la estación.

Como vemos, el tren aniquila la distancia tanto física, la que transcurre entre el punto de partida y el de destino; como personal, al obligar a personas de variada procedencia a compartir un espacio y tiempo determinados. Antiguos amantes se reconcilian como Shanghai Lily (Marlene Dietrich) y el capitán Doc Harvey (Clive Brook) en la obra de Von Sternberg, pero otros aprovechan el trayecto para ajustar cuentas pendientes. Es el caso de otra película que tiene como protagonista a un tren mítico que Sydney Lumet recreó para ambientar la trama policíaca inventada por Agatha Christie (1974, *Murder on the Orient Express*). La película reúne un impresionante elenco de intérpretes (Lauren Bacall, Ingrid Bergman, Anthony Perkins, Sean Connery, Vanessa Redgrave, Richard Widmark, Jacqueline Bisset...) que dan vida a los personajes que comparten vagón y también móvil para el asesinato. *Monsieur* Poirot (Albert Finney) aprovecha el confinamiento que otorga el convoy en movimiento para resolver el enigma.

El aislamiento forzoso que todo viaje en tren supone también fue la premisa argumental que aprovechó Peter Hyams para su thriller 'Testigo accidental' (1990, *Narrow margin*). Gene Hackman es un ayudante de fiscal que debe proteger a una testigo (Anne Archer) en el expreso que recorre el trayecto Los Ángeles-Vancouver. Los sicarios del mafioso amenazado por el testimonio les acosan durante todo el viaje provocando las prototípicas situaciones de acción y suspense. En una de ellas, Gene Hackman invade la litera de una pobre señora para esconderse de sus perseguidores. La pobre señora no lo pasa tan bien como Jack Lemmon cuando Marilyn Monroe se introduce en su litera en 'Con faldas y a loco' (Billy Wilder, 1959, *Some like it hot*). En otra, Hackman y Archer se dan el

consabido paseo por el techo de los vagones; acción que, con la actual implantación de los trenes de alta velocidad, va a resultar verosímil sólo para las películas de época.

Tal y como está montado el mundo ahora mismo, ya muy pocas personas (posiblemente las que tuvieran fobia a volar) cogerían el tren para un trayecto como el que propone 'Testigo accidental'. Tampoco lo utilizarían para el trayecto Ginebra-Estocolmo, que es el recorrido del *Transcontinental Express*, protagonista de 'El puente de Cassandra' (George Pan Cosmatos, 1976, *The Cassandra crossing*). El aislamiento en este caso es forzado hasta el límite por un argumento de lo más espectacular: un virus letal se introduce en el convoy y las autoridades, encarnadas en el frío y calculador Burt Lancaster, deciden sacrificar el pasaje y conducir el tren hacia un puente que no aguantará su paso. Algo parecido sucede en 'El tren del infierno' (Andrei Konchalovski, 1985, *Runaway train*), película brutal en la que dos presos fugados fían su destino a un tren desbocado por la estepa rusa.

En ambas películas los pasajeros sospechan que se dirigen a una muerte segura, pero debido a la velocidad del tren no pueden bajarse en marcha. Si al universo espacial y temporal que supone un trayecto en tren añadimos la muerte como destino, contamos entonces con la metáfora perfecta de la propia vida, del tiempo otorgado a cada uno de nosotros. Es probable que tal analogía sea la que convierte al tren en el más cinematográfico de los medios de transporte.

Subirse o bajarse de un tren

Los trenes presumen de ser puntuales y normalmente con razón. Esa puntualidad se convierte muchas veces en herramienta cinematográfica y condiciona la estructura de la película (ya lo vimos en 'Breve encuentro'). Ocurre en 'Solo ante el peligro' (1952, Fred Zinnemann, *High Noon*), con Gary Cooper en el papel del *sheriff* Kane buscando apoyos en espera de la llegada de ese tren que le obligará a enfrentarse al vengativo Jack Colby (Lee Van Cleef). Todo un ejemplo de maestría en la dirección al rodar una historia en tiempo real, es decir, una historia que dura exactamente lo mismo que la película. El horario de partida de un tren también obligó a Kirk Douglas a resistir en el hotel de la ciudad todo un día encerrado con el asesino de su mujer ('El último tren de Gun Hill', John Sturges, 1959, *Last train to Gun Hill*). John Sturges ya había desarrollado la idea tres años antes cuando rodó 'Conspiración de silencio' (1956, *Bad day at Black Rock*). Toda la película transcurre en las 24 horas que marca el paso del expreso por Black Rock, un pueblucho de cuatro casas atravesado por las vías del ferrocarril. Un veterano de guerra manco (Spencer Tracy), se baja de un tren que hacía cuatro años que no se detenía allí. Cuando vuelva a montarse en él al día siguiente, ya nada volverá a ser lo mismo en la pequeña localidad.

Sobre la misma premisa gira 'En el calor de la noche' (Norman Jewison, 1967, *In the heat of the night*), película que nos muestra la peripecia de un poli de ciudad (Sydney Poitier) en un pueblo racista de Mississippi dominado por el *sheriff* Bill

Gillespie (Rod Steiger). Y es que infinidad de películas empiezan con la llegada de un tren y terminan con su partida. En ese tren que vimos construir con sangre, sudor y lágrimas en 'El caballo de hierro', regresa el senador Ranson Stoddard (James Stewart) junto a su mujer Hallie (Vera Miles) a Shinbone, el pueblo en el que nació su leyenda. Los periodistas se echan encima del senador y se asombran al descubrir que viene a rendir homenaje a un amigo recién fallecido, Tom Doniphon (John Wayne), del que los plumillas lo desconocen todo. En un largo *flashback* antes de tomar el tren, Stoddard les cuenta la verdadera historia del hombre que mató a Liberty Valance. Nunca un solo disparo significó tanto, nunca fue tan leve la frontera entre ganadores y perdedores.

Con 'El hombre que mató a Liberty Valance' (1962, *The man who shot Liberty Valance*) un John Ford en plena madurez creativa arregla cuentas con la mitología del salvaje Oeste que él contribuyó a levantar. Nadie como Ford ha contado el paso de una época a otra, la transición de las vastas praderas sin civilizar (*open range*) a estados bajo el imperio de la ley (*statehood*). Tras muchos años de explotar ese material en blanco y negro, Ford dedica el final de su carrera a contarnos con toda la gama de grises lo que quedó por el camino en ese proceso, por otro lado, imparable. Sus últimas películas hacen justicia a los personajes que, de alguna forma, él mismo había contribuido a menospreciar y estereotipar: los indios en 'El gran combate' (1964, *Cheyenne Autumn*) y las mujeres en 'Siete mujeres' (1966, *Seven women*). Una despedida a la altura de su talento y generosidad.

Deudora de 'El hombre que mató a Liberty Valance' y de Ford en general, es 'Un lugar en el mundo' (Adolfo Aristarain, 1992). Una película cosida con el mismo hálito de romanticismo y que también narra la transformación de una época y un paisaje. En el que posiblemente sea el mejor *western* hecho nunca en castellano, Aristarain y sus guionistas consiguen rescatar los códigos del salvaje oeste para aplicarlos a una realidad lejana tan sólo en apariencia, la de la Argentina de finales de los ochenta. Como la película de Ford, también comienza y termina con un tren, el que trae a Valle Bermejo al ingeniero Hans (José Sacristán). Una secuencia memorable en la que el tren y el carro tirado a caballo que conduce Rodolfo Ranni luchan por tomar un cruce. La victoria del noble Dimas sobre el engendro de acero simboliza de alguna forma la lucha del débil contra el fuerte, la batalla que hay que ganar aunque luego se pierda irremediablemente la guerra.

'Un lugar en el mundo' como 'El hombre que mató a Liberty Valance' evidencia los restos del naufragio que deja todo progreso, el balance individual de pérdidas que supone cualquier proceso colectivo. Si tenemos en cuenta que no se trata de Estados Unidos a finales del siglo pasado, sino de la Argentina de nuestros días, la película se postula entonces como cine de combate y denuncia, voz de los oprimidos, de los olvidados que pueblan las cunetas del primer mundo.

El tren, instrumento de muerte

En 'Tomates verdes fritos' (Jon Avnet, 1991, *Fried green tomatoes at the Whistle Stop Café*) un niño es atropellado por el tren cuando persigue un sombrero que voló con el viento. El peligro de las vías unido a su atracción despiertan el espíritu aventurero de los adolescentes que, a riesgo de perder la vida, se enfrentan al tren en juegos de velocidad y sangre fría para demostrar su valentía. Prueba de ello son los chicos de Carabanchel que en 'El Bola' (Achero Mañas, 2000) se retan a cruzar por delante del tren y recoger una botella colocada previamente en el centro de las vías.

Las vías del tren han sido localización predilecta para situaciones de peligro. Hemos visto a multitud de protagonistas plantarse en el centro de las vías para forzarse a optar por la vida o la muerte. El clímax de muchas películas muestra al protagonista al borde del andén de una estación a la espera del tren que decida su destino. Laura Jeeson (Celia Johnson en 'Breve encuentro') no se tira, pero Anna Karenina sí. ¡E infinidad de veces! Para empezar en las versiones de Edmund Goulding (1927), Clarence Brown (1935), Julien Duvivier (1948) o la más reciente de Bernard Rose (1997). Aunque para suicidios impactantes, el que marca el comienzo de 'Suicide Club' (Sion Sono, 2002, *Jisatsu saakuru*): más de cincuenta colegialas japonesas se arrojan al mismo tiempo sobre los raíles de un expreso a su paso por la estación Shinjuku de Tokio.

Aún más que suicidios, el cine nos ha mostrado intentos de asesinato. A veces acompañados por la inverosímil manía de los malvados de recrearse en la muerte de sus enemigos, sometiéndoles a la tortura previa de conocer los detalles de sus maléficos planes. Ya en 1916, en el apogeo del cine mudo, una joven Gloria Swanson era atada a la vía del tren en la película *'Teddy at the throttle'* dirigida por Clarence Badger y producida por Mack Sennet para la Keystone. Pero los planes del maquiavélico Wallace Beery se desbaratan cuando Gloria Swanson excava un pequeño agujero que le permite cobijarse al paso del tren. Lo más sorprendente es que la actriz no permitió que el especialista contratado la doblara en una escena tan arriesgada. A pesar de sus esfuerzos, Swanson no consiguió evitar que Teddy, un gran danés, le robara el *show*. Cosa que no es de extrañar si tenemos en cuenta que el perro llegaba incluso ¡a conducir la locomotora!

Trenes abarrotados, por desgracia, hemos visto muchos en el cine. Casi todos ellos cargados, como si de animales se tratara, de judíos reclutados por las tropas nazis y en dirección a campos de concentración o exterminio. Steven Spielberg recreó con dureza y realismo esos trenes en 'La lista de Schindler' (1993, *Schindler's List*) y Roberto Benigni en 'La vida es bella' (1997, *La vita è bella*) también lo hizo, pero esta vez desde el prisma tragicómico del padre que intenta convencer al hijo de que todo el horror es sólo parte de un juego. Radu Mihaileanu convierte el tren de muerte en tren de vida cuando una comunidad judía decide simular un convoy de deportados para escapar del acoso nazi. Una parte del pueblo se hará pasar por prisioneros judíos y otra parte interpretará el papel de los nazis que controlan y dirigen dicho tren. Las situaciones cómicas surgen cuando se creen tanto sus papeles que incluso superan el nazismo de los propios nazis. Es 'Tren de vida' (Radu Mihaileanu, 1998, *Train de vie*).

Otras carreras peligrosas por las vías del tren son las que Burt Lancaster protagonizó en 'El tren' (John Frankenheimer, 1964, *The train*) para boicotear un convoy cargado de obras maestras de la pintura que los alemanes querían llevarse a Alemania en su retirada de París. O las que Buster Keaton necesitó para rescatar a su prometida y a su locomotora en 'El maquinista de la General' (1927, *The General*) dirigida por él mismo junto a Clyde Bruckman. El uso cómico de los componentes ferroviarios que hace Keaton es excepcional: el funcionamiento de la vagoneta ("zorrilla" en el argot ferroviario) impulsada a fuerza de brazos, el movimiento horizontal de las bielas de unión de las ruedas de la locomotora donde Pamplinas se sienta en un divertido plano, los depósitos de agua a lo largo de la línea férrea o la necesidad de madera como combustible. Una escena que nos lleva invariablemente a otra de 'Los hermanos Marx en el Oeste' (Edward Buzzell, 1940, *Go West*) en la que los hermanos al grito de *"¡Más madera! ¡Es la guerra!"* consumen sus propios vagones para seguir avanzando.

En el Lejano Oeste se ambientó la que, para muchos, es la primera película con guión. Eran los albores del cine y en plena guerra de patentes entre los hermanos Lumière (Francia) y Thomas Edison (EEUU), este último con Edwin S. Porter como director presentó 'Asalto y robo al tren' (1903, *The great train robbery*) con un montaje absolutamente innovador que narra en paralelo dos historias que se unen al finalizar la película. Tan sólo hubo que esperar un año para poder ver el primer *remake* de la historia a cargo del alemán Siegmund Lubin, y un siglo hasta que Shiron Butterfly repitiera la misma película en el año 2004.

Entre estas dos versiones se han rodado muchas otras películas en las que se cuenta el robo o asalto de un tren, como la que Michael Crichton realizó con Sean Connery y Donald Sutherland titulada 'El primer gran asalto al tren' (1979, *The first great train robbery*) en la que Connery se las ve y se las desea para esquivar uno tras otro los túneles que atraviesa el convoy del oro que en 1855 servía para pagar a las tropas británicas que combatían contra las rusas en la guerra de Crimea. En 1995, Joseph Ruben cambió el habitual tren que transporta dinero de una ciudad a otra por un simple "metro" que recaudaba la caja de cada estación. 'El asalto al tren del dinero' (*Money Train*) reúne a Wesley Snipes, Woody Harrelson y Jennifer López en una película cargada de espectaculares efectos especiales por los túneles y estaciones del metro neoyorquino.

Un sitio para besarse sin llamar la atención

Los trenes tienen siempre el mismo destino, una estación. Lugar mágico que al mismo tiempo despide y recibe; que alberga historias de amor y desamor; en el que se roba, se trafica, se mata, o sirve de salvación para el perseguido; lugar discreto en el que todo pasa desapercibido para, instantes después, convertirse en todo lo contrario. Como le decía Shanghai Lily (Marlene Dietrich) a Doc Harvey

(Clive Brook) en la secuencia final de 'El expreso de Shanghai', *"muchos amantes van a las estaciones para besarse sin llamar la atención"*.

En la película de Von Sternberg, la estación sirve como presentación de personajes y despedida de los mismos. Algo lógico en aquellas películas ya comentadas cuyo argumento se desarrolla a lo largo de un viaje en tren, pero también en otras como 'La vida en un hilo' (Edgar Neville, 1945). Mercedes (Conchita Montes) conoce en la estación a una adivinadora que le desvela cómo hubiese sido su futuro, mucho más feliz si en lugar de casarse con el ingeniero lo hubiese hecho con el escultor que conoció el mismo día. Es el principio de una película que se vale de los ingenieros para criticar las actitudes pacatas y clasistas de la época. Fernando Trueba utilizó también una estación para presentar a todas las hermanas de su oscarizada 'Belle Epoque' (1992) y también las despidió allí, a casi todas. Hay despedidas en estaciones inolvidables tanto para los personajes como para los espectadores. ¿Quién no recuerda a Humphrey Bogart bajo la lluvia en aquel ficticio andén (fue rodado en estudio) esperando a una Ingrid Bergman que nunca apareció? (Michael Curtiz, 1942, *Casablanca*).

Otra despedida memorable es la que rodó Ozu en su 'Historias de Tokyo' (1953, *Tokyo monogatari*). Toda la familia acude a la estación para acompañar a los ancianos padres que han pasado unos días de visita. Las ocupaciones de los hijos les impiden atender como merecen a unos progenitores que han dado todo por ellos. El padre es más crítico con la situación pero la madre, más indulgente, incluso les agradece sus esfuerzos por complacerles ¡enviándoles a un balneario durante su estancia! La ingente cantidad de pasajeros que se organiza para entrar en el tren y conseguir un buen asiento no facilita la intimidad de una despedida que luego sabremos definitiva. Sólo se salva la nuera viuda, siempre cariñosa y servicial, que parece lamentar la marcha más que los propios hijos, como si en la pareja de ancianos viera la imagen de su marido muerto y nunca olvidado.

Finales tristes en estaciones de tren abundan en la historia del cine, por la tristeza de alguna despedida o por lo trágico del desenlace como el que Al Pacino sufrió en 'Atrapasado por su pasado' (1993, *Carlitos´ way*) de Brian de Palma cuando, después de conseguir dar esquinazo a sus perseguidores entre los pasillos de la estación *Grand Central* de Nueva York, se encuentra de nuevo con su pasado a las puertas del tren que le otorgaría una nueva vida.

Tampoco consiguen pasar desapercibidos Jennifer Jones y Montgomery Clift en 'Estación Termini' (1953, *Stazione Termini*). Más bien al contrario. La estación romana termina por convertirse en una ratonera para la pareja adúltera. Vittorio De Sica utiliza la figuración de forma narrativa hasta que llega a ser tan agobiante para el espectador como para los protagonistas. Es la apoteosis del plano/contraplano y de la riada de extras en dirección contraria. Existencialista en exceso, la película merece la pena por su retrato de la idiosincrasia italiana, ¡aunque hablen en inglés!

Ésa es una de las características de las grandes estaciones de tren: la masa de viajeros que las transitan proporcionan el anonimato perfecto para citas prohibidas, transacciones ilegales o escondites de botines. Nada hay tan cinematográfico como la consigna de una estación. Allí se guardan tesoros que pueden esperar años para ser recuperados, como el millón de dólares que Noodles (Robert de Niro), Max (James Woods) y sus amigos de pandilla dejaron en la estación de Hoboken, Nueva Jersey, en 'Érase una vez en América' (Sergio Leone, 1984, *Once upon a time in America*).

Un crimen pone patas arriba la vida de John Book (Harrison Ford) en 'Único testigo' (Peter Weir, 1984, *Witness*). El policía investiga un asesinato cometido en los baños de la estación *Union* de Chicago. El único que ha visto al asesino es un niño *amish* (Lukas Haas), tan perdido en la estación como luego lo estará Book cuando tenga que seguirlo hasta la comunidad *amish*. La misma estación ha servido incluso para homenajear secuencias míticas del cine. Eisenstein rodó en el puerto de Odessa, más concretamente en las escaleras *Richelieu*, una escalofriante carga militar contra el pueblo sublevado en la que el carrito de un bebé cae escaleras abajo entre los disparos del ejército ('El acorazado Potemkin', 1925, *Bronenosets Potyomkin*). Sesenta y dos años más tarde, bajo la dirección del rey por excelencia del corta y pega, Brian de Palma, la magia del cine convierte la estación *Union* de Chicago en el puerto de Odessa y el carrito esquiva ahora las balas cruzadas entre los mafiosos y Eliot Ness. 'Los intocables de Eliot Ness' (1987, *The untouchables*).

Metro a metro

El tren metropolitano ha dado mucho juego a los cineastas y es que se trata del medio de transporte urbano más utilizado, sobre todo en las grandes ciudades. Así, infinidad de historias ocurren en sus estaciones, dentro de sus vagones e incluso en sus pasillos. Es curioso comprobar que los jóvenes narradores que empiezan a escribir guiones pueblan sus historias de secuencias en el metro. Y la mayoría son difíciles de rodar, al menos en Madrid, donde la política de la compañía es muy estricta.

Si hemos hablado de las estaciones de tren como lugares donde pasar desapercibido entre la multitud, podríamos considerar la red metropolitana como una estación gigante con muchas entradas y salidas. William Friedkin lo utilizó así para 'French Connection' (1971, *The French Connection*). Fernando Rey da esquinazo a Gene Hackman en una persecución que comienza en la estación *Bay 50th Street* de Nueva York, y también emplea el procedimiento de "entrar y salir" en la boca de metro de la estación *Grand Central*.

Los mismos esquinazos aparecen en 'Los amos de la noche' (Walter Hill, 1979, *The warriors*), una persecución de principio a fin por la red metropolitana de Nueva York. La banda que da título a la película intenta regresar a Coney Island mientras es acosada en túneles y andenes por el resto de pandilleros de la ciudad. Las estaciones de suburbano y sus pasillos, habitualmente abarrotados, se convier-

ten en lugares tenebrosos cuando no hay un alma. En 'Un hombre lobo americano en Londres' (John Landis, 1981, *An american werewolf in London*), el metro londinense es elegido por el licántropo para atacar a un *dandy* inglés tras una claustrofóbica persecución por la estación de Tottenham Court Road. Esta secuencia fue rodada en esa misma estación de metro, aunque lo habitual en Londres es utilizar la estación de Aldwych, ya que se encuentra cerrada al tráfico.

El mismo caso lo podemos encontrar en Madrid con la antigua estación de Chamberí de la línea 1, situada entre las de Bilbao e Iglesia. Cerrada en 1966, se ha mantenido con los suelos intactos y muchos de los mosaicos de las paredes. Fernando León de Aranoa conocía su historia y sabía que era utilizada por indigentes para refugiarse del frío invierno madrileño, así que no dudó en utilizarla para su película 'Barrio' (1998). Logró una secuencia mágica en la que los tres jóvenes protagonistas cruzan la estación ante la mirada perdida de la tropa de indigentes.

Si el ambiente creado por Fernando León de Aranoa parecía fantástico, unos años antes Luc Besson imaginó toda una sociedad *underground* en 'Subway: en busca de Freddy' (1985, *Subway*). Para ello contó con la ayuda del decorador entre decoradores, Alexandre Trautner. Christopher Lambert se encuentra con toda una pléyade de personajes retrofuturistas cuando decide refugiarse en el metro de París. Nada que ver con la Victoria Abril de 'Nadie hablará de nosotras cuando hayamos muerto' (Agustín Díaz Yanes, 1995), un personaje tan memorable que todavía oímos sus pisadas por el pasillo del metro.

Para terminar con los trenes, y más concretamente con el metropolitano, no hay mejor forma de hacerlo que saliendo al exterior. Hasta las rejillas de ventilación situadas en la esquina noroeste de avenida Lexington y la calle 52. ¿Qué pasó en aquella esquina? Que Marylin Monroe enseñó los muslos en 'La tentación vive arriba' (1955, *The seven year itch*). Billy Wilder declaró que durante el rodaje de la famosa escena se congregaron más de veinte mil curiosos, hubo caos circulatorio en todo Nueva York y, para colmo, provocó la crisis matrimonial entre Joe DiMaggio y la que desde entonces nunca abandonaría el pedestal de mito erótico por excelencia.

Carreteras

La ausencia de obra civil

Hoy se hace difícil de creer, pero hace poco más de cien años el mundo que habitamos estaba libre de coches y autopistas. En muchos sitios ni siquiera existían carreteras o camino alguno. Los mapas presentaban espacios en blanco donde el territorio era virgen y desconocido. Nadie había hollado su suelo como si, más que de la Tierra, de la Luna se tratara. Pero en el siglo pasado y en el anterior a éste, docenas de hombres ávidos de aventura se dedicaron a explorar hasta el último rincón del planeta. En una preciosa secuencia de 'Las montañas de la luna' (Bob Rafelson, 1990, *Mountains of the moon*), el explorador Richard Burton inspecciona el cuerpo desnudo de su mujer a la luz de una vela, *"en nombre de la ciencia"*, se burla ella. Con la misma dedicación y minuciosidad que muestra la secuencia se entregaron estos hombres a medir y dibujar lo desconocido.

La película está basada en los diarios de Sir Richard Burton y Sir John Hanning Speke que, a mediados del siglo XIX, rivalizaron por descubrir las fuentes del Nilo. Mitad geógrafos y mitad aventureros fueron, en cualquier caso, verdaderos ídolos para la época. Sus hazañas llenaban las páginas de los periódicos y sus conferencias reventaban de gente las, por entonces tan en boga, sociedades geográficas. Paradigma de ese tiempo de furor explorador es la novela de Julio Verne 'La vuelta al mundo en 80 días', llevada al cine en 1956 con Cantinflas, David Niven y Shirley McLaine (Michael Anderson, *Around the world in 80 days*) y también recientemente para mayor gloria de Jackie Chan (Frank Coraci, 2004, *Around the world in 80 days*).

No era para menos. 'Las montañas de la luna' muestra el catálogo completo de las dificultades con las que se encontraron estos exploradores-geógrafos: hambre, sed, enfermedades de todo tipo, nativos belicosos, fieras hambrientas e insectos puñeteros (la secuencia más espeluznante la protagoniza un vulgar escarabajo). Pero el reto más grande era enfrentarse a una topografía desconocida, a la ausencia de obra civil. Estos aventureros andaban cientos de kilómetros (*"mil millas en cien días es un buen promedio"* asegura Patrick Bergin, el actor que interpreta a Sir Richard Burton)(*) y hacían camino tan sólo con la ayuda de sus botas y de porteadores que hacían lo mismo pero a pie descalzo. Pisaban la tierra de la meseta, la hierba de la pradera, la arena del desierto, el fango de la ciénaga, la maleza de la selva, la dura roca de las montañas, sin que su ánimo decayera. Es significativo que en la película Burton sólo doble la rodilla al cruzar un pedregal del infierno.

Las rutas que ellos abrieron son ahora pasto del asfalto. El betún de Judea ha uniformado el pavimento y alfombrado medio mundo. Ha hecho realidad el sueño de romanos, los primeros grandes constructores de carreteras, al permitir el tránsito de vehículos mecánicos y aniquilar así las distancias. Apenas quedan lugares en el planeta a los que no se pueda acceder en coche. Sin duda, el asfalto fue uno de los inventos que contribuyó a la rápida transformación del mundo durante el siglo pasado. Y como en el caso del tren, la importancia de la carretera y sus vehículos no ha sido ignorada por el cine.

La carretera ha sido la siguiente revolución del transporte, hasta el punto de que ha cambiado nuestro modo de vida. La carretera permite trabajar donde se pueda

(*) Y que también da vida a otro geógrafo en la romántica *Map of the human heart*, Vincent Ward, 1993.

y vivir donde se elija, ya sea con coche propio o en transporte colectivo. Su infraestructura es mucho más barata que la del ferrocarril, y los vehículos que la transitan se atomizan, de forma que cada uno elige su origen y destino. Las ciudades que el ferrocarril macizó siguen ahí, pero su posterior crecimiento se ha desarrollado en densidades más bajas. Porque existe el coche es posible vivir en una casa con jardín, siempre que se acepte en cada caso la distancia a recorrer entre el hogar y el desempeño cotidiano. Disponer de dicho instrumento no implica, por supuesto, su prepotencia y abuso, pero tal y como está montado el mundo, pocos pueden permitirse el lujo de prescindir de coche durante largos periodos de su vida activa. Lo odiamos y lo queremos a partes iguales pero, en cualquier caso, lo necesitamos.

Del nomadismo al sedentarismo

En el capítulo anterior vimos cómo el ferrocarril contribuyó a colonizar vastos territorios continentales y a implantar en ellos la civilización. El *western* ejemplarizó el proceso en Norteamérica y narradores como John Ford lo trataron en todas su vertientes: cómo el nomadismo de los *cowboys* dio paso al sedentarismo de los granjeros; cómo las vastas extensiones de territorio virgen se articularon en poblaciones y luego en estados; cómo el impulso individual de los pioneros cedió frente a los requerimientos de la colectividad.

Una colectividad que se formó a partir de inmigrantes que, con los bolsillos vacíos y la cabeza repleta de sueños, desbordaban los vagones del ferrocarril que les llevaba al Oeste, a la tierra de las oportunidades. 'La puerta del cielo' (1980, *Heaven's gate*) radiografía ese peregrinaje en toda su crudeza. Michael Cimino retoma la historia donde la deja John Ford y lleva todavía más lejos ese aliento desmitificador que alumbró las últimas películas del maestro.

Su portentosa puesta en escena se manifiesta ya en la secuencia de la llegada de Kris Kristofferson a la estación de Casper, Wyoming. Kristofferson viaja solo en el vagón de lujo de un tren literalmente atiborrado hasta el techo de inmigrantes. Ya en las calles del pueblo, intercede por un búlgaro al que los hombres de la Asociación están dando una paliza. Más tarde se cruza en su lujoso tílburi con una carreta, la mujer del búlgaro la arrastra por el camino con inquebrantable decisión, con todos sus trastos y el marido descuajeringado encima de ellos. Esta puesta en escena se repite en la película con calculada eficacia (inmigrantes que, enfangados hasta la rodilla, tiran de carros y arados mientras los nativos de segunda generación cabalgan veloces a su alrededor) hasta la famosa secuencia final, en la que cercan a los hombres de la Asociación en la formación típica de los indios y les acorralan empujando sus carretas. Dotados tan sólo de la fuerza de sus músculos y de su insobornable determinación, los nuevos proletarios se enfrentan a quienes pretenden defender sus privilegios a tiro limpio. Tras el genocidio de los indios, a punto estuvo de ocurrir otro con los inmigrantes, viene a decirnos Cimino. Cuando precisamente esa fuerza motriz que empuja los carros, mezcla de músculo y fe irredenta en el futuro, es precisamente la que llevaría a Estados Unidos a ser la potencia mundial que es hoy.

Cimino fue demasiado lejos en su afán crítico y desmitificador. El mensaje no caló en la audiencia. A pesar de su indudable calidad, 'La puerta del cielo' fue un sonoro fracaso que finiquitó *United Artists*, la compañía que allá por el año 1919 fundaron Charles Chaplin, Mary Pickford y Douglas Fairbanks. Al revisar la película hoy en el esplendor del dvd y comprobar su actualidad, ¿quién se atreve a seguir tachándola de fracaso?

El proceso no terminó con la conquista y civilización del Oeste. Unos cuantos años más tarde, cuando el *crack* reventó la Bolsa de Nueva York e instaló los duros años de la Depresión, miles de aparceros pobres se vieron abocados a emigrar hacia nuevas tierras de promisión. Steinbeck lo contó en uno de los mejores alegatos sobre la dignidad humana que ha dado jamás el arte: "Las uvas de la ira". Y John Ford lo puso en imágenes con la inestimable colaboración del guionista Nunally Johnson, también productor de la película. Asistimos al peregrinaje de la familia Joad desde su Oklahoma natal hasta la California del sol y las promesas. Amontonados en un desvencijado camión, los *okies* recorren por carretera medio continente y sufren innumerables penurias. Muchos de ellos se quedan en el camino. Cuando llegan a los frutales de California, donde el trabajo escasea y la mano de obra abunda, se dan cuenta de que son la cuota de beneficio de otros personajes que mueven el capital. Tierna, lúcida y demoledora, 'Las uvas de la ira' (1940, *The grapes of wrath*) se adelanta a otras ilustres denuncias como 'Ladrón de bicicletas' (Vittorio de Sica, 1948, *Ladri di biciclete*), 'Novecento' (Bernardo Bertolucci, 1976) o la propia 'La puerta del cielo'.

Otra denuncia, aunque radicalmente diferente, es 'Los viajes de Sullivan' (1941, *Sullivan's travels*). Es curioso constatar cómo abordó Preston Sturges la misma temática tan solo un año después. Veamos la entrada que Fernando Trueba le dedica a la película en su diccionario de cine:

"La Biblia de los amantes de la comedia, y el panfleto más descarado a favor del género jamás llevado a cabo. Sullivan, un exitoso director de comedias, harto de frivolidad, abandona la lujosa mansión de *Bel Air* para, disfrazado de mendigo, lanzarse al mundo real, a la América de *Las uvas de la ira*, en busca de las experiencias vitales necesarias para poder realizar un gran drama social. Pero Sullivan, dado por muerto en los periódicos y confundido con un asesino, da con sus huesos en un campo de trabajos forzados, condenado a cadena perpetua. Un día, rodeado de criminales y encadenado con ellos, Sullivan asiste a una proyección cinematográfica en la parroquia. Los presos ríen a carcajadas viendo los dibujos animados. Cuando Sullivan consigue, después de mil peripecias, volver a Hollywood, sabemos que no hará nunca su gran drama social. La película está dedicada a *los payasos, los comediantes y los que han dedicado su vida a hacer reír a sus semejantes.*"(*)

Como vemos, la más poderosa industria cinematográfica del mundo, la estadounidense, no ha despreciado nunca el material que la realidad le ofrecía, ya fuera para hacer drama o comedia. En otros países el proceso ha sido el mismo y sus cineastas también se han preocupado por reflejarlo, aunque fuera con medios más precarios. En España fue José Antonio Nieves Conde el que mejor retrató la emigración del campo a la ciudad. 'Surcos' (1951) muestra la dura realidad a la que se enfrentaron los campesinos que a mediados de siglo pasado se dirigieron a las ciudades para ganarse la vida.

(*) Fernando Trueba. *Diccionario de Cine*. Editorial Planeta S.A., Barcelona, 1997. Pág. 297

El ansia de libertad

Con el paso de los años, el desarrollo de la industria automovilística hizo posible que el coche ya no fuera el artículo de lujo que era en sus principios. La implantación del automóvil como vehículo por excelencia de la población le da una vuelta de tuerca más al proceso histórico que estamos tratando. El individualismo encuentra en él una vía de escape para huir de la colectividad que le sofoca. La gente ya no se tira al asfalto para buscarse las habichuelas sino para huir del tedio de la vida cotidiana. La carretera se convierte entonces en metáfora de libertad, el viaje en sinónimo de felicidad.

De alguna forma, revive el espíritu de los pioneros. Rodada en 1969 en pleno apogeo del movimiento *hippie* y la psicodelia, 'Easy rider' (Dennis Hopper, 1969) todavía sigue programándose en cualquier cine-club o festival que pretenda dárselas de alternativo. Su vigencia no es de extrañar al tratarse de una película más que respetable. Su director, Dennis Hopper, pretendía hacer una película inspirada en el Oeste americano. Dos tipos solitarios que viajan con motos en lugar de caballos. Dos hombres frente a la inmensidad del paisaje. No es casualidad que los personajes que interpretan Peter Fonda y el propio Dennis Hopper se llamen Wyatt (Earp) y Billy ("el niño") ni que las primeras paradas de su viaje sean precisamente *Monument Valley* e *Inspiration Point,* escenarios mitológicos de las películas de John Ford.

'Easy rider' contrapone la idea de libertad asociada al nomadismo con el sedentarismo imperante en los lugares por los que se desarrolla la película. La prueba de ello es que se detiene a enseñarnos un tradicional hogar familiar, primero, y luego, una revolucionaria comuna. Dos ejemplos antagónicos de asentamiento pero asentamientos al fin y al cabo. La libertad sólo se logra en movimiento, con el mínimo equipaje, parecen decirnos Fonda y Hopper. Sin embargo, el dramático final de la película cuenta que ese movimiento está abocado a acabar de forma abrupta. La sociedad no está dispuesta a tolerar en su seno tales desvaríos. Los tiempos del héroe individual por excelencia, el vaquero errante y poseedor de una moral propia, han terminado sin remisión. En 1967, a vaqueros como Ringo (John Wayne), el protagonista de 'La diligencia' (John Ford, 1939, *Stagecoach*), los matarían a golpes.

A la hora de abordar la producción, Dennis Hopper y Peter Fonda acuerdan ser coherentes con el mensaje de su película. Los dos habían intervenido en las películas de moteros tan en boga por aquel entonces en Hollywood. Subproductos en los que los Ángeles del Infierno eran tratados como peligrosos a la par que atractivos delincuentes. Insatisfechos del resultado deciden darles una vuelta de tuerca. Hopper y Fonda pretenden empacharse de carretera y rodar al aire libre. Estados unidos es el mejor decorado imaginable, se dicen. Más de nueve millones de kilómetros cuadrados de espacio abierto y deslumbrante horizonte. Ni cortos ni perezosos se lanzan a un largo viaje para localizar los sitios por donde luego habrían de pasar los personajes de la película.

La búsqueda de localizaciones supone la parte más importante del proceso creativo de 'Easy rider'. Visitar y conocer los sitios por los que pasarían los personajes fue lo que terminó de cerrar el guión de la película. Un guión que, por otro lado, carece de la importancia que cobraba en otras producciones, es solamente el mapa sobre el que improvisar escenas y situaciones.

Si en capítulos anteriores hemos demostrado que la dramaturgia obra milagros y puede convertir el tema más anodino y sobado en una fuente inagotable de diversión, ahora comprobamos que existen otras partes del proceso cinematográfico que pueden igualar su eficacia. El interés de 'Easy rider' reposa sobre atractivas caracterizaciones, mucho movimiento y un paisaje fascinante. No hay un tratamiento elaborado del argumento. Ni una sucesión de conflictos. Pero sí una progresión dramática y un trabajo muy acertado de interpretación. Más que suficiente.

'Carretera asfaltada en dos direcciones' (1970, *Two-lane blacktop*) es la versión a cuatro ruedas de 'Easy rider'. Dirigida por el cineasta independiente Monte Hellman y protagonizada por los músicos James Taylor y Dennis Wilson, parte de los mismos presupuestos que su hermana mayor. La libertad como una carretera en fuga, la felicidad como el movimiento perpetuo, todo ello contado a través de la peripecia de dos buscavidas que recorren Estados Unidos retando a cualquiera a una carrera de coches. En la última secuencia de la película, James Taylor se dispone a iniciar con su *chevy* el enésimo pique. Mira por la ventanilla y ve un caballo corretear en el cercado de una granja. Taylor pisa el acelerador y la carretera se

extiende en la pantalla. La imagen se ralentiza hasta que el negativo termina por quemarse delante de nuestras propias narices.

Algo parecido debían sentir 'Thelma y Louise', las protagonistas de la película de Ridley Scott (1991) y probablemente las más famosas prófugas del sedentarismo, cuando se abalanzaban con su descapotable al vacío del cañón del Colorado. Y también Roberto (Jean Louis Trintignant), un apocado estudiante de Derecho que se deja liar por el insensato de Bruno (Vittorio Gassman) y abandona la placidez del *ferragosto* romano. 'La escapada' (Dino Risi, 1962, *Il sorpasso*) es la crónica de un desenfrenado fin de semana que termina de la peor de las maneras. Un final terrible pero coherente con la explosión de vitalidad que le precede en pantalla.

Otra vuelta de tuerca de esta dicotomía nomadismo/sedentarismo la propone George Miller en su 'Mad Max' (1979), película que lanzaría a Mel Gibson al estrellato. La película parte también de las series B que fraguaron el nacimiento de 'Easy rider', pero al contrario que ésta, exagera sus postulados y los recubre de una patina de ciencia-ficción. En un futuro no muy lejano ("*A few years from now*" reza el cartel del principio de la película) y posiblemente posnuclear, los nómadas son unos moteros malísimos que acosan a la comunidad sedentaria. Max es un patrullero encargado de velar la ley y el orden en ese mundo apocalíptico. Pero cuando en la pelea pierde a su mujer y su hijo, Max sucumbe a la atracción de la carretera y se convierte en Mad Max, el más borrico de los nómadas. El máximo valor de esta producción australiana, que comparte con las estadounidenses su

pasión por los espacios abiertos, reside en haber filmado la velocidad con una pasión y precisión desconocidas hasta entonces.

Y al final del camino nos encontramos con otra figura clásica de la iconografía cinematográfica: el forajido. *"Cuando empezamos creí que íbamos a alguna parte... pero esto es todo. Sólo vamos."*(*) Las palabras de Bonnie Parker (Faye Dunaway) reflejan a la perfección la circunstancia del fugitivo de la ley. Su nostalgia por el sedentarismo, por la normalidad, por la cotidianidad. Bonnie contempla a los niños y sabe que nunca podrá criarlos. Despide a su anciana madre con lágrimas en los ojos porque nunca podrá ir a visitarla, ni siquiera podrá enterrarla. Bonnie Parker y Clyde Barrow (Warren Beatty) han traspasado el punto de no retorno. Su fulminante carrera de atracadores de bancos, sus enfrentamientos con la ley y sus alocadas persecuciones les han llevado a un callejón sin salida. En una de las secuencias de la película, los hombres del *sheriff* ametrallan su coche para que los fugitivos no puedan utilizarlo. Saben que el coche y la carretera es lo único que les queda, y nunca por mucho tiempo. Su cabeza tiene un precio.

A pesar de elegir, el ser humano siempre termina por desear lo que en su día despreció. 'Bonnie & Clyde' (Arthur Penn, 1967) deciden vivir sin atenerse a las consecuencias, ser supernovas en lugar de estrellas corrientes. La misma senda que antes que ellos emprendieron forajidos ilustres como Jesse James o Billy "el niño".

(*) *"When we started that I believed we we're going somewhere... And this is it. We're just going"*

Personajes que han dado al cine películas tan memorables como 'Tierra de audaces' (Henry King, 1939, *Jesse James*), 'El zurdo' (también de Arthur Penn, 1958, *The left handed gun*), 'Pat Garret and Billy the Kid' (Sam Peckinpah, 1973), 'Grupo salvaje' (otro Peckinpah, 1969, *The wild bunch*), 'Forajidos de leyenda' (Walter Hill, 1980, *The long riders*) o 'Asesinos natos' (Oliver Stone, 1994, *Natural born killers*).

Todos comparten el mismo orgullo y también un triste destino: morir como perros en la cuneta de cualquier carretera. Como dice la canción, *"I fought the law, and the law won"*(*). A pesar del corto trayecto de los fuera de la ley por la vida mundana, el cine siempre lustrará su gloria de forma que nunca abandonen nuestra memoria.

La obra civil como sucedáneo del tiempo

Ya indicábamos en el prólogo que el cine es ante todo movimiento. Movimiento de fotogramas, de secuencias, de tramas, de personajes. La dramatización que requiere se basa en eliminar los tiempos muertos de la vida real para mostrarnos situaciones dinámicas y personajes siempre en conflicto. Una película es una explosión de tiempo candente y comprimido. Una bola de nieve surcando el aire en busca de su objetivo.

(*) *"I fought the law"*, Sonny Curtis, Bobby Fuller Four, *"The best of Bobby Fuller Four"*, 1966, President.

En la vida real, la ingeniería civil se encarga de facilitar ese movimiento tan buscado por el cine. Las personas transitamos por carreteras, vías férreas o canales cuando decidimos desplazarnos de un lugar a otro. Es natural por tanto que la obra civil sea protagonista cinematográfica en infinidad de ocasiones, y mucho más si del género de las películas de viaje hablamos. Películas en las que el movimiento inherente a la estructura se encarna también en el propio argumento. Películas en las que los protagonistas viajan desde A hasta B y descubren algo por el camino. A su llegada a B ya no son las mismas personas que salieron de A. Películas que en su propio argumento llevan el paradigma mismo de la dramatización cinematográfica. Las llamadas *road movies*.

El hecho de transitar por una carretera se convierte así en un sucedáneo perfecto del transitar por la propia existencia, de recorrer el tiempo otorgado, los caminos de una vida. La lista de películas que encajan como un guante en esta tesis es larga, ya hemos tratado varias de ellas. Detengámonos tan sólo en unas pocas más.

'Dos en la carretera' (Stanley Donen, 1967, *Two for the road*) es una película que se sirve de las carreteras que cruzan Francia para diseccionar la relación de pareja. Dirigida por Stanley Donen, escrita por Frederic Raphael e interpretada por Audrey Hepburn y Albert Finney, el filme abarca diez años de pareja comprimidos en tres viajes distintos por las mismas carreteras del sur de Francia: el viaje de una pareja que se está enamorando, el de la misma pareja con dos años ya de matrimonio y otro con diez años de casados a la espalda.

Como ocurría en 'Breve encuentro', Donen y Raphael dinamitan la continuidad temporal y nos proponen un juego de espejos en el que el *flashback* es el gran protagonista. La película avanza y retrocede en el tiempo de forma mucho más fragmentada que en la de Lean, y la pareja protagonista se ve continuamente confrontada a los mismos lugares pero siempre en diferente actitud vital. El tremendo contraste que Donen y Raphael consiguen habla a favor de una estructura tan arriesgada.

La casa, el sexo, el trabajo, la infidelidad, los niños, todos ellos mojones del camino para cualquier pareja, asoman en cada uno de los tres viajes. Y vemos cómo Hepburn y Finney se pelean y se reconcilian y se vuelven a pelear y se vuelven a reconciliar. Donen y Raphael creen que el equilibrio en la pareja es imposible. La aventura conyugal es un perpetuo encontronazo que, a pesar de todo, merece la pena. Porque la vida es una larga carretera que más vale afrontar de dos en dos por lo que pueda pasar. De nuevo la obra civil como gran metáfora.

Respecto a lo que este libro se refiere, nos gustaría destacar la secuencia que narra la infidelidad de Finney. Ocurre cuando ya llevamos una hora de película y hemos visto a la pareja tragarse mucha carretera. Para contarnos que Finney tiene una aventura con otra mujer, Donen utiliza una curiosa puesta en escena. Mientras la voz en *off* de Finney nos lee la típica carta dirigida a su mujer ("cuánto te echo de menos, ojalá estuvieras aquí, bla bla bla…"), le vemos a él en su coche adelantando y persiguiendo a otro en el que viaja una rubia. Una divertida coreografía que nos recuerda la procedencia de Stanley Donen, rey de los musicales en la MGM, y que enmar-

cada dentro del tono amargo del resto de la película, no deja de ser un poco artificiosa. Pero al mismo tiempo acertada, pues cuenta la infidelidad de su personaje en coherencia con los presupuestos de la película y, gracias a la expresividad que destila la obra civil, de forma mucho más demoledora que cualquier escena de cama.

Otra película con carretera e infidelidad es 'Muerte de un ciclista' de Juan Antonio Bardem (1955). Juan (Alberto Closas) es un profesor universitario de ingeniería que tiene una relación adúltera con María José (Lucía Bosé). Un día que circulan por una solitaria carretera secundaria atropellan a un pobre ciclista. El miedo a que el asunto pueda destapar su relación les lleva a no socorrerle y abandonarle a su suerte. Éste es el planteamiento de partida de una película que ahonda en los remordimientos y la mala conciencia de la pareja.

La amargura también preside los fotogramas de *Viaggio in Italia*, película que Roberto Rosellini rodó en 1953 con su mujer Ingrid Bergman como protagonista y con George Sanders como su *alter ego*. Una película que incomprensiblemente fue estrenada en España con el título de 'Te querré siempre' y que comparte las mismas premisas de 'Dos en la carretera'. Como anuncia su título original, el filme narra el viaje de una estirada y flemática pareja de ingleses por el sur de Italia. *"Es la primera vez que estamos solos tanto tiempo desde que nos casamos"* le dice Bergman a Sanders en una de las primeras secuencias. Como a tantas otras parejas, el hecho de estar fuera de su ambiente cotidiano les sume en una profunda crisis. Asistimos a las mismas discusiones que hemos presenciado en la película anterior: el trabajo, la infidelidad, los hijos...

La originalidad de la película reside en su tratamiento casi documental. Rossellini contrapone de forma constante la frialdad de esa relación de ficción con el voluptuoso exterior que proporciona Nápoles y sus alrededores. Imágenes reales de la exuberante Italia de la época son el contraplano constante que los dos ingleses presencian desde la ventanilla de su coche.

El viaje siempre tiene un destino más o menos confeso, pero muchas veces lo que importa es su transcurso. "Caminante no hay camino, se hace camino al andar", en los versos de Machado. Como les ocurre a los Joyce en *Viaggio en Italia,* apartarse de las rutinas y referentes cotidianos nos obliga a enfrentarnos con lo que realmente somos. Viajar es una gran manera de conocerse e, incluso si llega el caso, de cambiar para ser otro.

Para ello no importa el vehículo. Olvidemos por un momento el omnipresente coche. Se puede viajar en autobús (el logo de la compañía norteamericana Greyhound, ese galgo corredor, forma parte de la mitología cinematográfica), el descendiente directo de las diligencias que tan familiares se nos hicieron con los *westerns*, como en 'Get on the bus' (Spike Lee, 1996), 'Las aventuras de Priscilla, reina del desierto' (Stephen Elliott, 1994, *The adventures of Priscilla, queen of the desert*) o 'Ruta suicida' (Clint Eastwood, 1977, *The gauntlet*), en la que Clint Eastwood tunea un autobús de línea para atravesar un despiadado cerco policial.

Con la tierna e hilarante 'A propósito de Schmidt' (Alexander Payne, 2002, *About Schmidt*), bajamos un escalón. El septuagenario interpretado por Jack Nicholson

utiliza una autocaravana para visitar a su hija tras la muerte de su mujer. Y bajando todavía más nos encontramos con otro septuagenario, Alvin Straight (Richard Farnsworth), que recorre 150 kilómetros a bordo de un cortacésped en la conmovedora 'Una historia verdadera' (David Lynch, 1999, *The straight story*). Puede incluso que no necesitemos vehículo alguno: Forrest Gump (Tom Hanks) sólo necesita unas zapatillas de deporte que le llevan de costa a costa por los Estados Unidos (Robert Zemeckis, 1994, *Forrest Gump*).

Un denominador común de todas estas películas es lo que podríamos llamar "los amigos del camino". En el viaje nos encontramos con todo tipo de extraños y al interactuar con ellos fuera de nuestras coordenadas habituales, nos enseñan o enseñamos. Como les ocurre a los protagonistas de 'Llueve sobre mi corazón' (Francis Ford Coppola, 1969, *The rain people*) o 'Corazón salvaje' (David Lynch, 1990, *Wild at heart*). La amistad, el amor, el respeto, el miedo y el odio son parte ineludible del trayecto en toda *road movie* que se precie.

La aventura de la carretera

En el capítulo dedicado a 'El tren' de John Frankenheimer concluimos que, con una adecuada dramaturgia, las características de la obra civil pueden ser las que determinen la acción de la película. Los mismos retos que la naturaleza plantea al ingeniero pueden ser utilizados por los escritores cinematográficos para crear tensión y suspense.

Esto se aprecia perfectamente en las dos películas que vamos a abordar ahora. Sobre todo en 'El diablo sobre ruedas' (1971, *Duel*), el bautismo cinematográfico de Steven Spielberg. La película es un verdadero catálogo de carreteras: calle urbana, autopista de circunvalación de una gran ciudad, autovía, carretera de dos carriles con trazado recto y llano, ídem pero con trazado sinuoso, puerto de montaña, vía de servicio, paso a nivel con barrera y, por si fuera poco, tramo cortado por obras.

Spielberg combina todas las posibilidades que le ofrece la obra civil con una puesta en escena apabullante. La planificación, la banda sonora y el montaje provocan tal tensión en el espectador que lo que en principio es sinónimo de movimiento y libertad termina por serlo de encierro y claustrofobia. La paradoja da una idea de la capacidad cinematográfica del que se convertiría en el genio más reconocido del cine de las últimas décadas.

'El salario del miedo' (H.G. Clouzot, 1953, *Le salaire de la peur*) está basada en la novela de Georges Arnaud. Tanto el libro como la película nos hacen sudar tinta con la historia de cuatro camioneros que deben atravesar las espantosas carreteras de un país centroamericano cargados hasta el tope de nitroglicerina. Por el camino se topan con todo tipo de obstáculos que les llevan al borde de la histeria. Uno de ellos es la terrible "chapa ondulada": una carretera bacheada que deben atravesar a la velocidad constante de 40 kilómetros por hora para evitar la vibración fatal. Como en el caso de 'El diablo sobre ruedas', la tensión que consigue la película resulta casi insoportable para el espectador.

Corre que te pillo

A la manera de Moisés en el Sinaí, el director y guionista Preston Sturges escribió en once mandamientos su manera de entender el cine. Ahí van:

1. Una chica guapa es mejor que una fea.
2. Una pierna es mejor que un brazo.
3. Un dormitorio es mejor que un salón.
4. Una llegada es mejor que una salida.
5. Un nacimiento es mejor que una muerte.
6. Una persecución es mejor que una charla.
7. Un perro es mejor que un paisaje.
8. Un gatito es mejor que un perro.
9. Un bebé es mejor que un gatito.
10. Un beso es mejor que un bebé.
11. Una caída es lo mejor de todo.(*)

Detengámonos en el sexto. Si decíamos antes que las *road movies* eran el paradigma perfecto de la estructura cinematográfica, las persecuciones son su mejor epítome. Alguien que corre tras otra persona quiere algo. Movimiento y conflicto en una sola acción. ¿Qué más se puede pedir? Desde que el cine es cine, los hombres han perseguido a las mujeres (y viceversa), los indios a los vaqueros (y viceversa), los policías a los ladrones (¿y viceversa?).

(*) Fernando Trueba. *Diccionario de Cine.* Editorial Planeta S.A., Barcelona, 1997. Pág. 96

Si a una persecución le añades además una caída o su equivalente velocípedo, el accidente, aparte de hacer feliz a Preston Sturges tienes la secuencia cinematográfica por antonomasia. Todo el mundo sabe que para que haya persecuciones tiene que haber calles y carreteras. A partir del sexto mandamiento de Sturges, intentemos rememorar las persecuciones más espectaculares que nos ha dado el cine.

En 'Atrapa a un ladrón' (Alfred Hitchcock, 1955, *To catch a thief*) la policía persigue a Grace Kelly por la *Grand Corniche* de Montecarlo donde, paradojas de la vida, ella reinaría más tarde y moriría después en accidente de coche por la misma carretera. Steve McQueen salta con su coche por las empinadas calles de San Francisco en una secuencia antológica que se repetirá en películas posteriores hasta la saciedad (Peter Yates, 1968, *Bullit*). Los minis Cooper recorren arriba y abajo Turín y alrededores en la descacharrante 'Un trabajo en Italia' (Peter Collinson, 1969, *The italian job*). En 'French connection' (William Friedkin, 1971), un enloquecido Gene Hackman persigue con su coche un tren elevado donde viaja Fernando Rey, el objeto de su locura. Jake y Elwood convierten la ciudad de Chicago en un descomunal cementerio de coches de policía en la última secuencia de 'Granujas a todo ritmo' (John Landis, 1980, *The Blues brothers*). La persecución que abre 'Los Goonies' (Richard Donner, 1985, *The Goonies*) es además presentación de sus protagonistas. En 'Instinto básico', Michael Douglas persigue con fijación sexual a Sharon Stone por la carretera de montaña de las Carmel Highlands ('Instinto básico', Paul Verhoeven, 1992, *Basic instinct*).

Los ejemplos son innumerables y seguramente el cinéfilo avezado se acordará de otros mejores que éstos. En nuestros días, el asunto ha llegado hasta extremos peliagudos, a tenor de las persecuciones vistas en 'Matrix reloaded' (Andy y Larry Wachowski, 2003) o 'Terminator 3: la rebelión de las máquinas' (Jonathan Mostow, 2003, *Terminator 3: Rise of the machines*). Como si la acumulación de vehículos, a cual más grande, y de destrozos, a cual más brutal, fuera el único modo de conmocionar al espectador. Para el que piense así nos gustaría recordarle la persecución de los indios a la diligencia en la película de John Ford, (1939, *Stagecoach*). La leyenda cuenta que Orson Welles, para acometer 'Ciudadano Kane', aprendió el lenguaje cinematográfico visionando una y otra vez esa secuencia (así se cuenta en 'RKO 281', Benjamin Ross, 1999). A veces, menos es más.

Lo contrario de las persecuciones son los atascos, fenómeno muy extendido por desgracia en nuestras ciudades y carreteras. A pesar de no ser una situación demasiado cinematográfica, ha habido cineastas que le han sabido sacar su jugo. Es el caso de Federico Fellini en 'Ocho y medio' (1963, *Otto e mezzo*) o, en menor medida, Joel Schumacher y su 'Día de furia' (1993, *Falling down*).

Y para escapar de los atascos siempre habrá un ramal de salida como el que utiliza Woody Allen en 'Manhattan' (1979), no para huir del embotellamiento sino para regalarnos, con la cámara al frente del coche, una hermosa panorámica circular de la ciudad de Nueva York.

Problema

'Granujas a todo ritmo' *(The Blues brothers)*

Enunciado

Elwood (Dan Aykroyd) acaba de recoger a su hermano Jake (John Belushi) de la cárcel y trata de explicarle que, tras cambiar el Blues-móvil por un micrófono, adquirió un vehículo de la policía en una subasta por un módico precio y con unas prestaciones inigualables. Se trata de un Dodge Monaco Squad de 1974 con más de 7.000 centímetros cúbicos y una potencia de 275 caballos de vapor.

Ante la reticencia de Jake a aceptar ese coche, Elwood no tiene más remedio que hacer una demostración de fuerza saltando el puente levadizo 'East 95th Street Bridge' cuando éste ya se ha abierto y la rampa alcanza una inclinación de 40 grados.

Analicemos la posibilidad de realizar el salto con un coche de las características descritas, partiendo de un punto distanciado 30 metros del comienzo de la rampa y sabiendo también que cada mitad del puente mide otros 30 metros.

McGuffin: cuando el coche de los *Blues brothers* llega al final del tramo llano y se encuentra con la rampa, ésta ya está elevada lo suficiente como para provocar que el morro del coche colisione con ella antes de que las ruedas puedan alcanzarla. Aceptaremos este pequeño detalle con el fin de ayudar a Elwood a convencer a Jake.

Solución

Datos:
· Peso del coche = 1.900 kg
· Potencia del coche = 275 cv = 202.125 w
· Longitud del tramo horizontal AB = 30 m
· Longitud del tramo en pendiente BC = 30 m
· Ángulo de inclinación del puente levadizo = 40°

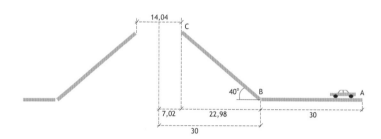

El planteamiento general de este problema consiste en calcular la velocidad con la que llega el coche al punto final de la rampa para luego calcular la trayectoria del coche por el aire.

Velocidad en B

Buscamos primero la velocidad a la que llega el coche al final del tramo horizontal, es decir, al punto B.

El trabajo del motor del coche se gasta en rozamiento y en inercia, es decir,

$W_{motor} = W_{roz} + W_{inercia}$

Para calcular el trabajo del rozamiento se estima una fuerza de 500 N (50 kg aprox.) que es, más o menos, un 2,5% del peso del vehículo.

W = Fuerza x Longitud = 500 N x 30 m = 15.000 Julios

Para calcular el trabajo de inercia que es el trabajo necesario para que el coche pase de llevar una velocidad v_A a una velocidad v_B.

$$W_{inercia} = \frac{mv^2}{2} = \frac{m(v_B^2 - v_A^2)}{2}$$

Suponiendo que parte con velocidad nula del punto A:

$$W_{inercia} = \frac{mv_B^2}{2}$$

Es decir: $\quad W_{inercia} = \dfrac{1.900\ (kg) \times v_B^2}{2} = 950 \cdot v_B^2$

Las fórmulas de la cinemática permiten expresar el tiempo que se tarda en llegar de A a B de la siguiente forma:

v_B = aceleración x tiempo → $a = \dfrac{2s}{t^2}$

Por lo tanto: $\quad t = \dfrac{2s}{v_B} = \dfrac{2 \cdot 30}{v_B} = \dfrac{60}{v_B}$

Aunque la potencia ideal del motor es de 202.125 w, un motor de gasolina tiene un rendimiento del 50% en el mejor de los casos y, por tanto, la potencia real del motor es de unos 101.060 w. El trabajo del motor será:

$$W_{motor} = \text{Potencia} \times \text{tiempo} = 101.060 \frac{60}{v_B} = \frac{6.063.600}{v_B} \text{Julios}$$

Igualando los trabajos: $\quad \dfrac{6.063.600}{v_B} = 15.000 + 950 \cdot v_B^2$

Despejando v_B, y resolviendo como se pueda la ecuación cúbica, se obtiene:

v_B = 18,25 m/s = 66 km/h

El tiempo que tarda en recorrer esos 30 m o, lo que es lo mismo, en alcanzar 66 km/h es de 3,3 segundos. Un turismo actual de unos 180 cv tarda 8,5 segundos en alcanzar 100 km/h lo que quiere decir que el Dodge de la película era bastante más potente.

Velocidad en C

Se busca ahora la velocidad en C, al final del tramo inclinado.

La única diferencia en el tratamiento numérico es que además de los trabajos del rozamiento y de la inercia, está en contra la componente del trabajo del peso del coche según se observa en la figura.

$$W_{motor} = W_{roz} + W_{inercia} + W_{peso\ coche}$$

Para calcular el trabajo del rozamiento se estima una fuerza de 500 N (50 kg aprox.) que es, más o menos, un 2,5% del peso del vehículo.

$$W_{roz} = F \times Long = 500\ N \times 30\ m = 15.000\ Julios$$

El trabajo del peso del coche es:

$$W_{peso\ coche} = m \cdot g \cdot sen40 \times longitud =$$
$$= 1.900\ kg \times 9,8\ m/s^2 \times sen\ 40 \times 30\ m = 359.061\ Julios$$

Para calcular el trabajo de inercia que es el trabajo necesario para que el coche pase de llevar una velocidad v_B a una velocidad v_C.

$$W_{inercia} = \frac{m(v_C^2 - v_B^2)}{2}$$

Como se parte con una velocidad v_B de 18,25 m/s:

$$W_{inercia} = \frac{1.900(kg) \times (v_C^2 - 18,25^2)}{2} = 950 v_C^2 - 325.137\ Julios$$

De nuevo, con las fórmulas de la cinemática se obtiene el tiempo que se tarda en recorrer la rampa. Ahora, como es un problema con velocidad inicial, las fórmulas son:

$$\text{Aceleración} = \frac{(v_C - v_B)}{tiempo} \qquad \text{Espacio} = v_B \cdot t + \frac{a \cdot t^2}{2}$$

Por lo tanto: $\quad t = \dfrac{2s}{18{,}25 + v_C} = \dfrac{60}{18{,}25 + v_C}$

Al igual que antes, suponiendo un rendimiento del motor del 50%, la potencia es de 101060 w. El trabajo del motor será:

$$W_{motor} = \text{Potencia} \times \text{tiempo} = 101.060 \dfrac{60}{18{,}25 + v_C} =$$

$$= \dfrac{6.063.600}{18{,}25 + v_C} \text{ Julios}$$

Igualando los trabajos:

$$\dfrac{6.063.600}{18{,}25 + v_C} = 15.000 + 950 \cdot v_C^2 - 325.137 + 359.000$$

Es decir: $\quad \dfrac{6.063.600}{18{,}25 + v_C} = 48.863 + 950 \cdot v_C^2$

Despejando v_C, y resolviendo como buenamente pueda la ecuación cúbica, se obtiene:

$v_C = 12{,}5$ m/s $= 45$ km/h

'East 95th Street Bridge'

Distancia recorrida

La distancia que debería poder recorrer es la que hay entre los extremos de ambas partes del puente cuando éste se ha elevado 40° y se calcula haciendo un sencillo triángulo:

$2(30-30\cdot\cos 40)=14{,}04$ m

Habremos de comprobar si el Dodge, "despegando" con un ángulo de 40° y una velocidad de 45 km/h (12,5 m/s), puede llegar al otro lado del puente levadizo, es decir puede recorrer la distancia de 14,04 m.

Para calcular esta distancia recurrimos a las ecuaciones del movimiento alimentado exclusivamente por la aceleración de la gravedad. Ahora el motor no sirve (el Dodge no tiene hélices).

Las ecuaciones del movimiento son:

$s = s_0 + v_0 \cdot t + 0{,}5gt^2 \qquad v = v_0 + g \cdot t$

Haciendo $s_0=0$ y expresándolas vectorialmente, es decir en sus componentes "x" e "y":

$s_x = v_{0x} \cdot t$ \qquad (1)
$s_y = v_{0y} \cdot t - 0{,}5gt^2$ \qquad (2)
$v_x = v_{0x}$ \qquad (3)
$v_y = v_{0y} - gt$ \qquad (4)

Las componentes del movimiento inicial son:

$v_{0x} = 12{,}5 \cdot \cos 40 \qquad v_{0y} = 12{,}5 \cdot \sen 40$

El momento de máxima altura es aquel en el que la velocidad en 'y' es cero, por tanto, con la ec. (4) obtenemos el tiempo que tarda en llegar a ese punto:

$0 = 12{,}5 \cdot \sen 40 - gt$ \qquad es decir: \qquad $t = 0{,}8$ segundos

El espacio horizontal recorrido en 0,8 segundos se calcula con la ec. (1):

$s_x = 12{,}5 \cos 40 \cdot t = 7{,}66$ m

El espacio recorrido en total, en horizontal es el doble, es decir,

recorrido total = 15,32 m \qquad mayor de 14,04 m.

Por muy poco pero ¡pasan!

Obras hidráulicas

Los charcos de la marea

En 'El hombre que mató a Liberty Valance', Tom Doniphon (John Wayne) le regala a Hallie (Vera Miles) una flor de cactus. El otro pretendiente de Hallie, Ranson Stoddard (James Stewart), le habla de las rosas que florecen en el Este. Ella suspira por el día que puedan construir una presa y convertir el desierto en el que viven en un jardín de flores. Al final de la película Hallie se decanta por Ranson pero se pregunta (y el espectador con ella) si no hubiera sido mejor quedarse con Tom. Con los cactus en vez de las rosas.

Quizás el progreso se fundamente precisamente en esa legítima aspiración humana por poseer lo que no se tiene. Lo vimos en el capítulo anterior al hablar de las carreteras que, en un principio, sirvieron para crear grandes núcleos de población, y luego se convirtieron en vía de escape de esos mismos núcleos. También lo percibimos en el capítulo sobre el ferrocarril, con la película de Ford y también con 'Un lugar en el mundo' de Aristarain. Toda la ingeniería se podría articular alrededor de esta gran cuestión: progresar sí, pero... ¿hasta dónde?

"- A Hollis le fascinaban esos charcos que deja la marea. ¿Sabe lo que solía decir?
- No tengo ni idea.
- Que es ahí dónde empieza la vida, en el cielo, en los charcos de la marea. Cuando llegamos aquí él calculaba que si se vertiera agua en la arena del desierto, deján-
dola infiltrarse en el lecho de roca se quedaría allí en vez de evaporarse como en

los embalses. Se perdería un 20 por ciento en vez de un 70 por ciento. Él hizo esta ciudad"

Éste es el diálogo que mantienen Noah Cross (John Huston) y Jake Gittes (Jack Nicholson) al final de 'Chinatown' (Roman Polanski, 1974). Hablan de Hollis Mulwray, el ingeniero que ideó el abastecimiento de agua de la ciudad de Los Ángeles e hizo realidad el sueño de la Hallie de 'Liberty Valance'. Agua que él había contribuido a traer y en la que fue ahogado, asesinato que vertebra la trama de toda la película.

'Chinatown' comparte con 'El hombre que mató a Liberty Valance' o 'La puerta del cielo' la misma pasión por desmitificar el género, en este caso el de las películas de detectives con las que la Warner Brothers y Humprey Bogart hicieron carrera en la década de los cuarenta, a partir del material creado por Hammet, Chandler, McDonald y compañía. Jack Nicholson encarna a un competente detective que se ve envuelto en un embrollo en el que, como mandan los cánones del género, nada es lo que parece ser. Pero al contrario que en el desarrollo clásico, su intervención resulta ser un completo desastre. Porque al final, parece contarnos la película, ni el más sagaz de los detectives está preparado para interpretar correctamente los abismos del corazón humano.

Los canales del amor

El curso del agua atraviesa ciudades que en su día fueron fundadas junto a las riberas fértiles de los ríos. Las crecidas descontroladas han causado siempre muchos daños tanto materiales como humanos y han obligado al hombre a canalizar adecuadamente los ríos. Estos canales no siempre llevan mucho caudal. Al contrario, muchas veces están vacíos y sólo son inundados en crecidas puntuales. Este trajín con el agua y su caudal, este proceso de irrupción incontrolada y de posterior dominio, guarda similitud con otro proceso esencialmente humano. Tal semejanza no ha pasado desapercibida para muchos cineastas.

'L'Atalante' es una *road movie* que transcurre en el marco de una obra civil, en este caso canales en lugar de carreteras. Dirigida por Jean Vigo en 1934, su leyenda crece a cada visionado. Enfermo de tuberculosis, Vigo moría diez meses después de terminar el rodaje. Nunca pudo terminar de montar la película, que quedó a expensas de los burócratas de la productora Gaumont. Todo el entusiasmo y la creatividad que Vigo había desplegado durante el rodaje fue malgastado por los productores, que metieron mano en el montaje y estrenaron una versión que traicionaba el espíritu de lo rodado por el director. Llegaron incluso a cambiar el título y la banda de sonido. A pesar de lo cual, no se salieron con la suya, el estreno de la película en los Campos Elíseos fue un fracaso.

A lo largo del siglo han sido varios los intentos de restituir 'L'Atalante' a su sentido original, algo que resultaba complicado por el lamentable estado en el que la Gaumont había dejado los negativos y por la imposibilidad de conocer de primera mano las intenciones de Vigo. Sólo en 1990, y gracias al hallazgo en los archivos de la filmoteca inglesa de una copia de 1934 que nunca había abandonado su lata, se pudo llevar a cabo una reconstrucción lo más fiel posible a los testimonios que de Vigo se recopilaron. Se habló con los colaboradores del director que aún seguían vivos y se procedió a realizar un escrupuloso montaje. El resultado es una obra deslumbrante aunque algo abrupta, en cualquier caso, sorprendente por su vigencia y actualidad.

Apenas cinco años después de la irrupción del cine sonoro, Vigo aúna con maestría los códigos del cine mudo con las nuevas posibilidades que ofrece el sonido directo. En una época en la que el cine estaba encadenado a la férrea disciplina de los estudios, tanto en Francia como en Estados Unidos, Vigo decide hacer tabla rasa y afrontar 'L'Atalante' a su manera. Y su primera y revolucionaria decisión consiste en rodar en escenarios naturales. El equipo de rodaje se traslada a los canales que atraviesan el norte de Francia. Vigo y su cómplice natural, el operador Boris Kauffman, transforman en ventajas las *a priori* desventajas de un rodaje en exteriores. Aprovechan las inclemencias atmosféricas y las manipulan a su antojo. Si llueve no sólo no se detiene el rodaje, sino que se añade efecto lluvia para intensificar la sensación. Si hay niebla, se ponen en marcha cañones de humo para que la atmósfera sea todavía más densa. Si nieva, se improvisa una escena sobre el manto blanco. Aprovechan también los reducidos camarotes de la gabarra para

rodar unas secuencias interiores rebosantes de emoción. En definitiva, se hace de la necesidad virtud.

Una manera de trabajar que cobra pleno sentido con la tecnología que disponemos en pleno siglo XXI, pero que tuvo que ser infernal con las máquinas de la década de los treinta. La implicación del equipo es tal que sufren los mismos avatares que los personajes de la película. Realidad y ficción comparten escenarios y condiciones atmosféricas, de forma que el viaje que realiza el equipo de rodaje es equiparable al que efectúa la tripulación ficticia de L'Atalante. No es descabellado afirmar que eso se nota en la fuerza que tienen las imágenes. Por otro lado, no sabemos hasta qué punto ese rodaje a pecho descubierto afectó a la precaria salud de Vigo.

'L'Atalante' cuenta los primeros días de convivencia de una pareja de recién casados. La película empieza con la salida de la iglesia de los novios y su caminata hasta el que va a ser su hogar, una barcaza que hace servicio por los canales. En este punto hay que detenerse para resaltar la modernidad del tema. Vigo no cuenta el proceso de enamoramiento de un hombre y una mujer, el romance que les lleva al primer beso, sino que empieza precisamente donde terminan la mayoría de las películas románticas. Decide mostrar qué pasa cuando una pareja de enamorados afronta la convivencia, en condiciones de extrema dureza además.

La película narra su luna de miel a bordo de la gabarra por el sistema de canales del Norte de Francia y sur de Bélgica y concluye con la llegada al mar. Existe durante todo el metraje una sutil identificación entre el agua y el amor. Juliette

(Dita Parlo) le dice a su marido Jean (Jean Dasté) que si abre los ojos bajo el agua puede ver el rostro del ser amado.

Mientras el viaje transcurre por los ordenados cauces que garantiza la obra civil, la relación de Juliette y Jean va viento en popa. La llegada a París y el desembarco a tierra siembran las primeras dudas en la pareja. Juliette se escapa para disfrutar de los escaparates de la gran ciudad y Jean, despechado, decide seguir adelante sin ella. Llega al puerto de Le Havre completamente destrozado. Corre por la playa hasta enfrentarse al mar abierto y vuelve sobre sus pasos, derrotado. Como si hubiera reparado en la ilusión que supone encerrar la magnitud del agua en canalizaciones artificiales. Como si se hubiera dado cuenta de que los caminos trillados (el matrimonio) por los que pretendemos recorrer el amor no son suficientes para asegurar su llegada a buen puerto.

Nos gustaría destacar la escena en la que la gabarra llega a París y atraviesa una esclusa. Esa esclusa se antoja el símbolo perfecto para dramatizar el conflicto que toda pareja supone. Igualar el nivel de agua para que la barcaza prosiga su camino resulta una manera excelente de contar en imágenes el ajuste de expectativas y necesidades por el que ha de pasar una pareja para consolidar su relación.

La identificación entre agua y amor nos lleva de nuevo al diálogo de 'Chinatown' con el que arrancamos el capítulo. En los insignificantes charcos que deja la marea, la vida -el amor- nace de forma espontánea y con una fuerza arrolladora. Por tanto, no es de extrañar que la ciudad de los canales por excelencia, Venecia, haya

sido el marco de tantas historias de amor *fou*: 'Locuras de verano' (David Lean, 1955, *Summertime*), 'Eva' (Joseph Losey, 1962, *Eve*) o 'Muerte en Venecia' (Luchino Visconti, 1971, *Morte a Venezia*).

¿Necesidad o especulación?

Olvidémonos del amor un instante y volvamos a la pregunta mencionada al principio del capítulo, de la que 'Chinatown' se hace eco, sobre el progreso y la necesidad de la obra civil. ¿Cuándo se convierte esa necesidad en especulación? Hasta qué punto necesitamos la obra civil es la hija menor de una pregunta más difícil de contestar: ¿qué necesitamos?

Especulaciones aparte, resulta evidente que el agua sí es necesaria para el ser humano. Tenemos que beber para vivir, asearnos para no contraer enfermedades, regar para cultivar alimentos. Después del movimiento de seres humanos, el agua es la gran cuestión de la que se ocupa la ingeniería civil. De su transporte y almacenaje para abastecer a la población. En la actualidad, el agua sigue siendo un problema acuciante en medio mundo como lo constata el hecho de que el 18% de la población (1.100 millones de personas) carece de acceso al agua potable y más de 2.400 millones de personas carecen de adecuados servicios sanitarios de salubridad. En un día como hoy mueren en el mundo 6.000 personas, la mayoría niños menores de 5 años, por enfermedades relacionadas con el agua.(*)

(*) ONU. Cumbre mundial sobre el desarrollo sostenible. Johanesburgo, Sudáfrica, 2002

Todo esto en cuanto a la accesibilidad del agua potable, pero si analizamos los datos referidos a muertes por desastres naturales relacionados con el agua (crecidas de ríos, inundaciones, etc) encontramos cifras muy poco esperanzadoras. El papel de la ingeniería hidráulica en estos casos es fundamental, tanto para el control de avenidas como para el abastecimiento de agua a la población y a los cultivos.

'El pan nuestro de cada día' (King Vidor, 1934, *Our daily bread*) es una de las películas más emocionantes de la historia del cine. Un proyecto personal de Vidor que puso dinero de su bolsillo para rodarla. John Sims (Tom Keene) es un hombre de ciudad que durante la Depresión no consigue encontrar trabajo en la gran ciudad. Un familiar le propone encargarse de una finca abandonada en el campo. Sims, que no sabe plantar un pimiento, recluta a unos emigrantes *okies* y funda una cooperativa. Consigue con su ayuda lo que nunca habría podido lograr solo: labrar toda la finca. Pero sus esfuerzos y sacrificios se vienen abajo cuando la sequía azota los campos y amenaza con destruir la cosecha. Sims decide pelear hasta el final para no defraudar la confianza que los hombres han puesto en él. Pero ¿cómo solucionar la falta de agua? Sims decide cavar una zanja desde una central hidroeléctrica situada a dos millas de los campos arados. Gracias a una espectacular cadena humana, los agricultores consiguen salvar los accidentes del terreno y llevar el agua hasta el maíz sediento. Un esfuerzo colectivo memorable que, desde la pantalla, impregna al espectador de la misma ilusión y determinación de sus protagonistas. Una de esa películas que consiguen que salgas del cine convencido de que el mundo puede ser un lugar mejor.

Para contar con el pan nuestro de cada día, el agua resulta imprescindible. La estructura social moderna con ciudades superpobladas hace necesaria la acumulación de ingentes cantidades de agua para el abastecimiento de las mismas. Pero la construcción de una presa es un tema delicado, no sólo técnicamente sino también socialmente, ya que el embalse generado por la presa anegará cultivos y pueblos enteros que han de ser trasladados a tierras más altas o más lejanas.

Uno de los ejemplos más claros en territorio español fue el del pantano de Riaño en León, que inspiró a Lucía Lipschutz un cuento que a su vez fue el origen del guión que años más tarde dirigiría su hijo Enrique Gabriel Lipschutz. 'Las huellas borradas' (1999) es una película con Federico Luppi y Mercedes Sampietro en los papeles principales. Manolo es un escritor que vuelve a Higueros para reencontrarse con familiares y viejos amigos. Testigo de excepción de las diferentes actitudes de los vecinos ante la inminente inundación del pueblo, presencia el desarraigo que supone abandonar la tierra natal y también la avaricia que provoca el reparto de las indemnizaciones. Comprueba que el dinero a veces pudre más deprisa que el tiempo y se pregunta dónde deposita cada persona la esencia de su vida: en la tierra que le vio nacer, en el dinero, en los hijos, en los libros.

La película favorita de Elia Kazan entre su propia producción, 'Río salvaje' (1960, *Wild river*), aborda el mismo tema. El gobierno federal pretende construir una presa que evite las devastadoras crecidas del río Tennessee y ha comenzado a expropiar las tierras necesarias para ello. La única persona que se niega a vender es la señora Garth (Jo Van Fleet), que vive en un pequeño islote con sus hijos y los trabajadores de su plantación. Un enviado del gobierno, Chuck Glover (Montgomery Clift), intenta negociar con ella pero la mujer no atiende a razones. Ha nacido allí y allí quiere morir. Al final y tras una serie de encuentros gracias a los que Chuck cada vez coge más aprecio a la mujer, la señora Garth debe abandonar el islote para no perecer ahogada. En la última secuencia de la película vemos cómo los hombres del gobierno la depositan en su nueva casa, que no hogar. Un adosado que supone su muerte en vida.

Kazan trata el tema con ecuanimidad, prueba de ello es que la película comienza con unas imágenes documentales que muestran los daños de las crecidas y que no dejan lugar a dudas sobre la necesidad de la presa. En el tramo final, como le ocurre al protagonista, el director se decanta por la irredenta señora. Es normal que sea así si tenemos en cuenta que Kazan es un autor que ha reflejado en muchas de sus obras la lucha del individuo por sobrevivir a una sociedad que le sofoca (recordemos 'La ley del silencio' o 'Esplendor en la hierba'). Toda la película bascula sobre esa colisión entre derechos individuales y deberes colectivos y las preguntas quedan en el aire: ¿qué puede legislar un gobierno?, ¿hasta qué punto se pueden atropellar derechos individuales por el bien de una colectividad? De nuevo el progreso, sí, pero ¿a qué coste?

En estos dos casos la planificación de los pantanos fue transparente y no hubo mentiras ni especulaciones durante el proceso. Pero es de sobra conocido que el uso de estudios falsos y de información privilegiada a veces convierte obras de este calibre en estafas amparadas en una más que discutible legalidad. La frontera entre necesidad y especulación es a veces muy difusa como se advierte en este diálogo de 'Cuando el río crece' (Mark Rydell, 1984, *The river*):

-"Tenemos que construir una presa.
- Un momento, Joe. Si anegas el valle... ¿qué va a ser de los granjeros?
- Se les pagará un buen precio por sus tierras. Y no te hablo sólo de irrigar las mías. Tendríamos una central hidroeléctrica para todo el condado. Significa puestos de trabajo. Todos saldrían ganando. Y tú el primero."

Los que hablan son el terrateniente Joe Wade (Scott Glenn) y el senador Neiswinder (Don Hood). Su conversación tiene lugar después de que el espectador haya presenciado una crecida del río que ha inundado las tierras de labranza de granjeros como la familia Garvey, interpretada por Mel Gibson y Sissy Spacek, a los que hemos visto pelear por frenar la crecida con un dique de tierra.

La película abunda en el lado oscuro del sueño americano y retoma la reivindicación donde la dejó 'La puerta del cielo'. Tras librar feroz batalla con los ganaderos por su parcela de tierra, los pequeños propietarios se enfrentan años más tarde a las inclemencias del tiempo, al incremento del precio del grano y la maquinaria y a la presión de las entidades bancarias. Entonces la presa se convierte en la excusa perfecta de los políticos para acabar con una forma de vida que no tiene cabida en el mundo de las multinacionales y las superestructuras.

De hecho, la película equipara la lucha de los pequeños propietarios con la del movimiento obrero y sus huelgas. Tom Garvey se convierte en un esquirol cuando se larga a trabajar en una fábrica para intentar conservar sus tierras. Algo que se vuelve contra él en la secuencia final de la película. Ante una nueva crecida del río, el terrateniente Wade contrata a otros desempleados para derrumbar el dique que tanto trabajo les ha costado levantar a los granjeros.

Finalmente, esquiroles y granjeros se unen en la lucha y utilizan el deslumbrante *jeep* del terrateniente para taponar una fuga en el dique. Una imagen que vale más que mil palabras, aunque las que utiliza Joe Wade para despedirse no son precisamente despreciables: *"Tarde o temprano habrá demasiada lluvia. O demasiada sequía. O demasiado frío. Puedo esperar."*

Otra victoria pírrica como la de 'Un lugar en el mundo'. El cacique Andrada se dedica también a comprar a bajo precio (bajo para él, alto para el pobre ranchero que apenas saca rendimiento de su trabajo) las tierras y los ranchos de los vecinos del Valle Bermejo en la Argentina central. Lo camufla bajo la poco creíble búsqueda de petróleo, pero en realidad conoce los planes del gobierno central para construir una presa (una *represa* dicen ellos) y pretende hacer negocio con la expropiación de unas tierras por las que está pagando un precio muy inferior al que luego recibirá por ellas. El cacique sólo encuentra oposición en el personaje de Mario (Federico Luppi), un utópico entusiasta que luchó siempre por la unión de los rancheros como medida de defensa ante el poderoso. El clímax se dirime en una carrera de caballos que gana nuestro José Sacristán a lomos del bueno de Dimas.

Pero como en la película anterior, sabemos que el tiempo corre a favor de los Wade de este mundo, de los poderosos. Un hecho que no empaña el disfrute de Mario y consecuentemente el del espectador, al ganar una batalla antes de perder la guerra.

"La tierra es lo único por lo que merece la pena trabajar, luchar y hasta morir. Porque es lo único que perdura." Las palabras con las que el señor O'Hara (Thomas Mitchell) aconsejaba a su hija Escarlata (Vivien Leigh) al principio de 'Lo que el viento se llevó' (Victor Fleming, 1939, *Gone with the wind*) parecen haber perdido todo su sentido en la actualidad. Ya nadie se puede ganar la vida trabajando la tierra y el sector primario parece abocado a desaparecer. El paso del tiempo ha convertido la hermosa cooperativa de 'El pan nuestro de cada día' en una borrosa utopía.

Las ventajas ofrecidas por la presa todavía son más discutibles si se comparan con el perjuicio que supone para el medioambiente, especialmente si de él depende la pervivencia de culturas indígenas. La construcción de una presa en pleno Amazonas es el telón de fondo de 'La selva esmeralda' (John Boorman, 1985, *The emerald forest*) en la que el hijo del ingeniero jefe es secuestrado y criado por una de las tribus. Cuando años después el ingeniero se interna en la selva para recuperarlo descubre el daño que la presa ha causado entre los primeros moradores de la zona. El abastecimiento de agua ha extendido la civilización occidental por la selva y sus antiguos habitantes, cultos y orgullosos, se han convertido en una panda de borrachos y prostitutas. Decadencia contra la que pelea, paradojas del destino, su propio hijo, convertido en uno de los últimos miembros de una cultura milenaria abocada a la extinción.

Pero no todas las películas han abordado las presas desde esta perspectiva realista basada en la dialéctica progreso-civilización. 'Northfork' (Michael Polish, 2003) aborda en clave onírica la peripecia de los habitantes del pueblo del mismo nombre que, como los de Higueros en 'Las huellas borradas', se enfrentan al desarraigo que supone tener que abandonar las tierras que les vieron nacer. En 'Old boy' (Chan-Wook Park, 2003) la presa coreana de Habchun sólo ocupa una secuencia pero resulta vital para el resto de la película. Una adolescente cuelga de la presa y tan sólo el brazo de su amado hermano la sujeta en el vacío. Sin embargo la chica no muestra miedo ni remordimientos, ha sido muy feliz y para que el chico pueda seguir siéndolo no queda otro camino que el suicidio. El chico la deja caer y su mano se crispa en un gesto reconocible, que será el detonante de una de las venganzas más elaboradas del cine de los últimos tiempos.

La fuerza del agua

En una escena de 'El señor de los anillos: la comunidad del anillo' (Peter Jackson, 2001, *The Lord of the rings: the fellowship of the ring*) Frodo es salvado de los *nazgul* por Arwen (Liv Tyler). La persecución entre los señores del mal y la princesa elfa se resuelve cuando ésta lanza un sortilegio y la súbita crecida del río, en forma de blancos caballos desbocados, se lleva por delante a los jinetes negros de Mordor.

Algo similar ocurre en 'Fuerza 10 de Navarone' (Guy Hamilton, 1977, *Force ten from Navarone*). La improbable continuación de 'Los cañones de Navarone' (se mantienen los personajes pero cambian los actores) presenta un comando aliado encargado de volar un puente vital para la estrategia nazi. El puente está muy cerca de una descomunal presa y el comando decide que es más fácil volar ésta y dejar que el agua se encargue del resto. Tras muchas calamidades y escaramuzas con los nazis, consiguen colocar los explosivos en el interior de la presa y detonarlos. La monumental obra se mantiene incólume durante unos hermosos segundos hasta que, como dice el personaje que interpreta Edward Fox, *"la naturaleza sigue su curso"* y la presión del agua comienza a resquebrajarla.

Polémicas aparte, las presas ofrecen un preciado abastecimiento de agua que en tiempo de guerra cobra una gran importancia estratégica. Ésa es la razón de que durante la Segunda Guerra Mundial se creasen comandos dedicados a la voladura de presas con el fin de debilitar las ciudades por ellas abastecidas y de paso, anegar y destrozar las grandes industrias afincadas en la cuenca del Rurh. 'The dam busters' (Michael Anderson, 1954) cuenta la historia de uno de esos comandos y la del inventor del ingenio, interpretado por Michael Redgrave. Los pilotos deben volar bajo, siguiendo el curso del río, para en el último momento con precisión milimétrica dejar caer la bomba que destruirá la presa. Se dice que George Lucas se inspiró en este ataque para recrear su asalto final a la "Estrella de la Muerte" en *Star Wars* (La Guerra de las Galaxias, 1977), salvando las distancias y por supuesto sustituyendo la presa de Moehne, al oeste de Alemania, por la Estrella de la Muerte de Darth Vader.

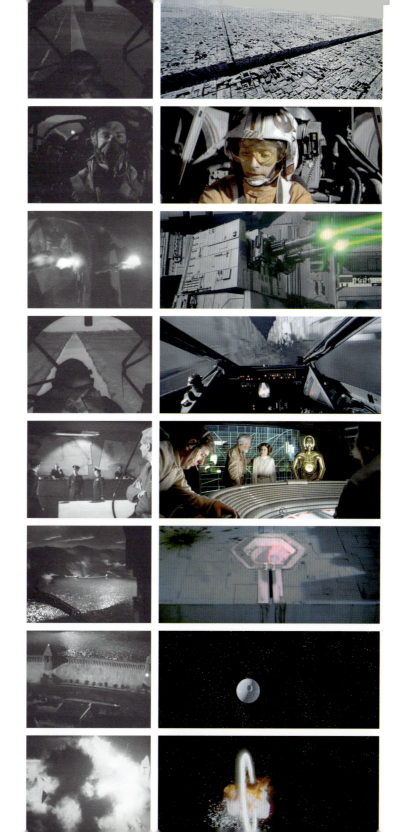

La madre de todas estas películas de comandos es 'La jungla en armas' (Henry Hathaway, 1939, *The real glory*). Comienza con la secuencia clásica por excelencia del género donde no faltan el mapa del territorio y las fotos de los escogidos para la misión, enumeración *ad hoc* de sus características y habilidades. Un grupo de lo más pintoresco que debe llevar a cabo una misión de lo más arriesgada. En este caso, los personajes que interpretan Gary Cooper, David Niven y Broderick Crawford deben adiestrar al ejército filipino mientras el estadounidense se retira de las islas. El problema es que el malvado Alipán y sus "juramentados" acechan para abalanzarse sobre los nativos indefensos.

Dos "juramentados" (escalofriante antecedente del terrorista suicida) bajan al campamento de los americanos y matan a los oficiales para provocar una expedición de castigo selva adentro. Pero los americanos permanecen con muy buen juicio en su posición. Para obligarlos a salir, Alipán construye un dique río arriba y les corta el suministro de agua. En pocos días el campamento se muere de sed. Deciden utilizar el pozo, pero los nitratos del suelo lo han contaminado y el cólera comienza a mermar la población. La única solución pasa por organizar una expedición río arriba para volar el dique y permitir que el agua vuelva a su curso. En una última media hora trepidante vemos como Cooper vuela el dique, baja en balsa por el río crecido y se enfrenta a las huestes de Alipán con un ardid en el que será vital ¡un cirio!

Una de esas películas de aventuras que se echan de menos en las pantallas actuales. Eran otros tiempos para el cine, más ingenuo e ingenioso, una época en la que incluso se acertaba a la hora de doblar los títulos al castellano. Como 'Cuando ruge la marabunta' (Byron Haskin, 1954, *The naked jungle*) donde el agua acaba con una bíblica plaga de hormigas que amenaza con devorarlo todo, Charlton Heston y Eleanor Parker incluidos.

'La jungla en armas' ejemplifica algo ya sabido: el agua siempre ha sido un componente muy importante a la hora de plantear cualquier estrategia bélica. En la reciente 'El reino de los cielos' (Ridley Scott, 2005, *Kingdom of heaven*) el ejercito de Saladino destroza al de Guy de Lusignan al contar con agua para abastecerse. Previamente hemos visto cómo el caballero Balian de Godofredo (Orlando Bloom) convierte sus estériles predios de Tierra Santa en un vergel al encontrar un pozo y canalizar su contenido. Escena sonrojante al protagonizar la hazaña un occidental cuando de sobra es conocida la habilidad de los orientales para tratar con el agua. Olvidemos pronto ésta para recordar otra a la que tanto se parece: 'Kartum' (Basil Dearden, 1966, *Khartoum*). Para resistir el acoso de El Madji (Laurence Olivier), el general inglés Gordon "el Chino" (Charlton Heston) ordena construir un foso para que se junten las dos corrientes del Nilo sobre las que se asienta la ciudad. De forma que Kartum se convierta en una isla difícil de conquistar. Jugada maestra hasta que las aguas del Nilo empiezan a bajar.

Cuántas veces hemos visto a los camelleros correr a beber el agua estancada del desierto mientras otros les avisan de que está envenenada ('Las Montañas de la Luna', 'Lawrence de Arabia', 'El hombre que pudo reinar', etc). Hace poco un género tan alejado de estas circunstancias como es "el de juicios" se ha aprovechado de esta premisa para dos magníficas películas. Tanto 'Erin Brockovich' (Steven Soderbergh, 2000) como 'A civil action' (Steve Zaillan, 1998) abordan un caso de vertidos ilegales. En nuestros días el uso de los ríos como basurero industrial ha matado cientos de ellos y ha provocado situaciones escandalosas como las que narran dichas películas. Menos mal que existen abogados como Erin (Julia Roberts) y Jan (John Travolta) dispuestos a pelear hasta el límite de sus fuerzas, y de su bolsillo en el caso del segundo, para defender a los afectados.

La hidráulica da espectáculo

La primera secuencia de 'Goldeneye' (Martin Campbell, 1995) nos da una idea del juego que una presa puede dar para las secuencias de acción. Otro ejemplo movido lo encontramos en 'El fugitivo' (Andrew Davis, 1993, *The fugitive*) cuando Harrison Ford huye de Tommy Lee Jones por la galería de una presa hasta que se ve atrapado entre el policía y el hueco de salida de la pared de aguas abajo. Ya saben... ¡a saltar! No se trata de una presa arco como en Goldeneye sino de una presa de gravedad en la que, sin duda alguna, Ford chocaría con la pared antes de llegar al agua. La única forma de "tragarnos" el salto es suponer que los aliviaderos estaban abiertos y desalojaban un gran caudal de agua sobre la pared inclinada que sirve como colchón para el saltador hasta el río. En este caso la presa tiene 146 metros de altura y 727 metros de longitud y se encuentra en el río Little Tennessee a la altura del lago Cheoah (North Carolina, USA).

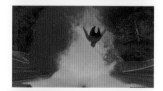

Los canales reclaman ahora nuestra atención. Ellos también pueden ser el marco adecuado para la acción y el circo. En 'Grease' (Randall Kleiser, 1978) se utilizan los canales vacíos de Los Ángeles para una memorable carrera de coches que gana Danny Zuko (Travolta de nuevo) al volante de *Grease Lightning*. En el mismo escenario tiene lugar la memorable persecución de 'Terminator 2: el día del juicio final' (James Cameron, 1991, *Terminator 2: judgement day*).

Y el camino del agua termina inexorablemente en alcantarillas que conducen los sobrantes que utilizamos en nuestras casas, mezcladas con las agua pluviales y con los residuos fecales que escondemos y dirigimos de nuevo a los caudales de agua tras una previa depuración. Un escenario mucho menos espectacular pero altamente expresivo, como demostraron Carol Reed y Orson Welles en 'El tercer hombre' (1949, *The third man*). La oscura y confusa trama de la película encaja a la perfección con el alcantarillado de Viena, tenebroso y sucio con un sonido de fondo de agua corriendo que sería idílico en otro lugar pero que aquí se convierte en pestilente a sabiendas de lo que transporta.

Por último, fijémonos en las bocas de alcantarilla, insignificantes elementos que no deberían tener presencia alguna en el *glamouroso* mundo del cine. Sin embargo, han protagonizado dos de las secuencias más antológicas de la historia del séptimo arte. En 'Extraños en un tren' (Alfred Hitchcock, 1951, *Strangers on a train*) Bruno Anthony (Robert Walker) se deja literalmente los dedos para recuperar el mechero de Guy Hines (Farley Granger) que se le ha caído dentro de una alcantarilla. Hitchcok alterna los planos del partido de tenis de Hines y de la recupera-

ción del mechero por parte de Anthony, creando una tensión insoportable a partir del *McGuffin* más surrealista de toda su carrera.

El agua tiene un ciclo de por sí natural. La vida no existiría sin él, y las obras hidráulicas intercalan en ese ciclo unas etapas que contribuyen a que el movimiento del agua facilite el bienestar de la sociedad. Las presas almacenan el agua, es transportada por canales, abastece ciudades y se sanea por el alcantarillado para ser depurada y devuelta a su ciclo natural. Volvemos a referirnos al movimiento, porque hasta en las alcantarillas existe el movimiento, que es la vida. Pero para que el agua continúe su fluir se necesita de la lluvia, esa lluvia tan deseada en algunos momentos como repudiada en otros.

Cuando llueve solemos deprimirnos. Pero si estamos enamorados, la lluvia es lo mejor para levantar el ánimo: nos permite cantar y bailar hasta empaparnos, pisar los charcos y caminar sobre la corriente que fluye hacia la alcantarilla... Gracias, señores Donen y Kelly por 'Cantando bajo la lluvia' (1952, *Singin' in the rain*). *I'm happy again.*

Problema

'Érase una vez en América' *(Once upon a time in America)*

Enunciado

La banda de Noodles (Robert de Niro) y Max (James Woods) tienen un invento que ofrecer a las organizaciones dedicadas al tráfico ilegal de alcohol durante la ley seca en Nueva York. Éstas pierden todo el embarque de cajas de botellas de whisky cada vez que, al avistar las barcas de la policía, arrojan toda la mercancía al fondo del *East River*.

La clave del invento es la sal. *"Porque somos unos chicos muy salados"* dice uno de los jóvenes componentes de la banda. *"Necesitamos tres toneladas de sal por cada embarque"* apostilla otro de los chicos.

Tras unos momentos de incertidumbre muestran su invención, y no se trata más que de aprovechar el principio de Arquímedes atando una boya a la parte superior de cada caja y una bolsa de sal a la parte inferior de manera que por el peso de la sal la mercancía se hunda y, un tiempo después, cuando la sal se diluya en el agua, el empuje de la boya haga reflotar la caja de botellas.

Nos preguntamos: ¿cuántas cajas componen un embarque?, suponiendo que las cajas de madera tienen unas dimensiones de 25cm x 35cm x 35cm, con 12 botellas de 750 cc cada una.

Solución

Datos:
· Densidad del agua = 1 kg/litro = 1 kg /dm³
· Densidad del alcohol = 0,8 kg/l
· Densidad de la sal = 2,16 kg/l
· Densidad de la madera = 0,9 kg/l

· Peso de una botella vacía de 750 cc (0,75 l) = 400 g = = 0,4 kg
· Peso de la caja de madera = 3,9 kg

· Dimensiones de la caja = 25 cm x 35 cm x 35 cm

· Peso de sal necesario en cada embarque = 3 toneladas = = 3.000 kg

Balance de pesos y empujes. Estudio de la flotabilidad

Fase 1: la caja de botellas, si se tira al agua, al principio, flota. Será conveniente disponer un peso de sal que haga que la caja se sumerja inmediatamente. El peso de la sal deberá compensar la flotabilidad tanto de la caja seca como de la boya.

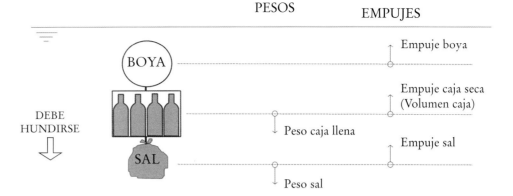

Fase 2: cuando el agua va llenando la caja, ésta empezará a flotar menos, a la vez que la sal se va disolviendo. En ese momento, la boya debe ser capaz de hacer subir el conjunto a la superficie.

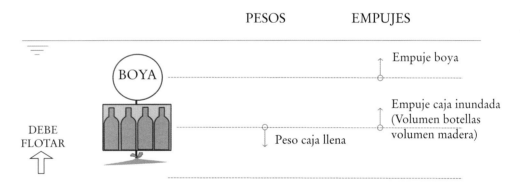

Para calcular el peso de sal necesario es preciso conocer primero el volumen de la boya, que se calcula utilizando la condición de flotabilidad de la segunda fase, es decir, ¿qué volumen de boya se necesita para reflotar la caja?
Una vez conocido el volumen de la boya se plantea la flotabilidad de la primera fase, es decir ¿qué peso de sal se necesita para hundir la caja y la boya?

Cálculo de pesos

Peso de una botella llena
Cada botella tiene un 40% de alcohol y un 60% de agua, por lo tanto:
Peso del alcohol de una botella = 0,8 kg/l · 0,4 · 0,75 l =
= 0,24 kg
Peso del agua de una botella = 1,0 kg/l · 0,6 · 0,75 l =
= 0,45 kg
Peso del líquido de la botella = 0,24 + 0,45 = 0,69 kg
Peso de la botella vacía = 0,4 kg
Peso de la botella llena = 0,4 + 0,69 = 1,09 kg

Peso de la caja con 12 botellas
Peso de la caja = 3,9 kg
Peso de las 12 botellas = 12·1,09 = 13,08 kg
Peso de la caja llena = 16,98 aproximadamente igual a 17 kg

Cálculo de volúmenes

Volumen de la caja seca = 25 · 35 · 35 = 30.625 cc ó cm³ =
= 30,6 dm³ = 30,6 l

Volumen de la caja inundada
Volumen neto de la madera de la caja = $\dfrac{\text{peso}}{\text{densidad}}$ =
= $\dfrac{3,9 \text{ kg}}{0,9 \text{ kg/l}}$ = 4,33 l

Volumen de las botellas (750 cc de líquido + 50 cc de vidrio aprox.) = 12 · 0,80 = 9,60 l
Volumen de la caja inundada = 9,60 + 4,33 = 13,93 l

Cálculo de empujes

Por el principio de Arquímedes, "un cuerpo sumergido en un fluido experimenta un empuje hacia arriba igual al peso del fluido desalojado". Dicho de otra forma el cuerpo sumergido tiene un empuje ascendente de valor igual al peso del líquido que ocuparía el cuerpo sumergido.

En el caso de que el fluido sea agua, el empuje que sufre un cuerpo es igual a su volumen por la densidad del agua (1 kg/l).

Empuje de la caja seca = 30,6 l x 1,0 kg/l = 30,6 kg

Empuje de la caja inundada = 13,93 l x 1,0 kg/l = 13,93 kg

Cálculo de la flotabilidad de la fase 2

A la vista de la figura, el peso de la caja debe ser menor que los empujes de la boya y de la caja inundada. De esa forma,
E_b = Peso de la caja – Empuje de la caja inundada
E_b = 17 kg – 13,93 kg = 3,07 kg

Para que la boya empuje 3 kilogramos frente a litros, debe tener un volumen de 3 litros.

Una boya esférica, de radio R tiene un volumen $\frac{4}{3}\pi R^3$

Por lo tanto: R = 8,9 cm
O lo que es lo mismo, un diámetro de 18 cm.

Con este diámetro el conjunto "caja más boya" estará en equilibrio pero hay que asegurar que flota, por lo que se aumenta el diámetro de la boya a 25 cm. Con ese aumento la boya definitivamente tendrá un volumen de:

$$V_b = \frac{4}{3}\pi R^3 = 8.200 \text{ cc} = 8,2 \text{ l}$$

Cálculo del hundimiento de la fase 1

Para que la caja se hunda, el peso de la caja más la sal debe ser claramente mayor que el empuje de la caja seca más el empuje de la boya más el empuje del volumen de sal.

La ecuación a plantear es:

Peso de sal + peso de la caja = Empuje de la boya +
+ Empuje de la caja seca + Empuje del volumen de sal

El peso de la sal y su volumen están relacionados mediante la densidad:

Peso de la sal = 2,16 kg/l x Vol de sal; o sea, $P_S = 2{,}16 \cdot V_S$

El empuje de la sal es igual a su volumen, ya lo dijo Arquímedes. Entonces:

$P_S + 17 = 8{,}2 + 30{,}6 + V_S$

$2{,}16\, V_S + 17 = 8{,}2 + 30{,}6 + V_S$

Es decir: $V_S = 18{,}8$ litros

Por tanto, el peso de la sal será de $18{,}8 \cdot 2{,}16 = 40{,}6$ kg

Para asegurar el hundimiento se utilizarán 50 kg.

Por tanto, si se utilizan 3.000 kg por embarque, son de prever

$\dfrac{3.000}{50} = 60$ cajas en cada embarque, es decir, 720 botellas de whisky.

Puentes

Todo es posible sobre un puente

Ya hemos hablado del tórrido idilio que mantiene el cine con los trenes. Su denominador común es el movimiento y, como señalábamos en el capítulo sobre el ferrocarril, un viaje en tren guarda una gran similitud con el proceso dramático que toda película requiere e, incluso, con su posterior proyección cinematográfica.

Pero ¿qué pasa con los puentes? Si exceptuamos el ferrocarril podemos asegurar, sin temor a equivocarnos, que los puentes son las obras civiles más utilizadas por el cine. ¿De dónde viene esa fascinación? En su ensayo sobre los puentes en el cine, Chale Nafus intenta responder a la cuestión: "Muy pocas veces el personaje de una película cruza un puente sólo para llegar al otro lado. El paso por el puente suele significar algún tipo de cambio- la transición a una nueva fase vital, la conexión con una persona nueva, o la confrontación con el peligro e incluso la muerte."(*)

El señor Nafus ha dado con la palabra clave: cambio. Un elemento tan importante en la dramatización cinematográfica como el movimiento antes citado. O parte de él. Una persona satisfecha no cambia, está parada. Una persona en conflicto sí lo hace, está en movimiento. Otro axioma de la construcción cinematográfica dice que los protagonistas de una película no deben ser los mismos al principio que al final de ella. Tienen que aprender algo en su transcurrir por la pantalla, deben

---

(*)*"Rarely does a movie character just cross a bridge to get to the other side. Instead, the passage over a bridge often signifies some kind of 'change'- a transition into a new phase of life, connection with a new person, or confrontation with danger or even death"*. Chale Nafus. *Bridges on Films.* Historic Bridge Foundation, Austin, Texas, 2002

resolver los conflictos que les dotan de interés. Y los puentes son escenarios privilegiados para dramatizar esos conflictos y acelerar los cambios.

Levantados sobre la nada, abocados al vacío, son territorio fantasmagórico, mágico, y al mismo tiempo son construcciones artificiales que salvan un obstáculo, el más prosaico ejemplo del triunfo del ingenio humano sobre la naturaleza. Sea por magia o puro ingenio, los puentes se alzan frente a nosotros para demostrar que cualquier problema, por complicado que parezca, se puede resolver.

Un puente de ojos grandes y tristes

Esa sensación de que en los puentes todo es posible les convierte en escenario idóneo para las historias de amor. Como si conectar dos orillas aisladas implicara también una comunión de almas. O más aún, como si pudieran armonizar el empuje del corazón con la lógica de la razón.

Recordemos el caso de 'Breve Encuentro', citado en un capítulo anterior. O el de 'Los puentes de Madison' (Clint Eastwood, 1995, *The bridges of Madison County*) que presenta una historia tan similar. El fotógrafo Robert Kincaid (Clint Eastwood) llega hasta Winterset (Iowa, EE.UU) con el propósito de fotografiar unos curiosos puentes del siglo XIX para la revista *National Geographic.* Allí encuentra a Francesca Johnson (Meryl Streep), una ama de casa que a pesar de sus

reservas terminará enamorándose de él. Como ocurría en la película de Lean, Francesca y Robert se enamoran casi sin querer y, cuando caen en la cuenta de lo hondo de sus sentimientos, se enfrentan al descalabro absoluto que supone en sus vidas.

Los dos puentes que presencian su romance son el Roseman construido en 1883 y el Holliwell, el más largo de los seis que quedan en pie de los diecinueve iniciales. Originalmente fueron construidos como sencillos puentes de madera, pero ante el temor de un rápido deterioro del tablero y del alto precio de reponerlo, se decidió cubrirlos con madera barata para protegerlos. Por lo tanto, además de puentes son también túneles. La primera vez que visitan el puente Roseman, Francesca espía a Robert a través de los travesaños que lo cubren. Se siente atraída pero todavía no sabe lo que se le viene encima. Dos días después visitan el puente Holliwell, en pleno apogeo de su amor. Francesca lo atraviesa mientras Robert hace sus preparativos. La cámara se queda con ella y vemos como el rostro de Meryl Streep, nunca tan hermoso como en esta película, pasa de la luz a la sombra y de nuevo a la luz al salir por el otro extremo. Una imagen que vale más que mil palabras y que representa a la perfección la peripecia dramática de la película.

El romance dura sólo cuatro días, aquellos en los que la familia de Francesca está fuera, pero sirve para dotar de sentido toda una vida. Antes de morir, Robert y Francesca acuerdan que sus cenizas sean arrojadas desde el Roseman. Sus herederos cumplen el deseo y las cenizas de los dos amantes se pierden en el mismo aire sobre el que se levanta el puente.

La historia de amor de 'Las noches blancas', novela de Dostoievski que tanto Luchino Visconti como Robert Bresson llevaron al cine (1957, *Le notti bianche* y 1971, *Quatre nuits d'un rêveur*), también dura solamente cuatro días (o cuatro noches). Y aunque el novelista la situó en un muelle junto a uno de los canales de San Petersburgo, los directores de cine usaron recios puentes para llevarla a imagen. El protagonista, soñador y solitario, se topa en uno de sus paseos con una chica que llora sobre un puente. Intenta consolarla, pero ella se escabulle. Antes acierta a decirle que volverá al mismo lugar al día siguiente a la misma hora. Allí acude de nuevo el protagonista y traba amistad con la chica. Se cuentan sus respectivas vidas y ella confiesa que espera en el puente la llegada de un antiguo amor. Él se ofrece a ayudarla y se compromete a entregar una carta por ella. A pesar de la carta (que en la versión de Visconti no entrega sino que rompe y arroja al agua), el prometido de la joven tampoco aparece la tercera cita. El protagonista se ha enamorado profundamente y, la cuarta noche se declara a la desconsolada chica. Por un momento parece que su amor es posible, pues ella está resentida por el plantón y no es ajena a las virtudes del que considera su amigo. Justo entonces aparece el antiguo amor y la chica corre a reunirse con él. Le besa calurosamente y luego, sobre el mismo puente, besa también al reciente amigo. Un beso de bienvenida y otro de despedida. Nuestro protagonista queda sobre el puente como empezó la película, solo con unos sueños que ahora, por su proximidad a la realidad, parecen más crueles que nunca.

La novela y las dos películas diseccionan el amor en todas sus interrogantes: su difícil mezcla de deseo y realidad, pasión y amistad, egoísmo y generosidad.

Cuanto más sólidos sean los puentes que se tiendan entre tales elementos más duradero será ese omnipresente sentimiento que llamamos amor. Robert Bresson situó su adaptación sobre el Pont-Neuf, el puente más viejo de París. Allí también ocurre la mayor parte de la acción de una de las películas más controvertidas del cine europeo de los últimos años. 'Los amantes del Pont-Neuf' (Leos Carax, 1991, *Les amants du Pont-Neuf*) cuenta la historia de amor entre Alex (Denis Lavant), un vagabundo que ha instalado su residencia en el puente en obras, y Michelle (Juliette Binoche), una chica de buena familia que se está quedando ciega.

El Pont-Neuf, cerrado al tráfico parisino por obras de cimentación, se convierte en su refugio y en el lugar mágico que facilita el acercamiento de dos personalidades dispares. Alex vive allí en compañía de un viejo alcohólico e incluso apaga las farolas del puente para dormir como haría con la lámpara de su mesilla de noche. Cuando Michelle se instala en el puente, primero siente amenazado su espacio vital pero enseguida se encapricha de ella y le descubre los trucos para sobrevivir en la calle. Los dos amantes se emborrachan, se pelean y hacen el amor sobre el puente y sus alrededores. La fiesta nacional del 14 de Julio sirve de excusa al director para un despliegue de escenas de aliento romántico, fuegos artificiales y esquí acuático sobre las aguas del Sena incluidos. Vivir en la calle es duro, sí, pero tener la ciudad a tu disposición también puede ser sinónimo de libertad y maravilla.

Como señalábamos en el capítulo anterior, las historias de amor fou suelen otorgar gran protagonismo al agua. Tras separarse y una vez que Michelle ya ha recuperado la vista, los amantes se reencuentran de nuevo en el puente, ya remozado y abierto al tráfico. Ella le comunica su decisión de terminar la relación y entonces Alex la arroja al Sena y se lanza él detrás. Tras arreglar cuitas bajo el agua, un *bateau-mouche* les recoge y los dos se encaraman en su proa, henchidos de amor, años antes de que Leonardo Di Caprio y Kate Winslet les copiaran la idea a bordo del Titanic.

Una vez establecido que los puentes son lugar de encuentro para amantes habría que decir que también atraen a los suicidas. Si a la posibilidad del amor se une la de la muerte, el drama gana enteros. Oigamos un diálogo de 'La chica del puente' (Patrice Leconte, 1999, *La fille sur le pont*):

"*Gabor.- Es su primer intento ¿verdad?*
Adele.- Sí. No me paso la vida en los puentes...
G.- Yo sí.
A.- ¿Por qué? ¿Usted también intenta saltar?
G.- No, no. Yo contrato gente.
A.- Contrata... ¿a quién?
G.- A asistentes. Mujeres que no tienen nada que perder. Así me gano la vida. Suelo encontrarlas aquí o a veces en los tejados. Pero eso es en primavera, en invierno prefieren los puentes."

Gabor (Daniel Auteil) le explica a Adele (Vanessa Paradis) que se gana la vida como lanzador de cuchillos y que recluta a sus dianas entre mujeres desesperadas. La propuesta de trabajo no consigue disuadir a la chica y, cuando se arroja al Sena,

él la sigue para salvarla. Más tarde, en la sala de recuperación de hipotérmicos del hospital, enfundados en unos curiosos sacos caloríficos, se encuentran con otro señor en su misma situación. *"¿De qué puente vienen?"* les pregunta con toda naturalidad.

Es el principio de la película y del romance entre Gabor y Adele. Unen su destino y hacen fortuna con el número de los cuchillos. La suerte parece acompañarles mientras permanecen juntos, pero les abandona por completo cuando disuelven la sociedad. Adele continúa metiendo la pata con los hombres y Gabor no acierta con su siguiente diana y casi la mata. Termina dando tumbos en Estambul, donde vende sus cuchillos para sobrevivir. De noche, en un refugio para indigentes, su compañero de camastro lloriquea compungido y Gabor le dedica unas enigmáticas palabras para consolarlo: *"No se deprima, amigo. Sólo tiene que encontrar una noche en un puente a una chica con ojos grandes y tristes."*

La prueba de que el consejo funciona es la última secuencia de la película. Transcurre en otro puente, el que une las dos orillas del Bósforo. Ahora es Gabor el que parece decidido a saltar y Adele la que acude a su rescate. Ella inicia el diálogo con las mismas palabras que usó él al principio de la película, en una estructura clásica de inversión dramática. La igualdad se restituye y ya pueden proseguir un romance que por eso mismo se antoja más duradero. Otro idilio a anotar en la cuenta de los puentes.

Decíamos en el capítulo dedicado al ferrocarril que son infinidad las películas que empiezan y terminan en estaciones. También son muchas las que empiezan y terminan en puentes. Es lógico que así sea si atendemos a lo referido antes: los personajes deben sufrir un cambio durante el metraje, el llamado *arco dramático*. Emplazarlos en el mismo escenario pero con distinta actitud es una excelente manera de narrar esa transformación. Otra película que responde a la perfección a dicha estructura es 'El puente de Waterloo' (*Waterloo Bridge*), en cualquiera de sus dos versiones (James Whale, 1931 o Mervin LeRoy, 1940). Su historia es un hito del melodrama romántico: el romance entre un oficial inglés y una bailarina en tiempo de guerra. Las transformaciones que sufren los protagonistas tienen siempre como testigo privilegiado al puente londinense. Nos podemos sonrojar ahora con su trama, tan *kitsch* y desfasada, pero en su día fue un éxito monumental como lo prueba el hecho de que tuviera dos versiones prácticamente simultáneas.

Para no terminar con el capítulo amoroso de forma trágica, fijémonos en otra película, 'Asesinos natos' (Oliver Stone, 1994, *Natural born killers*). Los del título, Woody Harrelson y Juliette Lewis, se casan en el puente Taos George sobre el río Grande. Es un puente tan alto que la sensación de vértigo es comparable al frenesí que predomina en la vida de los protagonistas. El pañuelo blanco se desprende de la cabeza de Juliette y cae al vacío en un bonito y premonitorio plano.

Matarse por un puente

En 'El bueno, el feo y el malo' (Sergio Leone, 1966, *Il buono, il brutto, il cattivo*), el Bueno (Clint Eastwood) y el Feo (Eli Wallach) se dirigen a rescatar un tesoro cuando encuentran a nordistas y confederados disputándose un puente. Se pelean sobre él como cabestros pues los dos bandos quieren tomarlo intacto.

"El Bueno.- Nunca he visto morir tan estúpidamente. ¿Qué te parece?
El Feo.- Rubio, los dólares están en la otra orilla del río. (...) Pero mientras estén allí los confederados no hay nada que hacer...
EB.- ¿Y si por casualidad alguien se atreviera a volar el puente?
EF.- Entonces irían a matarse a otra parte."

El comandante de los nordistas les confirma que llevan una buena temporada cumpliendo la absurda orden sin más resultado que la ritual matanza. Les confiesa también su secreto deseo de que el puente vuele por los aires. Cuando el Bueno y el Feo lo hacen estallar, el comandante, herido de muerte en la última escaramuza, apura feliz su último aliento. A la mañana siguiente, el Bueno y el Feo descubren que, como suponían, los dos ejércitos han ido a matarse a otra parte.

En tiempo de guerra los puentes son un preciado botín: garante de comunicación y paso de los ejércitos, pieza fundamental de la estrategia. Han protagonizado multitud de películas del género bélico, por lo general, basadas en sucesos reales.

Desde el principio de los tiempos, infinidad de hombres han muerto y matado a los pies de un puente. Unas películas han narrado tales hazañas desde el escepticismo, como 'El bueno, el feo y el malo', otras desde la glorificación del heroísmo castrense. Y otras muchas, quizás las más interesantes, desde un punto intermedio más acorde con las pulsiones humanas.

"Mayor Kreuger.- Vamos. Debemos atacar.
Capitán Schmidt.- Es inútil. Estos hombres no van a morir por nada. Acaba de matar a dos hombres... ¿pretende matarnos a todos?
M.K.- Es nuestro deber.
C.S.- Usted se debe a esta gente."

El mayor Kreuger (Robert Vaughn) y el capitán Schmidt (Hans Christian Blech) ejemplifican con este diálogo lo absurdo de cumplir unas órdenes que suponen pobres moratorias ante un fin próximo, o en el mejor de los casos, crueles sacrificios por un bien mayor. Todos los oficiales de 'El puente de Remagen' (John Guillermin, 1969, *The bridge at Remagen*), tanto del bando aliado como del nazi, se enfrentan a la misma disyuntiva. El diálogo mencionado ocurre al final de la película. Hemos presenciado mucha muerte sobre el puente y los alemanes, con su ejército en franca retirada, se han llevado la peor parte. Tras su intenso careo con el capitán Schmidt, el mayor Kreuger decide hacer lo más sensato en tales circunstancias: rendirse al empuje aliado y no sacrificar más vidas en la defensa de un puente prácticamente perdido.

Sin embargo, la guerra no ha terminado aún y Kreuger sigue sujeto a la cadena de mando. Cuando vuelve a su cuartel general se enfrenta a las consecuencias de su rendición. Frente al pelotón de fusilamiento el mayor escucha el ruido de un avión... *"Aviación enemiga, señor"* le dice el joven oficial encargado de fusilarle. *"Pero ¿quién es el enemigo?"* se pregunta, lacónico, Kreuger. La gran cuestión de toda guerra, un interrogante que según la circunstancia puede ser de difusa respuesta, como veíamos en el primer capítulo dedicado a otra película con protagonismo de la obra civil: 'El puente sobre el río Kwai' (David Lean, 1957, *The bridge on the river Kwai*).

Quizás la más espeluznante de todas las películas que narran el sacrificio humano en tiempos de guerra sea 'El puente' (Bernhard Wicki, 1957, *Die Brücke*). Un grupo de adolescentes alemanes se conjuran para defender el puente de su pueblo ante el avance aliado. El mismo puente que tan sólo unos días atrás era el escenario de sus juegos infantiles se convierte en el lugar de su muerte. Su ingenuo idealismo mezclado con el burdo sentido de la hombría propia de la edad les lleva a caer como moscas en un enclave, como descubrimos luego, sin apenas importancia estratégica. Cuando han muerto la mayoría de ellos, tres soldados alemanes llegan al puente con la idea de volarlo. Los dos chavales supervivientes no pueden aceptar que el sacrificio de sus amigos haya sido en vano y terminan disparando a sus propios compatriotas. La imagen funde a negro y una voz en *off* extiende la amargura: *"Esto ocurrió el 27 de abril de 1945. Fue tan irrelevante que no apareció en ningún comunicado de guerra"*.

Los hechos reales ocurridos en Europa esos primeros meses de 1945 han sido llevados una y otra vez a la gran pantalla. Como en "La Iliada" y "La Odisea", las manifestaciones primeras de un conflicto (la materia prima de la que nace cualquier narración) son la guerra y el viaje. El desembarco aliado en Normandía y su penetración hasta Berlín aúna las dos cosas. El cine se ha lanzado a retratar la complejidad de estas operaciones bélicas que movilizaron miles de hombres y toneladas de maquinaria de guerra por el corazón de Europa.

Superproducciones como 'El día más largo' (Andrew Marton, Ken Annakin y el propio Bernhard Wicki rodando las secuencias del bando alemán, 1962, *The longest day*), '¿Arde París?' (René Clement, 1966, *Paris, brûle-t-il?*) o 'Un puente lejano' (Richard Attenborough, 1977, *A bridge too far*) han intentado cubrir el drama desde todos los puntos de vista, con el *star-system* de la época peleándose por los papeles principales. De hecho resulta curioso que en una película como 'Un puente lejano' los soldados apenas tengan presencia en pantalla, pues la mayoría de los actores interpretan oficiales que van de capitán para arriba. ¿Megalomanía de los guionistas o de los actores? Steven Spielberg se encargó de subsanar la injusticia con 'Salvar al soldado Ryan' (1998, *Saving private Ryan*) y la serie 'Hermanos de sangre' (2001, *Band of brothers*), que se detenía uno por uno en los miembros de la compañía *Easy*.

Si el papel de los soldados rasos fue ninguneado, no ocurrió lo mismo con los puentes. Su importancia estratégica queda reflejada en cada una de estas películas. En 'El día más largo', la primera secuencia de acción tiene como protagonista un

puente sobre el río Horne que el mayor Howard (Richard Todd) debe capturar antes de que el enemigo lo destruya. El oficial inglés y sus paracaidistas lo consiguen tomar y defender hasta que llegan los refuerzos. Es la primera peripecia de una larga serie que culmina con la batalla de Omaha Beach. Según la tesis que defiende la película, allí fue donde se decantó la operación. Escuchemos el diálogo que protagonizan el general de brigada Cota (Robert Mitchum) y el coronel Thompson (Eddie Albert), agazapados frente a las alambradas y parapetos que defienden la playa:

"Cota.- Vamos a subir ahí arriba. (...) Después hay un barranco.
Thompson.- Y un control de carretera armado hasta los dientes.
C.- Si cruzamos...
T.- Lo hemos intentado tres veces... Es imposible.
C.- Tres veces no basta. Volveremos a intentarlo ¿hay ingenieros?
T.- Muchos.
C.- ¿Con equipo que funcione?
T.- (Asiente) Entonces ¿no llamo a los barcos?"

En lugar de llamar a los barcos para organizar la retirada, el coronel le proporciona a Cota los ingenieros solicitados. Con el sargento Fuller a la cabeza (Jeff Hunter), los ingenieros tienden unos tubos explosivos y franquean las alambradas. Luego se acercan al parapeto entre el fuego enemigo y lo vuelan con más cargas explosivas. El pobre Fuller muere en el intento, pero despeja el camino para la invasión que supuso el fin de la guerra. Así, con esta primordial intervención de los ingenieros del ejército, se decide el clímax de una película que pretende ser rigurosa con los hechos históricos.

Antes del Día D hubo otros intentos por asaltar la fortaleza en la que los alemanes habían convertido Europa. 'Un puente lejano' narra el fracaso de la operación *Market Garden,* ideada por el general británico Montgomery. La maniobra consistía en lanzar 35.000 paracaidistas detrás de las líneas enemigas para que tomaran siete puentes sobre el Rhin y los aseguraran hasta que llegara el grueso de las tropas aliadas. El problema es que entre el primer puente y el último había un trecho de cien kilómetros mal comunicado por una carretera de un solo carril.

Los paracaidistas vuelan sobre Holanda en la mayor operación aerotransportada de la historia y aterrizan junto a los puentes. El primer contratiempo ocurre cuando los alemanes logran volar uno de los primeros, el de Sonne, justo antes de que el coronel Stout (Elliott Gould) y sus muchachos se hagan con él. Los aliados recurren a un puente *prêt-à-porter* de diseño y fabricación inglesa (¡el puente Bailey!), pero entre que llegan las piezas y las montan se echa el tiempo encima. Además, el avance por la estrecha calzada resulta ser un caos a pesar de que el oficial al mando (Edward Fox) se ha propuesto organizar la carretera como si de una línea de ferrocarril se tratara (*"I decided to run the road like a rail"*).

El puente lejano del título resulta ser el de Arnhem, el último de la ristra, donde el teniente coronel Frost (Anthony Hopkins) y sus comandos ingleses deben resistir 48 horas hasta la llegada de los refuerzos. Las 48 horas pronto se convierten en 96 y los refuerzos nunca llegan. Frost termina por rendirse a los alemanes, a la división Panzer que le ha hecho la vida imposible. Es el fin de la operación *Market Garden.* La película termina con otro lacónico comentario, en boca del teniente general Browning (Dirk Bogarde), que con su mejor flema inglesa declara: *"Oh, siempre pensé que el plan tenía un puente demasiado lejano".*

Al igual que ocurre con 'El puente de Remagen' durante todo el metraje de 'Un puente lejano' presenciamos una curiosa disyuntiva en el bando alemán: volar o no los puentes. Dinamitarlos es la mejor manera de entorpecer el avance aliado pero también supone clausurar la posibilidad del contraataque. Los puentes se convierten en el fiel de la balanza que mide las expectativas de triunfo en la contienda, la botella medio llena o medio vacía a la que se agarran los oficiales alemanes.

En el extremo más alejado de las primeras películas citadas, se encuentran otras como 'Baatan' (Tay Garnett, 1943) o 'Los puentes de Toko-Ri' (Mark Robson, 1953, *The bridges at Toko-Ri*). Las dos pertenecen al género de "hazañas bélicas" y su acción transcurre alrededor de uno o varios puentes. Las dos alejadas de toda crítica y con un perfil del protagonista similar, Robert Taylor en la primera y William Holden en la segunda: el héroe castrense que pierde la vida por cumplir con la misión que le ha sido encomendada, sin plantearse si la orden realmente merece la pena ser cumplida o no. Películas que, independientemente de su mérito artístico, utilizan la ficción como propaganda. No olvidemos que durante la II Guerra Mundial, la mayoría de los directores y actores de Hollywood fueron

movilizados no tanto para combatir en el frente, sino para hacer lo que mejor sabían: películas (documentales o no) que glorificaban la intervención estadounidense en el conflicto.

Una vez terminadas las guerras y reorganizadas las fronteras, los puentes se convierten a veces en territorio de nadie, en puesto de control para países vecinos pero enfrentados. Su condición de espacio artificial les hace lugares neutrales por excelencia, pero el tránsito entre dos orillas se ve entorpecido entonces por requerimientos humanos de identificación y pasaporte. Los puentes como lugares pautados, muy lejos de su primera intención comunicadora. El intercambio de rehenes sobre un puente es una escena clásica de la ficción bélica o de la posterior Guerra Fría. La hemos visto en películas como 'Funeral en Berlín' (Guy Hamilton, 1966, *Funeral in Berlin*) o 'La vida es un milagro' (Emir Kusturica, 2004, *Zivot je cudo*).

Esa condición de neutralidad atañe a puentes sólidos. No a los precarios puentes colgantes que en el cine han protagonizado multitud de secuencias de acción. Quizás la mejor de todas sea la de 'Gunga Din' (George Stevens, 1939), en la que Cary Grant y Sam Jaffe intentan cruzar un precario puente mientras un elefante lo agita al otro lado. Steven Spielberg bebió directamente de esta película (esa secta que ofrece sacrificios a Kali, ese foso con serpientes...) para su saga sobre Indiana Jones, especialmente para 'Indiana Jones y el templo maldito' (Steven Spielberg, 1984, *Indiana Jones and the temple of doom*), otra cinta con puente colgante.

Pero el más famoso del mundo es el de San Luis Rey. Gracias a Thornton Wilder que narra su desplome y la posterior investigación sobre un suceso en el que han muerto cinco personas. La novela "El puente de San Luis Rey" ha dado lugar, hasta la fecha, a tres versiones cinematográficas con el mismo título: la dirigida por Charles Brabin (1929), la de Rowland V. Lee (1944) y la de Mary McGuckian (2004), esta última rodada parcialmente en Málaga.

Otros puentes que reclaman su protagonismo en este libro son los levadizos. La escena del salto en automóvil es un clásico de acción que corona muchas persecuciones. Posiblemente los dos saltos más famosos sean el de Jim Brannigan (John Wayne) en el Tower Bridge de Londres ('Brannigan', Douglas Hickox, 1975) y el de los Blues Brothers en el East 95th Street Bridge de Chicago (John Landis, 1980, *The Blues brothers*). Por último, hay que mencionar que en 'La costa de los mosquitos' (Peter Weir, 1986, *The Mosquito coast*) aparece el único puente giratorio manual que queda en América. Fue construido en Liverpool e instalado y abierto en 1923 en Belice.

Todo mi corazón está en el puente

En '¿Por quién doblan las campanas?' (Sam Wood, 1943, *From whom the bells toll?*), Gary Cooper interpreta a Robert Jordan, un miliciano estadounidense que apoya a la República en la Guerra Civil. Su misión es dinamitar un puente sobre un desfiladero para evitar que los nacionales puedan enviar refuerzos. Robert contacta con los maquis de la zona para que le ayuden en su peligrosa tarea y así conoce a la bella María (Ingrid Bergman). Se enamoran rápida y vehementemente (de igual manera que Hemingway escribía sus novelas) pero la peligrosa misión se interpone en el horizonte de su amor. En el clímax de la película, Robert se encuentra a punto de volar el puente y María le espera en el desfiladero: *"Dios mío, que no le pase nada. Todo mi corazón está en el puente"*.

Decíamos al principio del capítulo que los puentes son escenarios privilegiados para dramatizar los conflictos de los personajes y acelerar su resolución. Prueba de ello es que han sido utilizados hasta la saciedad para lograr el clímax de la acción, ya sea por las posibilidades físicas que ofrecen o por su fuerte carga simbólica. Los puentes prolongan el camino. Cuando uno se rompe (o se vuela), el camino se corta y la acción se detiene. En 'Misión de audaces' (John Ford, 1959, *The horse soldiers*), tras una temeraria incursión por el territorio sudista en la que han saboteado las líneas enemigas, el coronel nordista Marlowe (John Wayne) vuela un puente que asegura la retirada para sus tropas. Lo hace *in extremis*, como todo clímax que se precie, herido y acuciado por el enemigo. Y la película termina ahí. Sin puente no hay persecución posible y la peripecia queda clausurada en la cabeza del espectador de manera tanto física cómo simbólica. Muchas películas resuelven su argumento con una secuencia que transcurre alrededor de un puente. Entonces al corazón de los protagonistas (y al de los espectadores si los peliculeros han hecho bien su trabajo) le ocurre lo mismo que al de Ingrid Bergman. Veamos unas pocas.

En 'Cielo negro' (Manuel Mur Oti, 1951), tras pasar calamidades y desengaños durante toda la película, la protagonista decide acabar con su miserable vida tirándose desde el viaducto que se alza en Madrid sobre la calle Segovia. Emilia (Susana Canales) se alza sobre el vacío y se dispone a tirarse cuando las campanas de todas las iglesias adyacentes comienzan a sonar al unísono. Envuelta en lágrimas, Emilia corre por la calle Bailén hasta entrar en la iglesia de San Francisco el Grande para reconciliarse con la vida y su divinidad. La cámara en *travelling* no se separa ni un momento de ella, en una de las secuencias más impresionantes que el cine español ha dado nunca.

Catherine (Jeanne Moreau) siempre tenía a Jim (Oscar Werner), incluso cuando le dejaba por Jules (Henri Serre) o algún otro. Jules y Jim eran íntimos amigos, discutían sus puntos de vista de cualquier asunto, les apodaban don Quijote y Sancho Panza, pero no eran iguales en sus relaciones con las mujeres. Cuando Catherine quiso también a Jules le tuvo, pero retenerle a su lado, convertirle a su manera de ser resultó más complicado. Después de una relación con multitud de altibajos y tras darse cuenta de que Jules nunca sería suyo como ella deseaba, Catherine decidió terminar con sus vidas en presencia de Jim. Un viejo puente de piedra de diez ojos al que le faltaban los dos centrales sirvió para tan triste desenlace. Hablamos de 'Jules y Jim' (François Truffaut, 1961, *Jules et Jim*) y de lo complicadas que pueden ser las relaciones amorosas.

La relación entre Gregory Peck y Sofía Loren en 'Arabesco' (Stanley Donen, 1966, *Arabesque*) tampoco es sencilla. El clímax se dirime también en un puente

donde nuestros dos protagonistas son acosados por el helicóptero que conducen los malos. Al final de 'Breakdown' (Jonathan Mostow, 1997) Kurt Russell y JT Walsh pelean sobre la cabina de un camión que cuelga de un puente. Kurt gana y tira a JT al fondo del abismo. Cuando ve que no se ha muerto, le arroja el camión encima. ¡Qué brutas son estas pelis americanas de buenos y malos! Aunque no siempre. Todas las Navidades tenemos oportunidad de comprobarlo cuando reponen '¡Qué bello es vivir!' (Frank Capra, 1946, *It's a wonderful life!*). En las secuencias finales de la película, George Bailey (James Stewart) acude a un puente para esparcir a los cuatro vientos sus ganas de vivir. El mismo donde intentó suicidarse y donde le salvó su buen corazón; el torpe pero ingenioso ángel sin alas Clarence (Henry Travers) se arrojó antes al río para provocar su inmediata ayuda. La nieve vuelve a caer y George, el hombre más rico de la Tierra, vuelve a Bedford Falls feliz de haberse conocido... nunca mejor dicho.

El clímax más ingenieril de todos los que hemos visto es el de 'Hombres de presa' (Richard Wallace, 1947, *Tycoon*). John Munroe construye un puente en tiempo récord y cuando está a punto de terminarlo, una terrible crecida amenaza con derribarlo. En medio del diluvio y sin ayuda de nadie, Munroe intenta colocar la última sección que falta en el centro del puente. Ha puesto todo su orgullo en la obra y que el puente resista supone también la posibilidad de recuperar a Maura (Laraine Day). Sus amigos acuden a ayudarlo y finalmente consiguen colocar la sección. Pero dudan de que aguante la crecida de las aguas. Ni corto ni perezoso Munroe decide colocar el tren que usan para la construcción de la vía férrea sobre el puente para que su peso afiance los cimientos. Las aguas llegan y se llevan por delante la sección, el tren y casi al propio ingeniero. Pero los cimientos aguantan, y Munroe recupera su orgullo y, lo que es mucho mejor, a su amada Maura.

'Fiebre del sábado noche' (John Badham, 1977, *Saturday night fever*) comienza con un plano del puente de Brooklyn con Manhattan al fondo. En seguida cambia bruscamente a otro similar pero con el puente de Verrazano-Narrows como protagonista. Para el que no conozca Nueva York aclaremos que el primero une Manhattan con Brooklyn y el segundo Brooklyn con Staten Island. En los años 70 (y ahora también) en Manhattan vivía la mayoría de gente con dinero; en Brooklyn bajaba el caché; y en Staten Island se concentraban la mayoría de los latinos e inmigrantes de menor poderío económico. Para los protagonistas de esta película, habitantes de Bay Ridge en Brooklyn, el primer puente les unía con lo inalcanzable y el segundo con un territorio donde podían sentirse superiores.

"Justo ahí, al otro lado del río, todo es completamente diferente. ¡Es precioso! La gente es guapa y las oficinas son maravillosas..." le cuenta Stephanie (Karen Gorney) a Tony Manero (John Travolta). Steph se quiere mudar a Manhattan, en Brooklyn se siente una princesa entre pordioseros. Tony también se siente así pero por comparación con sus vecinos de Staten Island. De hecho, Tony y sus amigos se corren sus buenas juergas en el puente Verrazano-Narrows. Allí acostumbran a impresionar a las chicas paseando por las barandillas entre los focos, saltando de una a otra plataforma y realizando todo tipo de acrobacias temerarias que terminarán desgraciadamente en el clímax de la película.

Sobre todo el filme gravita la disyuntiva entre ser cabeza de ratón o cola de león. Pues ocurre a veces que el tamaño de tu mundo y tus aspiraciones viene determinado por un puente. Cruzarlo puede cambiar tu vida. Alrededor de una idea similar transcurren otras películas como 'Malas calles' (Martin Scorsese, 1973, *Mean streets*), 'Mi familia' (Gregory Nava, 1995, *My family*) o 'Copland' (James Mangold, 1997).

El puente como localizador y símbolo

Multitud de películas empiezan con el puente de Brooklyn u otro similar. Aunque no lleguen a ser utilizados como en 'Fiebre del sábado noche', sirven para localizar la acción. Una de las primeras informaciones que debe recibir el espectador cuando se enciende la pantalla es dónde transcurre la acción. Además en cine, una información se mantiene constante hasta que no aparezca otra que la contradiga. Las obras de ingeniería que hacen reconocible el paisaje para el espectador sirven como localizadores. Si en el primer plano de la película sacamos el puente de Brooklyn, estamos diciendo al espectador que la acción se va a desarrollar en Nueva York. Aunque luego, como ocurría en los primeros tiempos del cine, la mayoría de la acción se rodara en decorados en el interior de los estudios.

Últimamente están muy en boga las películas con mucha acción que transcurren en varios continentes. Para este tipo de películas de espías o asesinos a sueldo -las de 007, misiones imposibles, casos Bourne y demás- los localizadores resultan fundamentales. Un planito del Golden Gate y el espectador sabe que estamos en San Francisco; otro de la Torre Eiffel y.., París; la Ópera de Sydney y... Porque además ocurre que las grandes obras de arquitectura e ingeniería cada día se hacen más espectaculares y reconocibles. Gobiernos y municipalidades ya no sólo buscan lo funcional, sino que eligen proyectos que por sus características originales les sitúen en el mapa. Con seguridad, el flamante puente de Millau finalizado en 2005 (2,4 kilómetros de autopista sobre una abismo de 270 metros en el valle del río Tarn en Francia) pronto será protagonista en una película.

Los ejemplos de este mecanismo son infinitos y no merece la pena que nos detengamos en ellos. Pero sí la merece que repasemos todos aquellos puentes que además de servir como localizador se han cargado de otras connotaciones. 'Destino Tokyo' (Delmer Daves, 1943, *Destination Tokyo*) empieza con un localizador de libro: el Golden Gate de San Francisco. La película, un ejercicio de propaganda de los que mencionábamos antes, narra la misión de un submarino estadounidense que durante la II Guerra Mundial debe adentrarse en la bahía de Tokyo. Una vez concluida su misión y tras haber sufrido lo indecible para regresar, el submarino emerge ¡de nuevo bajo el Golden Gate! El plano no es gratuito y cumple su cometido propagandístico a la perfección en ese duelo de civilizaciones que toda guerra supone y que comentábamos en el capítulo dedicado a 'El puente sobre el río Kwai'.

En otra película con submarino, 'La hora final' (Stanley Kramer, 1959, *On the beach*), el Golden Gate cumple un papel totalmente distinto. Gregory Peck interpreta al comandante de un submarino estadounidense que tras una larga misión en el Pacífico emerge en aguas australianas. Entonces descubre la terrible noticia: la III Guerra Mundial ha estallado y las bombas atómicas han devastado parte del planeta. Australia se ha salvado pero no por mucho tiempo. La radiación se extiende y las autoridades calculan que en cinco meses acabará con ellos. La población (memorables los personajes que interpretan Ava Gardner y Fred Astaire) se enfrenta como puede a un hecho terrorífico: ¡el fin del mundo! Sin embargo una señal de radio llega desde los Estados Unidos y alimenta una pequeña esperanza. Peck y su tripulación se dirigen en el submarino hasta California en busca de supervivientes. Pero cuando emergen bajo el Golden Gate se quedan helados. ¡No se ve un alma! El puente vacío de tráfico de cualquier tipo, desnudo y magnífico, representa así el apocalipsis, da testimonio de la desolación que se ha extendido sobre la Tierra.

En 'Érase una vez en América' (Sergio Leone, 1984, *Once upon a time in America*), el puente Williamsburg que une Manhattan con Brooklyn aparece como telón de fondo en varias secuencias, siempre antes de que la acción marque el destino de los personajes. Se convierte en presagio de fatalidad. Es mostrado justo antes de que Noodles conozca a Max y justo antes de que su secuaz más pequeño sea asesinado por la banda de Bugsy, y Noodles acuchille a un policía. No es extraño que uno de esos fotogramas con puente fuera elegido para el cartel de la película.

En otro momento Sergio Leone elige, sorprendentemente, el puente de Brooklyn y no el de Williamsburg para localizar al protagonista. Un Noodles entrado en años que camina nervioso por el barrio en el que nunca tuvo rival. El personaje interpretado por Robert de Niro viene de recuperar la maleta de la consigna de la estación y se muestra incómodo por las calles que gobernaba años atrás. El puente simboliza aquí la transformación que ha sufrido tanto el barrio como el propio Noodles, un personaje que ha terminado de forma muy distinta a la que en principio soñó.

Otro puente neoyorquino, el de Brooklyn, también ilustra el cartel de 'Manhattan' (1979), una de las mejores películas de Woody Allen. El puente está allí, al fondo de una secuencia que protagonizan Woody Allen y Diane Keaton sentados en un banco junto al Hudson, como testigo de la especial unión que nace entre ambos. De nuevo el puente como símbolo de unión entre dos personas, sean o no amantes. En 'El príncipe de las mareas' (Barbra Streisand, 1991, *The prince of tides*) esa simbología se hace explícita cuando el *off* de Nick Nolte cuenta que, cada vez que cruza el puente que atraviesa las marismas de Charlotte, una palabra acude a su cabeza: *"Lowenstein, Lowenstein, Lowenstein..."* Lowenstein es, por supuesto, Barbra Streisand, eficiente psicoanalista y mujer inolvidable.

Terminemos el capítulo con una pequeña pero maravillosa película española. 'Secretos del corazón' (Montxo Armendáriz, 1997) narra el despertar a la adolescencia de Javi, un niño navarro que descubre poco a poco los terribles secretos que rodean a sus mayores. Al final de la película persigue a su tía María (Charo López) y por fin se atreve a cruzar las piedras que jalonan el río a modo de puente. Ese tránsito ejemplifica mejor que ninguno la noción de cambio que todo puente, por modesto que sea, supone en la vida dramática de los personajes de una ficción.

Problema

'El puente sobre el río Kwai' *(The bridge on the river Kwai)*

Enunciado

El coronel Nicholson ya ha aceptado dirigir la construcción del puente y lo primero que necesita es encontrar en la zona materiales adecuados para tamaña obra.

El capitán Reeves le comunica que ha encontrado unos árboles parecidos a los olmos, con los que el originario Puente de Londres fue construido y que pueden durar más de 600 años. Aunque en la película no se especifica, esos árboles son tecas asiáticas, cuya madera es de una extremada calidad mecánica, con un módulo de elasticidad entre 10.500 y 15.600 N/mm^2 y una resistencia a compresión paralela a la fibra de 55 N/mm^2 (el hormigón convencional de muy buena calidad alcanza los 50 N/mm^2 de resistencia). Por comparación con elementos de magnitudes conocidas en la película, como es la altura de Alec Guinness (1,78 m), y algún otro dato como la luz (longitud entre pilas) y la altura con la que se construyó el puente para las dimensiones del mismo, nos proponemos realizar un modelo mediante el programa de elementos finitos SOFiSTiK. Este modelo nos permitirá calcular las deformaciones que sufrirá y las tensiones a las que se verá sometido el puente durante el paso del tren, comprobando la fiabilidad de los cálculos que en su día hicieron los ingenieros daneses de *Equipment and Construction Co.*

En los inicios del proyecto, Sam Spiegel no quería un cálculo exacto del puente para que aguantase el paso del tren, sólo quería un decorado que aguantase lo justo para poder rodar la voladura del mismo con el tren pasando por encima. Pero poco tiempo después se arrepintió y solicitó el cálculo y la construcción de un puente que aguantase, por miedo a que algún fallo en el rodaje de la última toma pudiese arruinar todo el trabajo. Esta decisión le costó una buena cantidad de dinero, pero se vio compensado cuando, efectivamente, un descuido de uno de los seis cámaras preparados para el rodaje de la voladura provocó la suspensión *in extremis* de la explosión y el tren pasó de largo por encima del puente.

Todos los cálculos, gráficos e imágenes que adjuntamos a continuación son el resultado del cálculo del puente sobre el río Kwai realizado por José Antonio Pérez Narvión, ingeniero de caminos de CALTER ingeniería, mediante el software SOFiSTiK.

Solución

Tipología

El puente del río Kwai tiene unas dimensiones razonables para el material con el que se construyó. En el diseño de puentes es fundamental tener en cuenta los medios de construcción que, en casi todos los casos, definen la tipología a utilizar. En este caso, el entorno selvático y la lejanía de la civilización industrial, impedían manejar grandes pesos, por lo que los elementos debían ser cortos, de pequeña sección y de un material cercano. Esto obligó a realizar multitud de triangulaciones para obtener elementos largos

En tanto que era posible apoyarse en el valle se hacía. Es decir, los estribos bajan casi hasta que el agua comienza a mojarles los pies. La distancia entre estribos queda así en 86 metros. Para salvar esa distancia se proponen dos grandes pilonos cuya incidencia en el río es de 7,50 m, separados 36 metros. Éstos, a medida que ascienden van ganando en longitud de tal forma que abarquen la mayor cantidad de longitud posible, acortando el vano del tablero. Así, a la altura del tablero, la anchura del pilono es de 26 m con lo que el vano libre de éste queda reducido a unos escasos 10 m, distancia ya salvable con los elementos de madera de que se dispone. Los pilonos siguen ascendiendo para ayudar a resistir su vuelo de 11 m del pilono.

El ancho del puente, 4,5 metros, es razonable. Quizás algo ancho desde el punto de vista funcional pero necesario para mejorar la estabilidad frente a las fuerzas transversales.

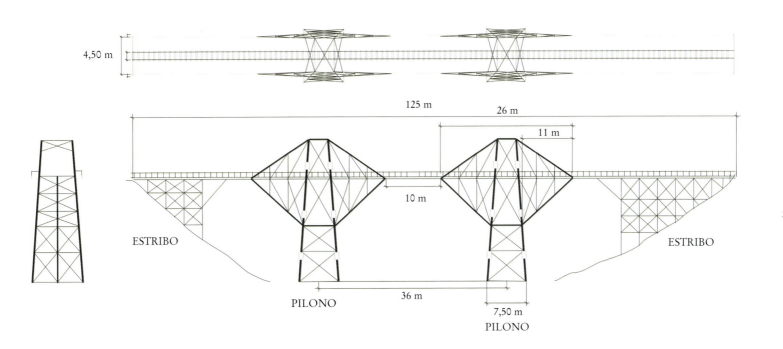

Material

El material utilizado es la madera de teca. Existen diversas variedades de teca pero la más resistente es la de Myanmar y Tailandia, es decir, la de nuestro puente.

La teca tiene una resistencia a compresión muy parecida a la de un hormigón de excelente calidad, 55 N/mm^2. Sin embargo, su deformabilidad es el doble. Por eso le damos de nuevo la razón al diseñador del puente que lo proyectó muy triangulado, quizás en exceso para un material más potente como el acero pero, sin duda, imprescindiblemente rígido para un material deformable como la madera.

Modelo

Para analizar la estructura del puente se realiza un modelo en ordenador, en tres dimensiones. Dicho modelo se ha introducido en un programa de estructuras que utiliza el método más común en los análisis estructurales complejos que es el método de los "elementos finitos".

El puente puede dividirse formalmente en tres tipos de elemento:
· el tablero o superficie horizontal por la que se produce la rodadura
· los estribos que son las zonas cercanas a los extremos del puente
· los pilonos, que son los elementos de apoyo intermedios

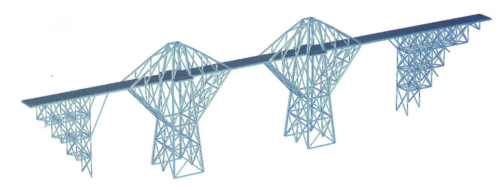

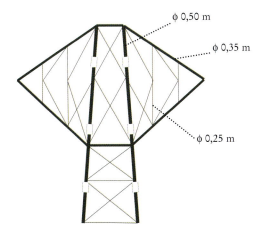

Todos estos elementos están formados por "barras" de madera de teca unidas entre sí mediante rótulas, de tal forma que se permite el giro relativo de las barras que llegan a un nudo.

Las barras del puente son cilíndricas, de sección circular, de 25, 35 ó 50 cm. Casi todas son de 25 cm. Las de 35 cm son las barras exteriores de la parte superior del pilono y las de 50 cm son las interiores verticales del pilono.

Análisis

El modelo del puente se ha introducido en un programa específico para el proyecto de estructuras, el SOFiSTiK. Su modelización es sencilla a partir de los datos geométricos y las características mecánicas de la madera. Se han introducido las cargas de un tren europeo actual, según las directrices de la UIC (*Union International de Chemin de fer*). El tren normalizado se ha dispuesto en diferentes posiciones del puente para recoger así todas las posibles situaciones desfavorables.

El análisis de todas las hipótesis se realiza por dos motivos: uno para controlar las deformaciones verticales del puente durante el paso del tren y otro para analizar las tensiones en las diferentes barras para controlar la posible rotura.

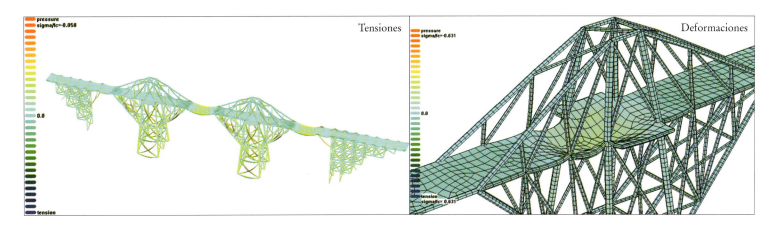

Tensiones

Deformaciones

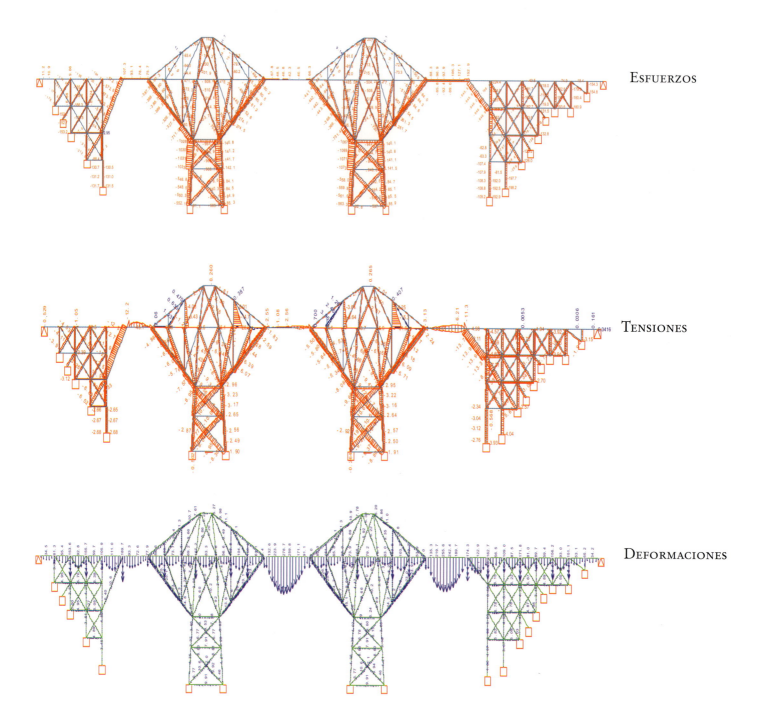

Esfuerzos

Tensiones

Deformaciones

· Deformaciones:

A la vista de los resultados las deformaciones en el tablero entre pilonos y estribos son excesivas. Esto es debido a que el tablero debía ser bastante más rígido en la realidad que en el modelo. Con las imágenes de la película no es fácil determinar con exactitud cómo construyeron el tablero, por lo que el modelo no ha podido recoger la realidad del mismo, que sin duda es más rígida.

Las deformaciones del resto de la estructura son suficientemente pequeñas ya que no supera los 3 cm en el pilono central.

· Tensiones:

Las fuerzas que resisten las barras son mayores precisamente en las barras que los diseñadores del puente construyeron con mayor sección lo que reitera su habilidad. Disponiendo la mayores secciones en las zonas de mayor fuerza se controlan las tensiones a valores razonablemente seguros, entre 10 y 15 N/mm^2, cinco veces menores que la resistencia de la madera. Podría parecer una seguridad excesiva pero no hay que olvidar que la moderna ingeniería mayora las acciones y minora las resistencias lo que no daría unos resultados muy diferentes a los del análisis que en su momento hicieron los excelentes técnicos diseñadores del puente.

Así que se puede concluir que el puente resiste con suficiente seguridad el paso del tren.

Túneles

Los túneles, como los puentes, son obras humanas que sirven para salvar un obstáculo natural, sea una montaña o un brazo de agua. Y como los puentes también suponen un tránsito, un recorrido con principio y final que permite dramatizar el cambio de los personajes de una película. Un *tránsito* arriesgado pues, aunque no esté elevado sobre el vacío como los puentes, sí supone adentrarse en las tinieblas. Un túnel es, básicamente, un camino a oscuras. Las tinieblas son el reino de lo imposible o, al menos, de todo lo que no parece posible a la luz cegadora del sol. En la oscuridad nos vemos privados de la principal guía de nuestro cerebro, la vista, y, cuando la imaginación ocupa su lugar, nos introducimos entonces en el mundo de la fantasía. Un mundo al cual el cine pertenece por derecho propio; una proyección cinematográfica consiste en sumirnos en la oscuridad para segundos después ser iluminados por los sucesos que ocurren en pantalla. Pero no sólo por eso. El paso de la luz a las tinieblas y de nuevo a la luz ejemplifica a la perfección los tres actos clásicos de la narrativa cinematográfica.

Los túneles no sólo han sido utilizados en el cine por el género fantástico. Es curioso constatar que son muy frecuentes en otro género. En esencia, un túnel es un espacio oscuro con una entrada y una salida al fondo. La metáfora perfecta para narrar la adquisición humana de conocimiento, de felicidad o, como ocurre con el género carcelario, de libertad.

La libertad al final del túnel

Las entradas "ingenio" e "ingeniero-a" del María Moliner explican el repentino interés por la ingeniería que provoca la pérdida de la libertad. Los presos son ingenieros en potencia, personas que emplean todo su tiempo y habilidad para salvar los muros y la vigilancia que les separan de la libertad. Y el dispositivo por excelencia que suelen utilizar es el túnel. Privados de libertad, con sus movimientos restringidos y permanentemente vigilados, lo único que juega a su favor es el tiempo. De eso tienen todo lo que haga falta. O como dice Red (Morgan Freeman) en 'Cadena perpetua' (Frank Darabont, 1994, *The Sawshank redemption*): *"La geología estudia la presión y el tiempo. De hecho, es lo que hace falta: presión y tiempo. Eso y un maldito póster."*

Ingenio: "Inventiva". Habilidad o talento para inventar cosas; por ejemplo, dispositivos o aparatos con que se facilita algo, o para encontrar medios de cualquier clase para resolver dificultades.

Ingeniero-a: Persona que discurre algo con ingenio.

Red se refiere, por supuesto, a un túnel. El que cava Andy Dufresne (Tim Robbins) para escapar de una cárcel en la que no debería estar. Andy es aficionado a la geología y cuando le pide a Red que le consiga un martillo de gemas, éste le pregunta si lo va a utilizar para fugarse. Andy se ríe y Red le pregunta si ha dicho algo gracioso. Al ver el tamaño de la herramienta. Red le da la razón: *"un hombre necesitaría más de 600 años para cavar un túnel con un martillo de esos."*

Sin embargo, Andy lo consigue en tan sólo veinte. Una tarea que supondría un despilfarro para cualquiera en libertad, resulta una inversión para un banquero condenado a cadena perpetua. El ingenio de Andy no se detiene en la construc-

ción del túnel, se extiende a todas las tareas que supone su utilización. Deshacerse de los escombros, ocultar la herramienta y la entrada al túnel (¡el póster de Raquel Welch!), garantizarse la huida tras los muros y, lo que es rizar el rizo, asegurarse una vida sin preocupaciones para el resto de sus días. Todo eso lo hace solo. Sin que ni siquiera su mejor amigo lo sospeche. El túnel de Andy es la máxima expresión del ingenio humano. Y lo que es mejor aún, de su tenacidad.

La misma tenacidad que esgrime Andy para su fuga la emplea Edmundo Dantés para su venganza. 'El conde de Montecristo' es una de las referencias de 'Cadena perpetua' e incluso aparece en manos de Andy. La novela de Alejandro Dumas cuenta con más de treinta versiones cinematográficas, empezando por la de Francis Boggs en 1908, pasando por la de Rowland V. Lee en 1934 y terminando por la de Kevin Reynolds en 2001. Víctima de una conspiración en la que participan sus envidiosos allegados, Dantés es injustamente encarcelado en el castillo de If. En un abrir y cerrar de ojos pasa de ser capitán de navío y prometido de la bella Mercedes a prisionero de las más negra mazmorra. Tras perder la fe e intentar suicidarse, su redención se presenta en forma de túnel. El que cava su vecino de celda, el abate Faria. Los dos prisioneros aúnan esfuerzos para convertirse en los pioneros de la más clásica fuga carcelaria. Sin embargo, la libertad les llega de manera indirecta. Cuando Faria muere en su celda, Dantés utiliza el túnel para ocupar su lugar y abandonar la prisión arrojado al mar en una mortaja.

Durante la II Guerra Mundial tanto Andy como Dantés hubieran terminado en el mismo campo de concentración que reúne a los personajes de 'La gran evasión'

(John Sturges, 1963, *The great escape*). Un campo diseñado por los mandos alemanes para encerrar *"a todas las manzanas podridas en el mismo cesto"*, es decir todos los prisioneros que se han distinguido por sus tentativas de fuga. Como nos recuerdan una y otra vez en la película, el deber de todo soldado capturado en tiempo de guerra es intentar fugarse o, por plantearlo de otra manera, convertirse en ingeniero a tiempo completo.

Bajo la dirección del maquiavélico Roger Bartlett (Richard Attenborough), los prisioneros se organizan para construir no sólo un túnel sino tres, a los que bautizan como Tom, Dick y Harry. La idea es liberar a 250 hombres, todo un esfuerzo bajo las mismas narices de los alemanes. El ingenio del que hacen alarde los prisioneros da lugar a escenas memorables como la del desescombrado (mismo sistema que utiliza Andy en 'Cadena perpetua') o la del entibado del túnel. Gracias al esfuerzo colectivo es más fácil conseguir resultados, aunque existen individualistas como el estadounidense Hilts (Steve McQueen) que prefieren hacer la guerra por su cuenta. Pero será Hilts quién finalmente más ponga de su parte. Sacrificará su propia fuga para que la organización sepa qué les espera más allá del bosque que rodea el campo de concentración. Hilts se deja atrapar para volver con toda la información necesaria. Eso sí, luego será el primero a la hora de utilizar el túnel.

Cuando Hilts saca la cabeza fuera del túnel descubre que se han quedado cortos y, por lo tanto, no cuentan con el abrigo de los árboles. A pesar de lo cuál deciden seguir adelante. El centinela sorprende la fuga cuando ya han salido 76 presos. Su

 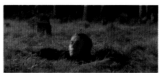

peregrinar por la zona intentando abandonar el territorio ocupado articula el final de la película. Por tierra, mar y aire; en moto, barca y tren; los evadidos intentan burlar el dispositivo alemán para atraparlos. Aunque la mayoría no lo consigue, sí logran lo que suponía su intención primera, distraer a gran número de soldados enemigos de sus tareas en el frente.

Sólo doce son devueltos al campo. Cincuenta son asesinados por la Gestapo, entre ellos el jefe de la organización X, Bartlett. Antes de ser fusilado, se sincera con su inseparable McDonald (Gordon Jackson):

"¿Sabes, Mac? Todo esto de la organización, de hacer túneles, Tom y Harry... es lo que me ha mantenido con vida. Y aunque hayamos... (se calla). Nunca he sido tan feliz."

Una reflexión sobre el trabajo colectivo y la tarea ingenieril que nos conecta con otra similar: la del coronel Nicholson (Alec Guinness) al final de 'El puente sobre el río Kwai'. Una reflexión que viene a decirnos que lo importante no es alcanzar un fin, sino poner todos los medios para conseguirlo. Los hombres que trabajan unidos y exprimen su ingenio hasta la última gota son capaces de vencer la adversidad y elegir su destino. Son, por lo tanto, felices.

El resto de fugados consigue alcanzar la libertad. Como Willie (John Leyton) y Danny (Charles Bronson), un rey del túnel con claustrofobia, una de las mejores caracterizaciones de la película. Y también Sedgwick (James Coburn) que consigue contactar con la Resistencia y, en la penúltima secuencia de la película, atraviesa los Pirineos hasta España con un guía.

Esta secuencia nos conecta con otro túnel: 'La fuga de Segovia' (Imanol Uribe, 1981). Con un tono más documental que 'La gran evasión' pero también con un *casting* extenso y granado en lo nacional (Mario Pardo, J. M. Cervino, Alex Ángulo, Santiago Ramos y Ramón Barea), la cinta disecciona la huida que protagonizaron a mediados de los setenta varios presos de ETA político-militar. Una fuga basada también en el esfuerzo colectivo y que, a pesar de contar con todo un aparato de apoyo en el exterior, fracasó por un malentendido con el *mugalari* encargado de pasar a Francia a los evadidos.

Para malentendido el de 'La gran ilusión' (Jean Renoir, 1937, *La grande illusion*). Un grupo de prisioneros franceses en un campo alemán, entre los que se encuentra el Teniente Maréchal (Jean Gabin), excavan un túnel para escapar. Cuando todo está preparado para la evasión, los alemanes deciden trasladarles a otro campo y sustituirles por un nuevo grueso de prisioneros americanos. En un descuido, el teniente francés consigue hablar con uno de los americanos para informarle del túnel que está dispuesto para ser utilizado, pero éste no entiende francés. Para la desesperación de Maréchal y el resto de prisioneros, el túnel no será utilizado después de todos los esfuerzos.

Pero quizás la película que más intensidad destila de todas las protagonizadas por un túnel es 'La evasión' (1960, *Le trou*). La obra póstuma de Jacques Becker se centra en cuatro presos comunes que han decidido evadirse por un túnel que les conecta con las alcantarillas de París. El plan se complica cuando otro preso es introducido en la celda. La cinta aporta otros ingeniosos inventos a sumar a los ya empleados para organizar una fuga: el cepillo de dientes-periscopio o el reloj de arena casero. También nos gustaría destacar un plano lleno de tensión que consiste básicamente en dos hombres picando piedra durante... ¡cinco minutos!

Otras películas que desgranan su argumento alrededor de una fuga con túnel son 'Traidor en el infierno' (Billy Wilder, 1953, *Stalag 17*), 'Evasión o victoria' (John Huston, 1981, *Victory*) o 'El tren del infierno' (Andrei Konchalovski, 1985, *Runaway train*).

253

La pasta al final del túnel

Dentro del género negro o policiaco, son multitud las películas que se articulan alrededor de un grupo de perdedores que buscan solucionar su vida con un golpe. 'La jungla de asfalto' o 'Atraco perfecto' son las primeras en acudir a la memoria del cinéfilo. Aunque son obras considerables, nosotros cruzamos el charco para interesarnos por otras como 'Rififí' (Jules Dassin, 1955, *Du Rififi chez les hommes*) o 'Bob le Flambeur' (Jean Pierre Melville, 1955) y es que Francia ha sido un puntal dentro del género, tanto en la novela como en el cine. Pero no es esa la razón por la que las nombramos, sino otra mucho más simple. Tanto en 'Rififí' como en 'Bob Le Flambeur', los atracadores se valen del famoso método del butrón. Aunque no se pueda considerar obra civil, el butrón parte del mismo ingenio antes citado y también reclama su protagonismo en el mundo del cine. De alguna manera, podríamos considerarlo el hermano pequeño del túnel.

Agujerear un muro para desvalijar un banco o una joyería ha sido y sigue siendo uno de los métodos preferidos de los ladrones de medio mundo. El cine lo ha mostrado en películas como las antes citadas u otras que son sus herederas directas: 'Rufufú' (Mario Monicelli, 1958, *I soliti ignoti*) o 'Rififí' reinterpretada en clave de humor a la italiana; 'El buen ladrón' (Neil Jordan, 2002, *The good thief*), remake de Bob Le Flambeur; 'Ladrón' (Michael Mann, 1981, *Thief*); 'Granujas de medio pelo' (Woody Allen, 2000, *Small time crooks*); o incluso la bizarra 'Sexy beast' (Jonathan Glazer, 2000).

Martillos, picos y explosivos han desfilado por la pantalla en manos de delincuentes más o menos habituales que pretendían atajar su camino hacia una vida desahogada. Hasta llegar a la apoteosis de 'La jungla de cristal III' (John McTiernan, 1995, *Die hard: with a vengeance*) en la que Simon Gruber (Jeremy Irons) y sus secuaces disponen de excavadoras y ¡una tuneladora! Un descomunal alarde que recorre las calles de Nueva York y que no les servirá para salirse con la suya, pues John McClane (Bruce Willis) se cruza en su camino. El crimen siempre paga, y por lo menos en la etapa clásica del género, al final siempre aparecía la policía para tapar agujeros.

La boca del túnel

Mucho antes de que el sexo pudiera ser abordado de forma abierta en el cine, los directores debían sortear distintos códigos de censura (puede que el código Hays fuera el más famoso de ellos). Trabajaban con un *texto* corriente al que añadían una puesta en escena lo suficientemente poderosa como para que el *subtexto* sexual se abriera paso hasta la cabeza del espectador. Recordemos al maestro Lubistch y sus famosas puertas. Los personajes entraban en la alcoba y la cámara se detenía de forma sinuosa en la puerta que se cerraba. Ese plano tan anodino llevaba su carga de significado. Indicaba bien a las claras lo que estaba a punto de ocurrir en el interior de la habitación. Repetido una y otra vez se convirtió además en el sello de una manera de hacer cine elegante y sofisticada que ha perdurado hasta nuestros días. Incluso ahora, cuando tales códigos de censura han perdido vigencia, hay directores que prefieren dejar a la imaginación de los espectadores algo tan íntimo como los secretos de alcoba.

Un tren entrando en un túnel resultaba la más gráfica exposición en imágenes del acto sexual, y fue muy utilizada por multitud de cineastas. El más popular de todos ellos, Alfred Hitchcock, lo usó como cierre de 'Con la muerte en los talones' (1959, *North by northwest*). Tras sufrir juntos diferentes avatares, Cary Grant y Eve Marie Saint terminan en el coche-cama de un tren. Se besan y el convoy resoplando, no podía ser de otra manera, entra en un túnel. *The end.* Lo que pase dentro del túnel posiblemente no sea del interés de ningún espectador, por lo menos, de ninguno que no lo haya probado por su cuenta. Como decía el reverendo Carmichael (Lawrence Grant) en 'El expreso de Shanghai' (Josef Von Sternberg, 1932, *Shanghai Express*): *"Cada tren lleva su carga de pecado, pero éste lleva más de la que le corresponde"*.

En el extremo opuesto a la discreción de estos directores se encuentran otros que deciden romper tabúes y adentrarse en el túnel con sus personajes. David Cronemberg es claramente uno de estos tipos, como demuestra en 'Crash' (1996): Deborah Unger, James Spader y Elias Koteas se internan con su coche en un túnel de lavado. Los diferentes artilugios enjabonan, aclaran y frotan la carrocería del vehículo mientras, dentro del coche, Koteas y Unger hacen algo muy similar bajo la atenta mirada de Spader. Una de las secuencias más alucinantes y perturbadoras de los últimos tiempos.

Los amantes buscan la oscuridad para dar rienda suelta a su pasión lejos de las miradas indiscretas del resto de los mortales. Por lo tanto es normal que los túneles sean su refugio natural. Ya lo mencionábamos respecto a 'Breve encuentro' (David Lean, 1946, *Brief encounter*), pues es precisamente en el subterráneo que conecta los andenes de la estación de Milford donde Laura (Celia Johnson) y Alec (Trevor Howard) se besan por primera vez. Otra pareja improbable, la que forman Sarah (Liza Minelli) y Brian (Michael York), también se reúne en un subterráneo bajo las vías del tren para gritar a pleno pulmón y desahogarse de las frustraciones que genera una sociedad tan asfixiante como la Alemania del avance nazi. Es 'Cabaret' (Bob Fosse, 1972).

Una maravillosa historia de amor condicionada también por un entorno adverso es la que narra 'The boxer' (Jim Sheridan, 1997). La *a priori* imposible relación entre Danny (Daniel Day-Lewis) y Maggie (Emily Watson) se resuelve bajo un túnel, fuera de la vista de los agobiantes helicópteros que patrullan el Ulster día y noche. Sin duda uno de los clímax más acertados de los últimos tiempos.

En 'Terminator' (James Cameron, 1984, *The terminator*), Sarah Connor (Linda Hamilton) huye de un indestructible *cyborg* que ha sido enviado desde el futuro para aniquilarla. Un futuro en el que los humanos se esconden de las máquinas en túneles excavados bajo tierra y desde el que también ha sido enviado Reese (Michael Biehn) para contrarrestar la acción de su oponente. Sarah y Reese pasan su primera noche juntos en una obra de paso, un pequeño túnel bajo la autopista. Él se ha enamorado en el futuro de una foto que ella todavía no se ha hecho en el presente. Una foto en la que lleva en su vientre al hombre que precisamente enviará desde el futuro a Reese para protegerla. Un pequeño lío que es una de las historias de amor más originales y sorprendentes que ha deparado el cine de los últimos tiempos.

'Terminator' parte de la premisa del viaje en el tiempo. Una apasionante aventura que utilizaron escritores como H.G. Wells o Mark Twain y de la que por supuesto se ha hecho eco el cine. Películas como 'Los héroes del tiempo' (Terry Gilliam, 1981, *Time bandits*), 'The Navigator' (Vincent Ward, 1988) o la saga de 'Regreso al futuro' (Robert Zemeckis, 1985, *Back to the future*) dan muestra de ello, para terminar en una obra tan desconcertante como 'Donnie Darko' (Richard Kelly, 2001). Los túneles también juegan un papel importante para dichos viajes. Ya sea gracias a un sofisticado artilugio o mediante una entrada secreta; el tránsito entre dos épocas casi siempre se articula en imágenes en forma de túnel o agujero negro.

La entrada al otro mundo

La novela de Lewis Carroll "Alicia en el país de las maravillas" marca la pauta que seguirán posteriormente multitud de artefactos narrativos. Alicia cae por la madriguera de conejo y penetra en un mundo fantástico en el que todo parece posible. Los túneles conectan la realidad que conocemos con otra paralela en la que no rigen las mismas reglas. Muchas veces se trata de un mundo subterráneo plagado

 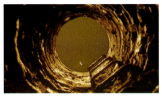 

de criaturas de pesadilla. Como decíamos al principio del capítulo, es en el género fantástico donde el túnel ha cobrado siempre su mayor protagonismo.

La puerta a esa otra realidad puede hallarse donde uno menos la espera. En 'La torre de los siete jorobados' (Edgar Neville, 1944) se encuentra en la castiza plaza de la Paja. Bajo Madrid puede existir la más fantástica de las ciudades, y no nos referimos al metro, aunque extrañas criaturas pueblen sus túneles en 'Mimic' (Guillermo del Toro, 1997), ni siquiera a las alcantarillas, refugio de los peculiares comandos de 'Delicatessen' (Jean Pierre Jeunet y Marc Caro, 1991), sino a otra ciudad totalmente subterránea con sus calles, sus casas y hasta su sinagoga. Una ciudad habitada por jorobados que pretenden a toda costa conservar su secreto.

Ya lo anunció Julio Verne con su "Viaje al centro de la Tierra": bajo la superficie queda mucho por escarbar. Un clásico que tuvo su adaptación a la gran pantalla por partida doble, Henry Levin en 1959 y el español Juan Piquer en 1977. Otra película que muestra los horrores y maravillas que se esconden bajo tierra es 'El señor de los anillos: la comunidad del anillo' (Peter Jackson, 2001, *The Lord of the Rings: the fellowshipof the ring*). Frodo y sus seis compañeros se adentran en los subterráneos de Moria, el anciano reino de los enanos, y terminan enfrentándose a la más temible de las criaturas del mal: el *balrog*.

También el futuro está agujereado con túneles. La ciencia-ficción ha jugado a anticipar el destino de nuestra civilización y muchas veces ha optado por enterrarla bajo tierra como en 'Terminator'. Se lleva la palma la organización social que

muestra 'Metrópolis' (Fritz Lang, 1926, *Metropolis*), una de las más grandes películas de la historia del cine, que abrió camino para otras alegorías futuristas como 'THX 1138' (George Lucas, 1971) o 'Desafío Total' (Paul Verhoeven, 1990, *Total recall*).

Otro clásico del cine fantástico es 'Viaje alucinante' (Richard Fleischer, 1966, *Fantastic voyage*). Varios científicos son reducidos de tamaño para penetrar a bordo de un microscópico submarino en el cuerpo de un político moribundo. Para salvar la vida del hombre se enfrentan a una legión de glóbulos rojos por los psicodélicos conductos del cuerpo humano. Pero quizás el viaje más surrealista de todos sea el protagonizado por los personajes de 'Cómo ser John Malkovich' (1999, *Being John Malkovich*). Una peripecia ideada por las mentes calenturientas del guionista Charlie Kauffman y del director Spike Jonze en la que sus protagonistas entran a la cabeza del actor por el piso siete y medio y salen por un desagüe junto a la autopista. Un túnel original y de lo más divertido.

Espectáculo en túneles

Un túnel puede ser también un lugar plagado de peligros, una encerrona que aboque a los protagonistas a enfrentarse a todo tipo de trampas. Si recordamos el principio de 'En busca del arca perdida' (Steven Spielberg, 1981, *Raiders of the lost ark*) no hace falta explayarse mucho más.

Por si acaso citemos también su secuela 'Indiana Jones y el templo maldito' (Steven Spielberg, 1984, *Indiana Jones and the temple of doom*) y otro producto típico de la factoría Spielberg que salió tan sólo un año después, 'Los Goonies' (Richard Donner, 1985, *The Goonies*). La verdad es que Spielberg ha sabido sacar petróleo de los túneles subterráneos. Pero no sólo él. En nuestro país también existen películas que han sabido aprovechar los túneles para la acción. Los subterráneos que recorren en Madrid el barrio de Azca han presenciado secuencias escalofriantes como la conducción en dirección contraria de Jordi Mollá de 'Historias del kronen' (Montxo Armendariz, 1995) o desternillantes como la persecución final de taxis y motos de 'Mujeres al borde de un ataque de nervios' (Pedro Almodóvar, 1988).

Quizás la escena más espectacular rodada en un túnel es la de 'Misión imposible' (Brian de Palma, 1996, *Mision: Impossible*). Como bien dice su título, todo lo que ocurre en esta película es prácticamente increíble, pero eso es parte de la propuesta. En una película futurista sería fácil de justificar, pero cuando el guión se desarrolla en la época actual deben enmascararse estos "increíbles" tras avanzadas agencias de seguridad que han desarrollado armas y herramientas casi mágicas. 'Misión imposible' está cargada desde el comienzo hasta el final de estos útiles y sitúa su desenlace en un túnel espectacular por sí solo: el Eurotúnel que cruza el Canal de la Mancha.

Tom Cruise protagoniza la última secuencia de la película en la que un helicóptero persigue a un tren ¡dentro del Eurotúnel! Es evidente que el verdadero no tiene gálibo suficiente para permitir el vuelo de un helicóptero por encima del tren; ni siquiera podría albergar el vuelo del mismo aunque no hubiera tren; pero a esas alturas de la película no se le puede hacer ese tipo de reproches y sólo queda disfrutar de la espectacularidad de la secuencia y de la pericia del protagonista que incluso aprovecha la onda expansiva de una bomba para encaramarse desde el helicóptero hasta el tren.

Otra película del mismo año basa todo su argumento en un túnel: 'Pánico en el túnel' (Rob Cohen, 1996, *Daylight*). El subterráneo abierto al tráfico bajo la bahía de Hudson en Nueva York se colapsa debido a un accidente y el "cachas" de Sylvester Stallone tiene que arreglar el desaguisado. Una película en la que el español Benjamín Fernández hizo un gran trabajo como diseñador de producción.

Para despedirnos de los túneles vamos a centrarnos en una película que tiene como protagonistas a los hombres que los construyen. Con guión de Borden Chase, 'Hombres de presa' (Richard Wallace, 1947, *Tycoon*) es una de las pocas obras que se han rodado a mayor gloria de los ingenieros. Johnny Munroe (John Wayne) y su cuadrilla trabajan para un adinerado empresario (Cedric Hardwicke) que pretende construir un ferrocarril en un país sudamericano. Un río y una montaña se cruzan en su trazado y, frente a la opinión de Munroe que prefiere construir un puente sobre el río, prevalece la del magnate que quiere un túnel.

Munroe y sus muchachos horadan la montaña con explosivo ACME (¡el mismo del Coyote y el Correcaminos!) al grito de *"Fire in the hole!"*. Pero los derrumbamientos están a la orden del día y amenazan la vida de los trabajadores. Cuando Munroe pide cemento para apuntalar el túnel, el empresario se niega a rebajar su cuenta de beneficios. Un problema clásico de riesgos laborales que se agrava cuando Curly (Michael Harvey), el más simpático de la cuadrilla, queda atrapado bajo el último derrumbamiento. Munroe se enfrenta al moribundo y escucha sus últimas palabras: *"déjalo, Johnny. Nadie puede atravesar esta montaña. Es una locura. Construye el puente."* Curly le hace prometer que le dejará en el túnel. Le dan miedo los cementerios. Munroe cumple su última voluntad y vuela el túnel con su amigo dentro.

A partir de aquí Munroe entra en barrena y, sintiéndose culpable por la muerte de Curly, se comporta como el más despótico de los capataces. Su fiel cuadrilla se cansa de aguantarle y le abandonan. Todos menos su inseparable Pop (James Gleason) que le canta las cuarenta en estos términos:

"Antes eras un constructor, un creador. (Le coge de las manos) He visto a estas manos soñar carreteras, túneles, presas y puentes. Has creado cosas de la nada. Has construido. Y ahora.., has perdido todo eso. Ahora destruyes lo que tocas. Destruyes a la gente. No construyes. Destruyes."

Queda claro ¿no?

Problema

'El temible burlón' *(The crimson pirate)*

Enunciado

El capitán Vallo (Burt Lancaster), su inseparable 'Ojo' (Nick Cravat) y el profesor Prudence (James Hayter) son abandonados en el mar, cerca de una playa, encadenados a una barca a la deriva. El profesor Prudence decide volcarla para hundirse hasta el fondo y caminar hacia la orilla respirando el aire de la burbuja que quedará formada en la barca invertida.

Observando en la película que la altura de la burbuja que queda al llegar al fondo marino es de 0,50 m y sabiendo que un adulto en la superficie respira veinte veces por minuto un volumen de 500 ml de aire cada aspiración y es capaz de andar por el fondo marino a una velocidad aproximada de 1 km/hora, calcular la profundidad a la que llegan y la distancia máxima a la que puede encontrarse la playa para poder salvarse.

Los datos geométricos y físicos de la barca son:
Eslora de la barca: 3,75 m   Manga de la barca: 1,60 m
Puntal de la barca: 0,80 m   Peso de la barca: 100 kg

McGuffin: es evidente que una vez volcada la barca por los tres encadenados les sería imposible hundirla hasta el fondo para caminar por él. Teniendo en cuenta que la barca en posición invertida tendería a flotar ayudada por la burbuja de aire, nuestros piratas deberían tener cuerpos con densidades mucho mayores, cercanas a la del plomo, para conseguir un hundimiento tan rápido sin hacer desaparecer la burbuja de aire. Asumido esto, resolveremos el problema tal y como está planteado.

Solución

Cálculo del volumen interior de la barca

Se simplifica el cálculo del volumen planteando unas secciones transversales equivalentes en forma trapezoidal. Se divide en seis sectores con tres secciones diferentes debido a la simetría, como se ve en la figura.

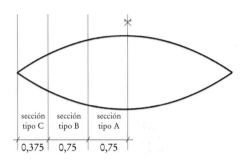

El volumen de la barca se puede aproximar a 2/3 del volumen de la barca suponiendo que sus perfiles son todos del tipo A. Es decir:

$$V_{barca} = \frac{2}{3} \times \text{Área sección A} \times \text{Longitud de la barca}$$

$$V_{barca} = \frac{2}{3} \times 0{,}80 \frac{1{,}40 + 1{,}20}{2} \times 2(0{,}75 + 0{,}75 + 0{,}375) = 2{,}60 \ m^3$$

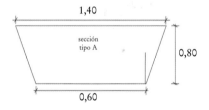

Cuando la barca esté volcada y la burbuja sea de 0,50 m se puede aplicar la misma simplificación para una altura de 0,50 m.

$$V_{burb} = \frac{2}{3} \times 0{,}5 \frac{1{,}325 + 1{,}2}{2} \times 2(0{,}75 + 0{,}75 + 0{,}375) = 1{,}578 \ m^3$$

Al dar la vuelta a la barca se supone que todo el aire que cabía en la barca queda reducido al volumen de la burbuja. Esto se ha conseguido a base de presión.

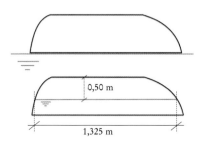

Los gases tienen una ecuación general que indica que "si la temperatura no varía, el producto Presión por Volumen se mantiene constante". Es decir, si aumenta la presión disminuye el volumen de forma proporcional.

Aprovechando esta propiedad y conociendo la presión atmosférica (10,33 atmósferas) se puede escribir:

$P_0 V_0 = P_F V_F$

$10,33 \cdot 2,60 = P_F \cdot 1,578$

$P_F = 17$ atmósferas o metros de columna de agua

Esta presión significa que se ha incrementado la atmosférica en $17 - 10,33 = 6,67$ m.c.a es decir, la barca estará a 6,67 m de profundidad.

Si una persona consume medio litro por respiración y aspira 20 veces por minuto, tres personas consumirán:

Consumo por minuto de tres personas = 3 x 500 ml x 20 = 30.000 ml /min = 30 l/min

Las personas consumen aire comprimido y el dato del consumo es para aire sin comprimir, de tal forma que si las personas respiran aire comprimido les bastará con menos aire, o visto al revés, el volumen de aire que pueden consumir a razón de medio litro por aspiración es el aire que cabe en la barca a presión atmosférica, es decir, el volumen de la barca. Esto, los buceadores lo tienen clarísimo.

Los piratas tienen un tiempo máximo de: $\dfrac{2.600}{3} = 86$ min

Como la velocidad se ha supuesto de 1 km/h o lo que es lo mismo, 1.000/60 m/min, es decir, 16,6 m/min, la distancia que recorrerán será de :

$86 \cdot 16,6 = 1.430$ m

Por una vez y sin que sirva de precedente vamos a "romper" el McGuffin y con ello a descubrir la magia del cine. Vamos a comprobar qué densidad deberían tener los tres piratas para poder hundir la barca.

Los tres piratas, de densidad uno, es decir, pesan como el agua, como todo el mundo, tienen un volumen aproximado de su peso en litros. Pongamos que el Capitán Vallo, por su altura, 1,88 m, y su complexión pesa unos 80 kg, Ojo, por su altura 1,68 m y su complexión pesa 65 kg y el Profesor Prudence, de 1,73 m, pesa 85 kg.

Como los tres hombres no pesan más que el agua, Arquímedes ya dijo que flotarían. Así que con sus pesos no podemos contar para hundir un volumen de aire de 2,6 m³, Es decir, habría de tener un peso neto de 2.600 kg, menos el peso de la barca 100 kg, que al principio estará en la superficie, es decir 2.500 kg.

Los tres piratas, con su volumen total de
85 + 80 + 75 = 230 litros, deberían "pesar" esos 2.500 kg netos, es decir su peso en el agua.

Para que con ese volumen tengan un peso neto de 2.500, deberían tener una densidad neta de

$$\frac{2.500}{230} \cong 11 \text{ Kg/l}$$

Por lo tanto su densidad real debería ser de 12 kg/l, parecida a la densidad del plomo.

Puertos y aeropuertos

Una travesía no muy larga

Si los trenes fueron los grandes colonizadores continentales, los barcos jugaron el mismo papel a escala mundial. Tenía que ser así: nuestro planeta en su mayor parte está cubierto por agua. Conectaron los continentes y, hasta el siglo pasado que vio extenderse la aviación, fueron los protagonistas de los viajes de largo recorrido. Intrépidos navegantes como los hermanos Vivaldi, Vasco de Gama, Magallanes, Elcano o el propio Cristóbal Colón se embarcaban rumbo a lo desconocido, en aventuras increíbles que el cine ha retratado en películas como 'Rebelión a bordo' (Frank Lloyd con Clark Gable en 1935, Lewis Milestone con Marlon Brando en 1962 y Roger Donaldson con Mel Gibson en 1984, *Mutiny on the Bounty*), 'Alba de América' (Juan de Orduña, 1951), 'Moby Dick' (John Huston, 1956), '1492: La conquista del paraíso' (Ridley Scott, 1992, *1492: conquest of paradise*) o incluso la reciente 'Master and commander' (Peter Weir, 2003).

Desde que la conquista de América terminó por ampliar los confines de nuestro mundo, los barcos no han dejado de surcar los mares en una y otra dirección. Y en toda costa o península han surgido puertos donde los navíos aligeraban o engordaban su cargamento y donde se resguardaban en tiempo de tormenta. Puertos que se convertían en ciudades a las que dotaban para siempre de un ambiente particular. San Francisco, Cádiz, Le Havre, Cartagena de Indias, Shanghái o Lisboa, han estado siempre impregnadas de un carácter especial que provenía de su puerto. Pescadores y piratas primero, marineros y emigrantes luego, prostitutas y taberneros en última instancia, los puertos han sido siempre un vivero de personajes apasionantes. Lugares con una atmósfera especial que cineastas de todo tipo han sabido aprovechar con películas tan alejadas en sus planteamientos como pueden ser 'Quai des brumes' (Marcel Carné, con guión de Jacques Prévert, 1938), 'Querelle' (R. W. Fassbinder, 1982) o 'La tormenta perfecta' (Wolfgang Petersen, 2000, *The perfect storm*).

El primero en hacerlo fue uno de los grandes, Josef Von Sternberg, con 'Los muelles de Nueva York' (1928, *The docks of New York*). La historia de amor entre el fogonero Bill (George Bancroft) y la suicida Mae (Betty Compson) transcurre en su totalidad en el puerto de Nueva York, con su población flotante y desesperada de marineros y prostitutas, con ese hálito de romanticismo del que Von Sternberg era maestro y que alcanza su máximo esplendor en la secuencia de la boda en la taberna. Ya se sabe que los marineros tienen una novia en cada puerto y, tras la noche de bodas, Bill piensa en embarcarse de nuevo para desolación de Mae. La joven contempla el agua desde el muelle y el espectador sabe que está pensando en tirarse de nuevo para acabar con su desdichada existencia. Pero el que se tira es Bill, desde la cubierta del barco en movimiento, para reunirse con su verdadero amor y librarla de los cargos que pesan contra ella. En el juicio, Bill carga con las culpas y es condenado a sesenta días en presidio. *"Una travesía no muy larga. ¿Me esperarás?"* Le pregunta Bill a Mae. *"Te esperaré siempre"*, responde ella.

Esa simbólica condena representa a la perfección la dicotomía entre el mar y la pareja, el viaje y el hogar, el desarraigo y la estabilidad. Una constante en la mayoría de las obras que tienen como escenario principal un puerto. Un arquetipo que proviene de "La Iliada" de Homero y que muestra a los marineros como hombres arrojados a los que las mujeres esperan en tierra firme con santa paciencia.

El frente del agua

Los puertos no son sólo lugares de paso, también han sido durante mucho tiempo centros de trabajo y producción. El tráfico de mercancías ha generado una industria que ha dado de comer a muchas personas. Una de las películas más acertadas de Elia Kazan, 'La ley del silencio' (1954, *On the waterfront*), transcurre en su totalidad en los mismos muelles que albergaban la historia de amor entre Bill y Mae. El guionista habitual de Kazan, Budd Schulberg, se empleó a fondo para conocer la vida de los estibadores del puerto. Alternó con ellos en los muelles y las tabernas, escuchó sus historias y se impregnó de su manera de hablar. Hizo un esfuerzo concienzudo y apasionado que Kazan remataría con una estudiada puesta en escena. El protagonista es ahora Terry Malloy (Marlon Brando) un boxeador sonado que se gana la vida descargando mercancías de los barcos que arriban a puerto. Uno de sus mejores amigos es arrojado al vacío por los mafiosos que controlan el empleo en el puerto. El hombre criaba palomas en su azotea, una tarea en la que precisamente le ayudaba Terry.

Tal caracterización no es gratuita. Sobre toda la película planea la dicotomía muelles-azoteas, hombres-palomas. Kazan se encarga de transmitírnoslo así con su planificación de picados y contrapicados, jugando siempre con las alturas a la hora de situar a sus personajes. Cuando al principio de la película vemos a los estibadores acudir al muelle en busca de trabajo, los mafiosos les arrojan los pases para que se peleen como palomas por migas de pan. En otra secuencia el cura (Karl Marlden) sermonea a los trabajadores en la bodega del barco mientras los mafiosos le lanzan todo tipo de objetos desde el puente. Al final, y tras recibir una paliza de campeonato, Terry sube a duras penas hasta la lonja para reivindicar su derecho al trabajo. Los hombres podemos elegir comportarnos como halcones o como palomas, parece decirnos Kazan. Y si las palomas se organizan pueden acabar con algún que otro halcón.

Harry Morgan (Humphrey Bogart) también trabaja en un muelle pero en una ocupación totalmente diferente a la de Terry. Se dedica a conducir turistas adinerados a alta mar para que practiquen la pesca del pez espada. Una afición muy del gusto de Hemingway, el creador del relato que daría lugar a 'Tener y no tener' (Howard Hawks, 1944, *To have and have not*). Una película estupenda, como no podría ser de otra manera dado su elenco artístico. El guionista Jules Furthman y el escritor William Faulkner firman el libreto, Hawks la dirección y una de las parejas más famosas del cine de todos los tiempos la protagoniza. El momento en el que "la flaca" Bacall le pide fuego a Bogart por primera vez se fija para siempre en la retina del cinéfilo. Como la mayoría de las réplicas de una obra que es la apoteosis del diálogo veloz e ingenioso.

Al igual que ocurre con las estaciones de tren, son multitud las películas que empiezan con la llegada de un barco a puerto. Como son muchas también las que terminan con su marcha rumbo a nuevos destinos. Este movimiento natural de llegada y partida es, en cierta manera, inherente a la propia narrativa cinematográfica que necesita acotar la peripecia de sus personajes. Otra película de Kazan, 'América, América' (1963), tiene la que probablemente sea la llegada a puerto más famosa de la historia del cine. El director bucea en su historia familiar para narrarnos las vicisitudes de un emigrante turco en busca de la tierra prometida. Tras pasar penurias en el camino, Stavros (Stathis Giallelis) por fin vislumbra la estatua de la Libertad y los muelles de Nueva York. Sabe que no hay vuelta atrás. Y el espectador también. Una película que, de puro actual, da vértigo.

Para elegir la partida de puerto más famosa fijémonos en uno de los taquillazos de los últimos años. En 'Titanic' (1997), el director James Cameron recrea con ayuda digital los primeros movimientos del trasatlántico más famoso y, a la vez, efímero de la Historia. Pero nosotros preferimos la partida de Greta Garbo en 'La reina Cristina de Suecia' (Rouben Mamoulian, 1933, *Queen Christina*).

No sólo los puertos han desfilado por la gran pantalla. Los espigones (*piers* les llaman los anglosajones) también han tenido su cuota de protagonismo. 'Danzad, danzad, malditos' (Sidney Pollack, 1969, *They shoot horses, don't they?*) es la adaptación de la novela del mismo título de Horace McCoy. La historia de un macabro maratón de baile que se celebra en una sala de fiestas situada sobre un espigón. Pero la utilización más enigmática de un espigón es la que hace Sergio

Leone en 'Érase una vez en América' (1984, *Once upon a time in America*). Noodles (Robert De Niro) por fin está en disposición de hacer su sueño realidad y proponerle una vida a Deborah (Elisabeth McGovern). Ha pasado de ser un raterillo adolescente a un mafioso forrado de pasta. Todo lo ha hecho para llegar a este momento: cierra un hotel de lujo para ponerlo a los pies de su amor de infancia. La banda toca sólo para ellos y Noodles le pide a Deborah que escoja mesa en el restaurante vacío. Ella elige una desde la que se aprecia un espigón penetrando en el mar. Leone salpica su conversación con contraplanos del *pier*. ¿Qué significa su puesta en escena? ¿Qué simboliza ese espigón? Desde luego, no está ahí por casualidad en la que posiblemente es la secuencia más importante de la película.

De nuevo la contraposición entre el agua y el amor, como indicábamos en el capítulo dedicado a la hidráulica. La oferta de Noodles llega demasiado tarde: Deborah ha decidido marcharse a Hollywood para hacer carrera como bailarina. Ciego de rabia, Noodles la viola en el interior de su limusina. Cuando más tarde

va a despedirla a la estación, ella baja el estor del compartimento para no verle. Ni el dinero ni la violencia han conseguido doblegarla. Los únicos medios que el *gangster* conoce no sirven para obtener lo que siempre ha deseado.

La llegada del monstruo

El puerto, además de punto de partida y llegada de viajeros, es la entrada habitual para grandes mercancías. Inmensos barcos de carga arriban lentamente a las ciudades portuarias. El tamaño de las grúas que descargan los contenedores es tal que un hombre a su lado resulta insignificante. Los barcos de recreo y los pesqueros son como chalupas que se apartan del rumbo de estos monstruos flotantes. Ni siquiera un cetáceo resulta tan grande en un puerto. Cualquier cosa parece pequeña. Sin embargo, Godzilla llegó a ridiculizar el puerto de Tokyo. 'Godzilla' (Inoshiro Honda, 1954, *Gojira*) es una creación japonesa, un monstruo con forma de lagarto y proporciones desmesuradas producto de múltiples explosiones radiactivas en el Pacífico. Fue la primera de una larga saga de secuelas y *remakes*. El más sorprendente fue el que los estadounidenses realizaron un año después del estreno en Japón. Rodaron escenas de un periodista occidental informando de las andanzas de Godzilla en Tokyo, las intercalaron a lo largo de la cinta original y la presentaron con el título de *Godzilla, king of the monsters.* Eso sí, respetaron el nombre de Inoshiro Honda en los créditos compartiendo cartel con Terry O. Morse. Todo un detalle. Roland Emmerich, en 1998, se llevó el monstruo hasta

Nueva York y realizó todo un alarde de efectos especiales, aunque como casi siempre, nosotros nos quedamos con la original. En la primera entrega japonesa, es en su llegada a Tokyo cuando vemos a Godzilla comparado con algo conocido, con el puerto.

En las películas de monstruos la mejor manera para denotar su tamaño es la comparación con elementos conocidos de grandes dimensiones, y el filón perfecto son las obras civiles. Tanto por su tamaño como por su espectacularidad, éstas han sido utilizadas por el cine como factor de escala. Godzilla llega a Tokyo por el puerto, como si se tratara de un gran transatlántico, pero además destroza estaciones de tren (en este caso, la *Shinagawa*) y por si fuera poco, después de pasear por toda la ciudad busca la salida por el río *Sumida*, donde tendrá que destruir todos los puentes que encuentra a su paso. El último de ellos, el puente *Kachidoki* es levantado por Godzilla como si fuera un juguete.

'King Kong' (Merian C. Cooper, 1933) ya fue comparado con trenes y grandes estructuras como el *Empire State Building*, y 'El increíble hombre creciente' (Bert I. Gordon, 1957, *The amazing colossal man*) termina su andadura en la presa Hoover que junto al gigante parece un simple dique en un riachuelo más que el muro de doscientos metros de altura que es en realidad.

Valga esta cuña como pequeño homenaje al cine de monstruos del que cualquier amante de la serie B de los años 50 podría hablar largo y tendido.

El puerto como salvación

Hay un tipo de puerto que apenas hemos citado, pero que en más de una película adquiere importancia vital. Los puertos de las pequeñas islas, su única vía de comunicación con el resto del mundo. Cuanto más pequeña sea la isla más importante será el muelle por el que entrarán todas las mercancías, la puerta de entrada para lugareños y visitantes. Puerta de entrada y, cómo no, puerta de salida atravesada a veces con nostalgia por abandonar exóticos parajes, otras veces deseada con angustia como única salvación al encierro que puede suponer la vida en una pequeña población isleña.

Karin (Ingrid Bergman) es una refugiada báltica que se casa con Antonio (Mario Vitale) para huir del campo en el que se siente prisionera. Comienza una nueva vida en la tierra natal de Antonio, Stromboli, una pequeña aldea en la ladera del volcán del mismo nombre que, en continua actividad, asoma en el Mediterráneo. En 'Stromboli' (Roberto Rossellini, 1950, *Stromboli, terra di Dio*), la orografía del lugar es fundamental para el desarrollo de la historia. El volcán tiene una base circular no muy grande y en dos laderas diametralmente opuestas se encuentran los dos únicos asentamientos posibles, aislados el uno del otro por la montaña de novecientos metros de altura coronada por el cráter. Karin intenta adaptarse a la vida del pueblo italiano pero fracasa una y otra vez por los prejuicios de la gente, las condiciones extremas de la isla y los celos de su marido. El enclaustramiento del campo de refugiados se repite aquí e incluso se acentúa. La única salvación es

huir, pero ¿cómo? Los barcos rápidos sólo parten del puerto de Ginostra, la población al otro lado del volcán. Pero coronar la montaña, rodear el cráter y alcanzar el puerto hacia la libertad es una travesía casi tan dura como la propia vida en Stromboli.

Un final tan angustioso como el de Karin lo vivió también Tom (Lewis Fiander) en otra isla del Mediterráneo. '¿Quién puede matar a un niño?' (Narciso Ibáñez Serrador, 1976) narra la angustia de una pareja de turistas que visita una pequeña isla mediterránea y se encuentra con un pueblo aparentemente abandonado. Tras descubrir con horror lo que ocurre, su única salvación pasa por llegar al pequeño puerto y huir. Cientos de niños de aspecto angelical, sonrientes y con ganas de jugar tratarán de impedirlo. Sorprendente película de terror en la que la oscuridad y las tenebrosas casas, tan utilizadas en este género, son sustituidas por un sol abrasador y paredes encaladas.

Los hombres sin futuro

Otra película que empieza con la llegada de un barco a un puerto es 'Sólo los ángeles tienen alas' (Howard Hawks, 1939, *Only angels have wings*). Pero como su título indica, no van por ahí los tiros. Bonnie (Jean Arthur) es una buscavidas que desembarca en una remota isla del Pacífico y entra en contacto con unos aviadores que tratan de abrir una línea aérea. Los rudos pioneros, entre los que destacan

Geoff (Cary Grant) y Kid (Thomas Mitchell), se emborrachan en el bar como cosacos entre vuelo y vuelo. Cuando Bonnie les descubre, enseguida llega a la conclusión de que son "hombres sin futuro". Locos que se enfrentan a la furia del tiempo atmosférico en inestables cacharros de metal. Prestidigitadores del aire sin ningún respeto por su propia vida. Pilotos.

Un arquetipo que, como ocurre con el de los marineros, se mantendrá a lo largo de la historia del cine junto a su complementario, el de las sufridas enamoradas y esposas que les esperan en tierra con el corazón encogido en un puño. Inevitablemente, al final de 'Sólo los ángeles tienen alas', Bonnie se enamora de Geoff, el más osado de los pilotos, y se convierte en una de las sufridoras.

Pero la obra pionera a la hora de retratar la aviación fue 'Alas' (William A. Wellman, 1927, *Wings*). Una película muda que ya por 1927 mostraba las peripecias de un grupo de pilotos en la Primera Guerra Mundial. Un filme sorprendente que contiene la mayor parte de las secuencias prototípicas del género: el combate aéreo, el aterrizaje de emergencia, los agujeros en el fuselaje y el picado en llamas. Amén de la planificación que luego se ha repetido hasta la saciedad: el primer plano del piloto en cabina con el cielo a su espalda, el plano inserto del altímetro, las reacciones en paralelo del equipo de tierra... Una obra tan actual que resulta increíble que pudiera rodarse con las viejas cámaras de principio de siglo.

Sólo los antetítulos han quedado desfasados. Uno de ellos (*"Había una puerta a la que sólo los bravos entre los bravos se atrevían a llamar. Un camino de gloria subiendo hacia las estrellas"*), parece escrito para la siguiente película que vamos a tratar. 'Elegidos para la gloria' (Philip Kaufman, 1983, *The right stuff*) narra la evolución lógica de esos pilotos temerarios que presentaba 'Sólo los ángeles tienen alas'. Con mucha intención y un guión impecable (obra del propio Kaufman a partir del texto homónimo de Tom Wolfe), la película empieza con los pilotos que rompieron la barrera del sonido y termina con los primeros astronautas en órbita. Los siete elegidos para el programa espacial Mercury, otros pioneros que se enfrentaron a lo desconocido. Aunque como sugiere la película, más difícil fue su lucha contra lo conocido.

"El Imperio Romano controlaba el mundo porque sabía construir calzadas. El Imperio Británico lo dominó porque tenía barcos. En la era aérea hemos sido poderosos porque teníamos aviones. (...) Ahora quien controle la estratosfera controlará el mundo".

Con esta frase del vicepresidente Lyndon B. Johnson (Donald Moffat) se pone en marcha el programa Mercury. Una carrera contra los rusos que en ese momento llevaban la iniciativa. Cada vez que ellos ponían un hombre en el espacio los norteamericanos se obligaban a contestar con otro. Pero al ir rezagados, los prototipos no cumplían con las necesarias medidas de seguridad. La tesitura era enviar entonces un hombre o un mono. John Glenn (Ed Harris) y sus compañeros tuvieron que plantarse entonces frente a políticos e ingenieros para mantener su dignidad de pilotos.

La vida en la terminal

Si los puertos terminaban por convertirse en ciudades, los aeropuertos por imperativo del tráfico aéreo, suelen protagonizar el movimiento contrario. Son sitios apartados de la ciudad y que conforman en sí mismos un microcosmos de población y servicios. Se trata además de aduanas en tierra, pequeños universos de acceso restringido, lugares muy valiosos dramáticamente hablando.

No-lugares, en terminología de Marc Augé(*). Porque nada se parece tanto a un aeropuerto como otro aeropuerto. Como decíamos de las estaciones en el capítulo dedicado a 'El tren', son sitios prácticamente intercambiables que se confunden en la cabeza del viajero en forma de *jet-lag*. Un aeropuerto no está en ninguna parte, si cambiáramos los carteles que lo identifican (como ocurría en la película de Frankenheimer) podríamos engañar al viajero en tránsito y hacerle creer que ha aterrizado en Pernambuco.

Precisamente 'En tránsito' (Philippe Lioret, 1993, *Tombés du ciel*) es el título de la primera película que se aproximó a la historia real de Merhan Karimi Nasseri, el emigrante iraní que convertido en un apátrida, decidió fijar su residencia en el aeropuerto Charles de Gaulle de París. Sir Alfred (así le apodaron los trabajadores del aeropuerto) había perdido sus papeles y se negaba a volver a su país, donde había sufrido encarcelamiento. Ante la imposibilidad de entrar en territorio francés, decidió echar un pulso a las autoridades y acomodarse como pudo en las terminales del Charles de Gaulle.

(*) Marc Augé. *Los no lugares. Espacios del anonimato.* Ed. Gedisa S.A., 1993

Una peripecia que tratada más al gusto de Hollywood daría lugar también a 'La terminal' (Steven Spielberg, 2004, *The terminal*). Otra película que transcurre íntegramente en un aeropuerto, aunque pertenezca por completo a otro género, es 'Jungla de cristal 2' (Renny Harlin, 1990, *Die hard 2*). John McLane (Bruce Willis) echa abajo una conspiración terrorista gracias a su cabezonería y a la ayuda de un viejo empleado que se conoce todos los recovecos de las terminales. La película es un catálogo completo de las posibilidades que un aeropuerto ofrece para el cine de acción.

Miedo a volar

Es difícil explicar que cacharros que pesan varias toneladas se levanten del suelo y se mantengan en el aire. Los humanos siempre hemos sentido la atracción de volar pero cuando al fin lo hemos conseguido no hemos podido desprendernos de un miedo atávico al vacío. Por mucho que nos digan que el avión es el medio de transporte estadísticamente más seguro, al subirnos a uno no podemos evitar cierta inquietud. El cine ha aprovechado esa sensación en películas como 'Sin miedo a la vida' (Peter Weir, 1993, *Fearless*) y, sobre todo, en la saga 'Aeropuerto' (George Seaton, 1970, *Airport*; Jack Smight, 1974, *Airport 1975*; Jerry Jameson, 1977, *Airport '77*; David Lowell Rich, 1979, *The Concorde: Airport '79*). Una saga que aprovechó el tirón del llamado "cine de catástrofes" -un variopinto grupo humano se ve sometido a una situación de peligro que suele encajar a la perfección con

las paranoias más frecuentes del mundo occidental-. 'Aterriza como puedas' (Jim Abrahams, David Zucker & Jerry Zucker, 1980, *Airplane!*) se encargaría de parodiar un año más tarde la saga en un alarde de gags que también tuvo sus secuelas.

El miedo se acentúa tras el visionado de 'Fuera de control' (Mike Newell, 1999, *Pushing Tin*) en la que Billy Bob Thornton y John Cusack interpretan a dos controladores aéreos enfrentados por la misma mujer. Al ver las cosas que hacen durante su horario de trabajo, todavía da más miedo subirse a un avión. Y eso que sobrevivir a un accidente aéreo puede ser el inicio de la aventura más horripilante, 'Viven' (Frank Marshall, 1993, *Alive*); o de la más maravillosa, 'Horizontes perdidos' (Frank Capra, 1937, *Lost horizon*). O de una serie de éxito como 'Lost' (J.J.Abrams, Damon Lindeloff & Jeffrey Lieber, 2004).

Igual que las estaciones y los puertos, los aeropuertos han presenciado infinidad de clímax de cine. De entre todos, queremos señalar los de 'Atraco perfecto' (Stanley Kubrick, 1956, *The killing*) y 'Mujeres al borde de un ataque de nervios' (Pedro Almodovar, 1988). Despidamos el capítulo con la secuencia más famosa jamas rodada en un aeropuerto. Ilsa Lund (Ingrid Bergman) y Victor Lazslo (Paul Henreid) acaban de subir al avión que les llevará lejos de los nazis para siempre. Rick Blaine (Humphrey Bogart) y el capitán Renault (Claude Rains) se pierden en la niebla con unas palabras que definen a la perfección la relación entre cine y obra civil: *"Este es el principio de una gran amistad"*. 'Casablanca' (Michael Curtiz, 1942).

La CIUDAD y el CINE

Cine y ciudad: una relación crítica

Cada periodo del cine está lleno de películas que dialogan de un modo u otro con la ciudad. En general, el entorno urbano ha servido de mero marco para las interpretaciones de los personajes o como elemento de transición entre secuencias. Otras veces ha permitido reflejar el paso del tiempo por medio de elipsis, en las que la evolución de un marco físico -una calle, un *skyline*- contrae en un parpadeo las transformaciones que se han producido en años. Hay películas en las que la ciudad crece dentro de la historia y se convierte en personaje. El Manhattan de Woody Allen, los barrios de 'La ley de la calle' (Francis Ford Coppola, 1983, *Rumble fish*) o 'West Side Story' (Robert Wise y Jerome Robbins, 1961), la Viena de 'El Tercer Hombre' (Carol Reed, 1949, *The third man*), la Roma de 'Roma, ciudad abierta' (Roberto Rossellini, 1945, *Roma, cittá aperta*) y tantos otros ejemplos constituyen marcos físicos capaces de modificar el curso de los acontecimientos, reconducir la historia y contribuir decisivamente a la creación de la atmósfera apropiada en cada escena. Son verdaderos actores con una presencia tan física como aquellos de carne y hueso.

Hay, además, un puñado de películas en las que la ciudad se despliega dentro de la historia y habla de sí misma, mostrando junto con los personajes sus aciertos y fracasos en metáforas perfectas. En este capítulo hablaremos de aquellas en las que el cineasta ha logrado que la visión parcial y subjetiva que aparece en la pantalla, sea capaz de sugerir y completar una definición precisa de lo urbano.

Existe un elemento de restricción en esta elección. No trataremos sobre las ciudades que nos ha dado la historia o la imaginación. Así, no aparecerá la mítica Roma de los emperadores ni el París revolucionario; tampoco se hablará de la Nueva York posnuclear de 'El planeta de los simios' (Franklin J. Schaffner, 1968, *Planet of the apes*) o la apocalíptica de 'Blade Runner' (Ridley Scott, 1982). El interés está centrado en la ciudad contemporánea, la ciudad real que el director trataba de plasmar en su obra. La agrupación de ejemplos que se ha realizado es cronológica. Consistirá en un breve recorrido con parada en cuatro o cinco películas y con alusiones a otras tantas más.

Tras la lectura puede quedar un regusto amargo. Estas películas muestran un fracaso, que es el fracaso parcial de la ciudad moderna por superar la urbe tradicional como marco de convivencia. Si bien la metrópolis occidental del siglo XX ha conseguido resolver los graves problemas de higiene e infravivienda de siglos pasados, ha fracasado en lograr un crecimiento armónico y vinculado al pasado además de al futuro. También ha contribuido a formar ciudadanos más libres de ataduras y prejuicios; ha proporcionado anonimato y libertad, pero a la vez ha traído consigo soledad y marginación. Esta ciudad desmemoriada y funcional, más grande y poderosa que nunca, con una eficiencia mucho mayor, se ha mostrado incapaz de superar la nostalgia de sus habitantes por la capital premoderna. Ha crecido como *collage* de barrios fracturados por autopistas que no han sabido encontrar un espacio de relación que sustituya a las calles y plazas tradicionales. Si bien el centro comercial ha impuesto su primacía, ha fallado como lugar público. El *mall*, nuevo templo del siglo XXI, es un espacio vigilado y controlado, no vinculado al nacimiento de la creatividad y lo espontáneo sino a la homogeneidad y el consumo. El automóvil, que nació como esperanza de autonomía y movilidad, ha descubierto su reverso tenebroso como elemento de fractura urbana y de destrucción del espacio público.

Este fracaso de la ciudad que empezamos a entender está estrechamente ligado al urbanismo. Disciplina que a principios del siglo XX despreció la urbe antigua y creó visiones megalómanas de ciudades perfectas y armoniosas para el hombre del mañana. Ahora podemos ver que la ciudad no es tanto objeto acabado como cúmulo de procesos. Y el urbanismo debe orientar tendencias más que producir proyectos cerrados que luego se muestran incapaces de crecer de un modo complejo y dialéctico con la ciudadanía.

El valor de las películas que vamos a comentar consiste en diseccionar la ciudad que se propone desde el urbanismo de su época, criticar estos modelos y ofrecer un espacio para pensar sobre el fenómeno urbano.

Los albores, años 20 y 30

Los años 20 supusieron para el cine la época de mejor relación con la ciudad. En esta década la gran urbe tenía el brillo del progreso y la prosperidad. Se elogiaba su hermosura, potencia y armonía, su capacidad creadora de nuevos escenarios y relaciones. Sobre todo, se admiraba su capacidad de transformación del ser humano, la tierra de oportunidades en la que un hombre pobre y provinciano se transformaba en personaje rico, sofisticado, exitoso, paradigma del *self-made man*, y realizaba sus sueños gracias al propio esfuerzo. El cine estaba fascinado con esta ciudad. El poderío de las grandes capitales mundiales se plasmaba a través de su dinamismo, sus fábricas, los grandes edificios administrativos, el incesante tráfico de sus calles...

El constructivismo ruso y el futurismo fueron los primeros movimientos que desarrollaron un nuevo lenguaje para mostrarla. Aparecen los primeros *travellings* con la cámara situada sobre los tranvías o trolebuses, los planos picados de los primeros rascacielos, las vistas aéreas, el seguimiento del tráfico, las panorámicas del *skyline*, las chimeneas o turbinas de las fábricas. Películas como 'Berlín, sinfonía de una ciudad' (Walter Ruttman, 1927, *Berlin: die Sinfonie der Grosstadt*) o 'El hombre de la cámara de cine' (Dziga Vertov, 1929, *Chelovek s kino-apparatom*) son claros ejemplos de utilización de estos recursos.

Por aquel entonces el urbanismo pretendía potenciar esta nueva dimensión metropolitana de la ciudad. Junto con algunos planes de crecimiento de las grandes capitales mundiales, como Moscú o París (en Madrid el plan del año 29 de Zuazo y Jansen) aparecen otros de carácter teórico que pretendía acabar con el hacinamiento y la infravivienda de los arrabales industriales. Estos planes presentaban una ciudad radiante, científicamente ordenada, llena de zonas verdes, autovías y rascacielos. Puede que este fuera el último urbanismo plenamente propositivo y optimista, que mostraba una fe ciega en la tecnología para solucionar los problemas y sólo concebía que el tiempo pudiera mediar entre la realidad y la utopía. Por primera vez se contemplaba la vivienda desde posiciones higienistas y se preveían reservas de suelo para dotaciones y servicios. El urbanismo europeo y, sobre todo, el soviético, eran idealistas al máximo en sus planteamientos.

"Mi mujer y yo somos felices; todo marcha bien. Nuestra casa es el paraíso y el exterior es un infierno"

Mientras, el urbanismo norteamericano ya se había lanzado a la construcción del centro de negocios y las grandes corporaciones fabriles. El rascacielos será el modelo que utilizarán para dar forma a esta cultura del crecimiento por medio de la densidad y la concentración. Es en estas ciudades donde la industria del cine comienza a desarrollarse con mayor rapidez y donde se ofrece por primera vez una visión dramatizada de la vida en los grandes centros urbanos. 'Y el mundo marcha...' (King Vidor, 1929, *The crowd*) narra la historia de un hombre que llega a la gran ciudad, Nueva York, con intención de cumplir el sueño americano de prosperidad. En títulos más o menos contemporáneos de Charles Chaplin, Harold Lloyd o Buster Keaton este sueño se cumple, aunque sea de modo parcial. Para estos autores la ciudad es un escenario enorme e incomprensible que se utiliza como recurso para los *gags*. Los cómicos parecen enfrentarse a ella con sus peripecias y acrobacias. En todas estas películas se refleja de modo inequívoco la fascinación y atracción por el *downtown* y los grandes edificios. Este uso absurdo y genial queda ejemplificado en la famosa escena de Harold Lloyd colgado de un reloj en 'El hombre mosca' (Fred C. Newmeyer y Sam Taylor, 1923, *Safety last!*).

The crowd resulta novedoso al explorar el terreno de los perdedores y anticiparse al pensamiento crítico que aparecerá tras la recesión. El protagonista de esta historia moralista es un joven ambicioso que desprecia el fracaso de esa masa anónima que forma la clase trabajadora de Nueva York, hasta que experimenta por sí mismo las dificultades de la vida en la gran ciudad. Con gran agudeza se muestran los escenarios del triunfo capitalista, la diversión y los centros de actividad, pero también se ve la homogeneidad y alienación en el trabajo, el hacinamiento, la precariedad de la vivienda y la periferia urbana. Por primera vez en el cine aparecen estas críticas al progreso y al mecanicismo y, sobre todo, a sus consecuencias sociales. Chaplin en 'Tiempos modernos' (1936, *Modern times*) y otros títulos hará un alegato similar en clave de comedia sobre la ciudad como espacio de generación de conflictos.

Los politizados años 30 verán en el cine un excelente medio de difusión de propaganda. Desde cada uno de los tres grandes sistemas políticos de la época se ofrecerá la ciudad como marco de aspiraciones y conquistas del nuevo hombre que cada una propugna. Dentro de los sistemas democráticos el progreso se entiende desde el individuo y su escenario es el centro de negocios. En cambio el totalitarismo funde al individuo en la masa y concibe la ciudad como marco monumental de las grandes demostraciones populares de adhesión al estado.

El cine de Leni Riefenstahl en 'El triunfo de la voluntad' (1935, *Dokument vom Reichsparteitag*) muestra la ciudad de Nuremberg como escenario dramático de las concentraciones nazis. Las arquitecturas espectaculares, casi operísticas, de

Albert Speer, se alternan con los desfiles por las calles tradicionales de esta ciudad burguesa con construcciones de exaltación germánica. Los estadios y los inmensos salones sobrepasan la escala humana y reducen la figura de los individuos hasta hacerlos parecer parte de un organismo infinitamente mayor y más poderoso, el partido. La masa está subordinada al inalcanzable guía que les habla desde un púlpito que se eleva casi como un precipicio, el *Führer*. Esta calculada voluntad escenográfica, junto con la grandilocuencia de símbolos y banderas se repetirá en el cine soviético posterior al constructivismo, si bien incorporará recursos técnicos que autores como Eisenstein habían descubierto en producciones anteriores.

La ciudad cambia de escenografía, los 40

La segunda guerra mundial acabó con la utopía del progreso. Los años posteriores fueron tiempo de reconstrucción en Europa y supusieron la gestación de la guerra fría entre las dos superpotencias mundiales. El cine, que ya durante el periodo prebélico había sido utilizado como medio de propaganda, adquirió después un tono moralizante y, muchas veces pesimista. En Europa, gran parte de las metrópolis del continente mostraban las heridas de la guerra, algunas habían sido completamente arrasadas y casi todas habían sufrido de un modo u otro el saqueo o la hambruna. La destrucción del centro urbano, la conciencia de fragilidad del progreso y el desengaño sufrido por la guerra respecto de los ideales de los años 20 y 30, hizo que la atención del cine se centrara en la reconstrucción de las vidas que

corría paralela a la de la ciudad. Aparecieron movimientos como el neorrealismo italiano y proliferaron las películas de enfoque crítico, crepusculares, en las que los escenarios dejaban de ser los rutilantes centros de negocios y aparecían callejones, interiores, bares, locales nocturnos y periferias como marco dramático.

Cineastas sobre todo italianos como Visconti, de Sica, de Santis y Rosellini, dirigen su mirada hacia la vida de personajes anónimos de extracción humilde. La lucha diaria por la supervivencia ha sustituido a la idea del progreso ilimitado. Desde una perspectiva europea, Carol Reed realiza 'El tercer hombre'. En esta película recurre a una Viena postbélica y dividida entre diferentes ejércitos para mostrar la Europa triste y desconfiada que ha surgido tras la guerra. Los recursos que utilizará Reed para recrear esta atmósfera serán la noche y la lluvia. El suelo de las calles cobra protagonismo. Los callejones y las cloacas, escaleras y otros elementos de servicio se ven empleados de modo escenográfico para aportar misterio y sordidez a las persecuciones por la ciudad. Las luces duras, los planos picados y la importancia de las sombras dan una imagen de la ciudad fragmentaria, en la que resulta difícil orientarse o comprender su estructura. Todo ello conforma un fondo dramático en el que los personajes surgen de la oscuridad brevemente y vuelven a sumirse en las sombras. Esta Viena mal iluminada, segmentada, ininteligible y militarizada es intercambiable con tantas otras ciudades que entonces sufrían la destrucción de la guerra.

En Estados Unidos la situación era muy diferente. Tras la victoria bélica y la destrucción de Europa, el país se convierte en la gran superpotencia, símbolo del progreso y la modernidad. La llegada de los grandes arquitectos exiliados del centro de Europa insufla aire nuevo al urbanismo norteamericano. De la mano de arquitectos como Mies van der Rohe, Walter Gropius o Marcel Breuer la arquitectura estadounidense renovó sus contenidos y presupuestos y heredó el legado del Movimiento Moderno centroeuropeo. El resultado de asumir los nuevos marcos teóricos y formales fue extraordinario. Mientras, el gran desarrollo de la industria automovilística y la creación de infraestructura viaria condujo a un despegue de las ciudades sin precedentes. Los centros urbanos crecieron en edificios hasta conformar el *skyline* típico del *downtown* estadounidense. Los criterios formales de la "nueva objetividad" y de la *Bauhaus* tuvieron una gran acogida por parte de la industria, y este hecho supuso una renovación formal de la arquitectura del rascacielos, que hasta entonces seguía la estela de arquitectos de carácter ecléctico como Hood y Sullivan. Películas como 'El manantial' de King Vidor (1949, *The fountainhead*) recogen las aspiraciones (un tanto sacadas de quicio) de la profesión y su vinculación con el poder económico para proporcionarle una imagen que lo presentara ante la sociedad.

El origen de la ciudad genérica, los 50

Los años 50 supusieron la difusión de los planteamientos que el movimiento moderno había postulado en los años 20. La nueva objetividad y el funcionalismo habían llegado a calar a ambos lados del Atlántico y sus propuestas se desarrollaron a gran escala en Europa y Estados Unidos (también en el resto del mundo, dando lugar a lo que Johnson y Hitchcock habían bautizado como "Estilo Internacional"). En estos países se comenzó a producir un urbanismo formalmente indiferenciado y de carácter universal cuyo pensamiento estaba basado en una visión funcionalista pura del fenómeno urbano.

La aplicación de una estricta economía formal dio lugar a que los centros de negocios, los barrios residenciales y la industria de las metrópolis del mundo desarrollado, ofrecieran soluciones muy similares. La identidad de las ciudades se veía amenazada. El ideal del progreso retomó fuerzas y se renovó la confianza en la ciencia y la técnica como los únicos elementos capaces de solucionar los problemas de las sociedades modernas. Cualquier otra consideración quedaba subordinada a su encaje dentro de este sistema de valores. En Estados Unidos el desarrollo del automóvil y de la infraestructura viaria condujo a políticas de uso extensivo del suelo, con grandes superficies de territorio ocupadas por vivienda unifamiliar (*one house per acre*)(*); y en Europa se incrementó el empleo del bloque abierto para resolver la vivienda urbana. La zonificación de los usos de suelo se extendió creándose barrios monofuncionales en los que una actividad (vivienda, trabajo, industria...) se desarrollaba en exclusiva.

El cine se ocupó de esta ciudad nueva, cosmopolita, uniforme, y hubo muchos directores que la mostraron en sus películas, tanto en Europa como en Estados Unidos. Sea cual sea el tema desarrollado, aparece la fascinación por aeropuertos,

(*) Una casa por acre

autovías, grandes rascacielos y edificios de oficinas, hoteles, restaurantes, toda una visión cosmopolita del nuevo paradigma de ciudad.

Jacques Tati fue quien mejor supo apreciar esta nueva situación y utilizó sus películas para observar esta nueva ciudad con sus contradicciones y limitaciones. En tres producciones que realizó a lo largo de los 60 fue refinando sucesivamente su crítica. Los títulos son 'Mi tío' (1958, *Mon oncle*), 'Playtime' (1967) y 'Traffic' (1972). En 'Mi tío' quedan ya planteados los principales temas de discusión como resultado de contraponer en el argumento dos estilos de vida: el del pensamiento positivista y funcionalista del movimiento moderno frente al pensamiento crítico vitalista que entiende aquellos planteamientos reductores e insuficientes.

En la trama, Tati ejemplifica este debate en dos personajes. Por un lado, el señor Hulot es un personaje alegre, vital, distraído y algo excéntrico que vive en una vieja casa de vecindad con circulaciones absurdas y llenas de sorpresas. Para acceder a su apartamento ha de realizar un viaje por el bloque en el que los encuentros con los demás vecinos son constantes. El señor Hulot nunca piensa en el futuro, no tiene conciencia de progreso ni consigue integrarse en el mundo laboral. Vive el presente y para él la jornada es un cúmulo de aventuras y peripecias constantes. Es una persona inútil, es decir, liberada de servir para algo.

Por otro lado, está el matrimonio Arpel, formado por su hermana, ama de casa hiperactiva y su cuñado, empresario que posee una fábrica de plásticos. El matri-

monio vive en una casa-robot que representa el modelo funcionalista. Toda clase de mecanismos eléctricos contribuyen a llenar de ruido una casa insufrible, llena de elementos de mobiliario absurdos e incómodos. Los Arpel, preocupados por las apariencias y las relaciones sociales, no dejan de recibir visitas a las que muestran orgullosos el conjunto de *gadgets* que adorna su vivienda. Su felicidad es una felicidad material, basada en el orden y el avance tecnológico unido a una concepción conservadora de la familia y el progreso social.

El enfrentamiento de ambas posiciones no se realiza por medio de la palabra (apenas hay diálogos en sus películas) sino a través del modo en que los personajes se desenvuelven en cada escenario. La limitación del pensamiento funcionalista se explicita cuando el señor Hulot se relaciona con los objetos de modo creativo, cuando su manipulación excede las estrechas miras con que estos artilugios fueron concebidos. Esta relación se extiende también al marco físico en el que se desenvuelven los personajes.

'Playtime' supone una profundización sobre estas cuestiones. Tati se interroga acerca del modo en que las nuevas ciudades surgen por todo el mundo desarrollado como espacios genéricos e intercambiables. Los monumentos antiguos y los personajes locales serán la única presencia histórica que permita distinguir en qué capital se sitúa la acción.

Tati describe alarmado una ciudad en el que la eficiencia y la neutralidad expresivas han uniformado paisajes y personas, donde la economía toma el mando y el

orden se convierte en dogma. La transparencia se aplica por igual al ámbito público y al privado, convirtiendo el hogar en una pantalla de exposición de los más triviales actos domésticos. Los entornos asépticos impiden que la persona pueda identificarse o relacionarse, tan sólo proporcionan similitud y soledad. Serán precursores de los no-lugares que aparecerán en años venideros. Al igual que en 'Mi tío', será el Sr. Hulot, junto con otra serie de personajes, quien ofrezca la actitud liberadora que termine por subvertir el orden establecido. Esta acción tendrá lugar en un restaurante elegante en el que se desenmascarará a ritmo de jazz la vitalidad oculta de clientes y empleados, que sólo necesitan un pequeño impulso para desvelar lo absurdo de la escenografía.

La revisión crítica: barrios y calles, los 60 y 70

(*) Los CIAM (*Congrès Internationaux d'Architecture Moderne*) fueron una serie de congresos de arquitectura entre 1928 y 1958, que constituyeron un foro de debate donde se sentaron las bases ideológicas del Movimiento Moderno.

(**) El Team X fue un grupo de arquitectos que entre 1953 y 1977 revisó los principios del Movimiento Moderno alejándose de sus principios funcionalistas.

Los años 60 y 70 significaron la crisis de los planteamientos que el urbanismo había desarrollado en las décadas anteriores. El final de los CIAM(*) y la revisión crítica del Team X(**) modificó en profundidad esas bases. De algún modo, se hacía patente el agotamiento del modelo funcionalista y se veía ahora la necesidad de buscar nuevas formas de organizar la ciudad que hicieran frente a los problemas que habían surgido a raíz de la aplicación de las teorías del Movimiento Moderno. Las ciudades habían sido sometidas a una tensión que no tardó en producir contradicciones y nuevos problemas.

El cine comenzó a recoger estas cuestiones y diversos cineastas reflejaron esta evolución. Directores como Antonioni en 'Zabriskie Point' (1970), Coppola en 'La ley de la calle' (1983, *Rumble fish*) o Wenders en 'Alicia en las ciudades' (1974, *Alice in den Stadten*), 'El amigo americano' (1977, *Der amerikanische Freund*) o 'Paris, Texas' (1984) se acercan desde diferentes puntos de vista a estos fenómenos y asumen un papel crítico.

Rumble fish es una historia sobre la vida en los barrios pobres de las ciudades norteamericanas. Si 'West Side Story' (1961) todavía estilizaba con cierta ingenuidad las luchas entre bandas callejeras en Nueva York, 'La ley de la calle' muestra sin tapujos la sordidez y degradación de las zonas marginales dentro de la gran ciudad estadounidense.

Mediante un lenguaje próximo al pop -reutilización de símbolos y publicidad-, en un blanco y negro de sombras densas y luces cegadoras, y bajo una atmósfera nebulosa y asfixiante, Coppola muestra la desesperanza de aquellos desheredados que comienzan a criarse en la violencia callejera. El escenario de este drama es el de los callejones lóbregos, los pasos bajo las vías del tren o autopistas, los solares de zonas degradadas a la espera de iniciativas. La calle ha perdido por completo el carácter ordenado. Los rótulos y anuncios luminosos compiten entre sí captando la mirada. Las escaleras de emergencia, bocas de incendio y farolas ofrecen imágenes fragmentarias del entorno urbano. Con planos acelerados del *skyline* del centro urbano, sus luces cambiantes y los brillos de las fachadas, la ciudad muestra su fractura entre el poderío del *downtown* de negocios y los barrios marginales. El

urbanismo ya no puede ocultar más la cara de su fracaso como elemento integrador de la sociedad.

Antonioni en 'Zabriskie Point' se ocupa del proceso más acelerado todavía de la suburbanización del oeste americano. La desarticulación de este paisaje se hace patente por medio del sonido, la imagen y el montaje para enfatizar los elementos distorsionadotes: la presencia impuesta de la publicidad, su escala y sus colores chillones, la subordinación de las edificaciones, utilizados como soportes anuncios y la falta de cualquier orden que cohesione la construcción. Todos ellos muestran el fracaso de las teorías modernas y una reconversión hacia lo comercial, en la que el paseante ha sido sustituido por el automovilista-comprador, donde el paisaje ha pasado de recoger teorías funcionalistas de bienestar a especializarse en un utilitarismo comercial extremo. Antonioni consigue, por medio de la acumulación, mostrar este paisaje deshumanizado y agresivo, en el que cualquier rastro de sosiego y contemplación ha sido erradicado.

Esta visión pesimista de la degradación del entorno urbano y de la corrupción del legado del Movimiento Moderno dentro del capitalismo extremo de los Estados Unidos, tiene una respuesta distinta en el cine de Wim Wenders. En una de sus primeras películas, 'Alicia en las ciudades', Wenders pone en boca del protagonista y en las fotografías que toma a lo largo de un viaje de costa a costa, la sensación de soledad que siente el viajero tras un periplo de varios días por el uniforme paisaje de los Estados Unidos.

El poder arrasador de una cultura joven e indiferenciada hace que el personaje principal, inmerso en una crisis de identidad, se encuentre incapaz de escribir, aunque sí de fotografiar registrando la sordidez y la extraña hermosura de estos parajes desiertos y estériles. Wenders asocia este paisaje con la cultura absurda, histriónica y alienadora que produce la televisión.

La segunda parte de la película transcurre en Alemania, lugar de nacimiento de Wenders. El protagonista se identifica con un entorno todavía complejo, con una historia y unos lugares que proporcionan un sustrato denso, donde se reconoce a sí mismo y también constata la lenta pérdida de este sustrato (paisaje industrial de la cuenca del Ruhr) y su rápida transformación.

El fin de la ciudad para todos, los 80

El cine de los ochenta convive con una sociedad mucho más agresiva y competitiva que el de décadas anteriores. A ambos lados del Atlántico se constituyen fuertes gobiernos ultraliberales que desmantelan lo que quedaba del *welfare state.* Especialmente en Gran Bretaña y Estados Unidos, los poderes públicos abandonan la pretensión de equilibrar el territorio para conseguir una ciudad integradora y armónica. Si bien en los setenta y con la crisis del petróleo ya se había comenzado a apreciar el declive de muchos centros de ciudades industriales, los ochenta suponen un fenómeno masivo de desindustrialización que provoca la emigración de gran parte de la población. Casos como el de Detroit, Liverpool o Nueva York muestran la dureza y las graves consecuencias que impusieron estos cambios. Esta fractura que se produjo en la sociedad multiplica los focos marginales que ya existían en muchas de estas ciudades. Grandes áreas urbanas se convierten en agujeros negros de drogadicción y delincuencia donde ley y orden han desaparecido. Toda una nueva generación de autores, muchos de los cuales ya habían perfilado su estilo en los setenta, comienzan a mostrar de modo descarnado la situación que se vive en las ciudades.

'La hoguera de las vanidades' (Brian de Palma, 1990, *The bornfire of the vanities*), 'Wall street' (Oliver Stone, 1987) o 'Crooklyn' (Spike Lee, 1994), todas ellas en Estados Unidos, realizan una crítica feroz contra este sistema ultraliberal. Un modelo que abandona a los menos favorecidos a su suerte, mientras la élite económica huye de la ciudad para refugiarse en las urbanizaciones de lujo de la periferia rica.

La película paradigmática de esta época es 'La hoguera de las vanidades', adaptación de la novela de Tom Wolfe. En este filme se describe la fractura que existe en la ciudad de Nueva York entre barrios ricos y pobres por medio de las desventuras de una pareja de *yuppies* que cometen un pequeño error de orientación. Confunden la salida de la autopista, y descubren el abismo que se abre en el espacio urbano cuando aparecen en un barrio marginal en el que sus vidas tienen escaso valor. A lo largo de la película se desenmascara el conjunto de prejuicios y engaños que conforman a diario los ciudadanos para negar la existencia de los graves conflictos a los que se enfrentan estas ciudades ultracompetitivas e inhóspitas.

Todo un "cuarto mundo" aparece en el centro de la sociedad más desarrollada para constatar que el capitalismo ultraliberal no garantiza el progreso de la población. El desmantelamiento de los poderes públicos que redistribuyen la riqueza y el espacio trae como consecuencia ciudades carentes de justicia y lugares para la convivencia. El espacio público se degrada y es sustituido por el centro comercial de la periferia como lugar de encuentro y ocio. Los servicios asistenciales se blindan o desaparecen por el rechazo insolidario de los vecinos. Surgen los fenómenos NIMBYS, *not in my backyard* o "no en mi patio trasero", de ciudadanos que no desean ser alcanzados por la marginalidad cerca de sus casas.

La degradación de algunos barrios residenciales es retratada en películas como 'Crooklyn' de Spike Lee, en la que se narra la historia de una familia que habita en el cada vez más marginado entorno del Harlem neoyorquino. Nueva York se constituye en el paradigma del triunfo y fracaso de las grandes ciudades estadounidenses, capaces de desarrollar un gran poderío económico en sus grandes centros de negocios y al mismo tiempo ocultar paisajes de absoluta degradación en los que la urbe ha desaparecido como entorno de intercambio y convivencia.

Esta rotura de la continuidad espacial de lo urbano se aprecia también, aunque de modo amortiguado, en Europa. Cineastas como Ken Loach, Robert Guédiguian,

Bertrand Tavernier, Michael Winterbottom, Fernando León o Wim Wenders, reflejan en muchas de sus películas estas ciudades de conflicto, donde el continuo espacial se ha roto y la transición entre áreas prósperas y zonas marginales ha sido sustituida por rupturas espaciales. Películas como 'Riff raff', 'Marius y Jeannette', 'Todo empieza hoy', 'Barrio', 'El amigo americano', 'Wilbur se quiere suicidar', 'El cielo sobre Berlín' están llenas de lugares que han sido objeto de abandono o transformaciones dramáticas y en los que el hombre se encuentra en precario, incapaz de habitarlos o de reconocerse en ellos.

A ambos lados del charco, el urbanismo se ha topado con la imposibilidad de afrontar con suficiente agilidad y medios estos fenómenos de degradación que, en algunos casos, sumen a ciudades enteras en dinámicas de despoblación que continúan hoy en día.

La ciudad fragmentaria, los 90

En los años noventa se experimenta una aceleración en los fenómenos de suburbanización y dispersión del territorio urbano que se había iniciado bastantes años antes en la zona oeste de Estados Unidos. Este modelo de crecimiento basado en una potente red de infraestructura viaria y núcleos urbanos autónomos, ligados a un centro comercial y separados de otros núcleos por las autopistas, se convierte en Europa en el modelo de crecimiento más deseado por la población.

Junto a este modelo de crecimiento también proliferan los denominados *Junk spaces*, en definición de R. Koolhaas. *Junk space* significa algo así como espacio basura, un término análogo al de comida basura, bonos basura, correo basura, y que "constituye aquello que coagula mientras la modernización progresa". Koolhaas lo define en términos como los siguientes: arbitrario, continuo, acumulativo, leve, no articulado, fingido, formalista e informe, estéril, invasivo, espectacular, gratificante, instantáneo, aséptico, anárquico, contradictorio, en evolución permanente, corrupto, inclusivo, confortable, promiscuo y represivo a la vez, exuberante, urbano, autoritario, sin autor, entretenido, difuso, sin significado, cosmético, eventual. Este espacio prolifera por doquier en toda clase de lugares públicos y privados, especialmente en aquellos, cada vez más extendidos, dedicados al consumo. Se procede a una progresiva privatización del espacio público en el corazón urbano. Mientras, en el cine aparecen diversas películas que se dedican a estas cuestiones en profundidad, adoptando, como en el caso de 'Vidas cruzadas' (Robert Altman, 1993, *Short cuts*), una estructura narrativa fragmentaria que evoca el marco urbano roto e inconexo en el que se desarrollan los acontecimientos.

En este filme narran una serie de sucesos paralelos que se van entrecruzando en la extensa y desarticulada ciudad de Los Ángeles. Un mosaico de urbanizaciones homogéneas, anodinas y triviales, donde la población ha perdido todo sentido de convivencia y el individualismo ha llevado a la despreocupación o desprecio a familiares y vecinos. El coche es el instrumento esencial para desplazarse por este paisaje de casa tras casa donde la naturaleza ha desaparecido.

Robert Altman hace un retrato de estos habitantes deshumanizados, consumistas compulsivos, crueles, pervertidos y, sobre todo, profundamente infelices, cuyas expectativas de vida no se han cumplido y que tan sólo experimentan consuelo en el daño al prójimo, el consumo y la soledad. Estas vidas son fracciones mínimas de la inmensa población de Los Ángeles, una ciudad-territorio sin un verdadero centro y con un espacio sin jerarquía ni variedad. Unos helicópteros encargados de realizar fumigaciones proporcionan la visión de conjunto de esta gigantesca aglomeración. Ciudad alfombra, seccionada por las autopistas, que son las verdaderas generadoras del espacio urbano y que, a la vez que unen, construyen barreras entre zonas residenciales. La fragmentación social se corresponde con la del espacio.

Otras películas como 'Grand Canyon' (Lawrence Kasdan, 1991), en tono dramático y moralista o 'Mallrats' (1995), de Kevin Smith en clave de comedia, ofrecen otras visiones de la vida en la nueva ciudad estadounidense. 'Grand Canyon' reflexiona sobre la descomposición de las comunidades en los barrios negros de Los Ángeles y la difícil reconciliación racial entre los habitantes de esta ciudad. 'Mallrats' es un divertimento sobre las situaciones banales y absurdas que se dan en el nuevo corazón de la ciudad: el centro comercial que cumple al milímetro la definición de Koolhaas para el espacio basura.

Con independencia de que las películas elegidas como reflejo de la ciudad de una época pudieran ser éstas u otras, el cine constituye una herramienta fundamental de reflexión crítica sobre las ciudades. Desde diferentes ángulos y con distintas técnicas, a lo largo de su historia no ha dejado de mostrar su fascinación por la ciudad, por este mundo complejo e infinito de escenarios y sucesos. El cine ha sido capaz de destapar esas relaciones prácticamente invisibles, los hilos que el lugar teje alrededor de las personas que lo habitan; esa cultura que condiciona de modo silencioso el espacio común construido entre todos, el escenario dramático en el que se desarrolla el día a día.

La OBRA CIVIL interpreta

Alfred Hitchcock declaró tras el rodaje de 'Posada Jamaica' (1939, *Jamaica Inn*) que nunca más rodaría ni con niños, ni con perros, ni con Charles Laughton.

Marilyn Monroe nunca llegó puntual a un rodaje, siempre le hizo la vida imposible al director e incluso a sus compañeros de reparto. Tony Curtis, tras trabajar en 'Con faldas y a lo loco' (Billy Wilder, 1959, *Some like it hot*) comparó besar a Marilyn con besar a Hitler.

Lars von Trier rodó con Bjork 'Bailar en la oscuridad' (2000, *Dancer in the dark*) y su tormentosa relación durante el rodaje empujó a la cantante-actriz a declarar que esa sería su única incursión en la interpretación.

Es indudable que la interpretación es uno de los pilares que soportan la carga del resultado final de una película. Lo que vemos en la pantalla no tiene nada que ver con la personalidad de los intérpretes. Es más, a veces reconocemos a una persona tierna, amable y divertida en la ficción mientras en la realidad jamás soportaríamos su forma de ser, y ni que decir tiene, su forma de pensar.

Las transformaciones no son sólo interiores. En algún caso hemos tenido dificultades para reconocer a intérpretes que se han sometido a procesos de adelgazamiento y ganancia de peso de manera extrema, como Robert de Niro en 'Toro salvaje' (Martín Scorsese, 1980, *Raging bull*) y 'Los intocables de Elliot Ness' (Brian de Palma,1987, *The untouchables*) o Renée Zellweger encarnando a Bridget Jones. En otro ejemplo, el equipo de maquillaje de 'Monster' (Patty Jenkins, 2003) ha convertido a una ex-modelo, Charlize Theron, en una persona a la que poca gente miraría por su belleza.

Hemos visto a lo largo de este libro que las obras civiles han sido utilizadas por el cine en muchas ocasiones. Por qué no pensar que la obra civil puede ser considerada como intérprete. Lo habitual es encontrarla en "cameos", pequeñas apariciones haciendo de sí misma. En ocasiones el papel adquirió mayor presencia e importancia en la historia hasta competir por el protagonismo con los actores principales. Su capacidad interpretativa fue creciendo y le llegó la oportunidad de hacerse pasar por lo que no era, al representar otra obra civil, pero de similar función. El paso definitivo fue cuando, bajo las órdenes de directores como Ridley Scott o David Lean, nos convencieron de que estábamos ante una fábrica, una comisaría o un hospital cuando en realidad se trataba de una presa y una estación ferroviaria.

No podemos evitar con este libro tomarnos la licencia de elevar a nuestras queridas obras civiles al *Star System* de Hollywood. Pasemos a mostrar lo que queremos insinuar...

Las presas se convierten en fábricas

En 1965 se terminó la construcción de la presa del embalse de Verzasca en Hittnau (Suiza). Es una presa de 380 metros de longitud de coronación a una altura de 220 metros. A pesar de la espectacularidad de la obra civil en sí misma, es muy posible que hubiese pasado desapercibida para casi todos, pero 30 años después de su construcción se convirtió en la protagonista del plano inicial de la película de James Bond 'Goldeneye' (Martin Campbell, 1995). Un precioso plano presenta la presa desde el cauce aguas abajo sobrevolado por una avioneta, para seguir con un personaje misterioso que carga un rollo de cuerda elástica por la carretera de coronación. Éste amarra la cuerda a la barandilla y para la sorpresa de los espectadores, se lanza saltando en dirección perpendicular al paramento. Al llegar al punto más bajo del salto dispara una pistola-arpón, curiosamente hacia abajo, para clavarlo en la parte superior de lo que podría ser una cámara de válvulas de los desagües de fondo, situada casi en la base. Éste es el lugar por el que se adentra en la presa y el momento en el que se descubre que el misterioso saltador es Bond, James Bond.

Para casi todo observador, el salto de Pierce Brosnan es imposible de realizar. Saltar en perpendicular al paramento conllevaría un choque inevitable contra la pared en el balanceo, pero se trata de una película de James Bond y acciones inverosímiles son aceptadas en favor del espectáculo. La realidad casi supera la ficción y empujados por la popularidad de la saga de James Bond y la mitomanía de sus seguidores, una empresa organizadora de deportes de riesgo decidió ofertar entre sus actividades la recreación del salto desde la misma presa de Verzasca. Por supuesto, las medidas de seguridad son máximas y ello implica que el salto no puede hacerse en dirección perpendicular; la organización instala una pequeña plataforma que sale en voladizo un par de metros y el salto se realiza en paralelo al paramento de la presa. Como era de esperar, el *bungee jump* de 'Goldeneye' se ha convertido en una de las actividades más solicitadas por aquellos en los que se conjura la pasión por el deporte de riesgo y el cine de James Bond.

Pero lo que nos ocupa en este capítulo es la capacidad interpretativa de las obras civiles en el cine. La espectacular presa pasa por ser una fábrica de armamento químico soviético en la que el agente 006 está infiltrado y espera la llegada de su compañero y amigo 007 para volarla por los aires.

No es la primera vez que una presa interpreta en el cine un papel diferente a su verdadera función. David Lean lo planteó mediante una secuencia de trabajadores que entran en una fábrica soviética en la adaptación que Robert Bolt hizo de la novela de Boris Pasternak, 'Doctor Zhivago' (1965). Como en el caso de Goldeneye, la fábrica rusa en realidad es otra presa, esta vez española, en el cauce del río Duero, y curiosamente se terminó de construir el mismo año que la presa suiza del embalse Verzasca. Es de sobra conocido que tanto 'Doctor Zhivago' como otras muchas superproducciones americanas fueron rodadas en España, buscando mano de obra barata, bondad climática y suficiente variedad paisajística como para poder simular casi cualquier otro lugar.

Para la secuencia inicial se eligió la presa de Aldeadávila de la Ribera, en Salamanca, construida entre los años 1958 y 1965 y convertida en una de las presas más emblemáticas de la ingeniería tanto en el ámbito español como mundial. La perfecta armonía entre la presa con sus instalaciones hidroeléctricas y el abrupto entorno, sin olvidar los condicionantes del proyecto y construcción son la clave de su idiosincrasia. La cerrada tan angosta en la que se construyó, con paredes casi verticales, hacían muy complicado el acceso. Se estimaron unas avenidas máximas de 14.000 m^3/sg que debían (y deben) ser desaguadas por la cerrada. El cálculo de estas avenidas tan altas supuso el récord en España en su momento, y el resultado final dejó una obra civil espectacular que no pasó desapercibida ante el equipo de Carlo Ponti (productor) y David Lean. Decidieron convertirla en fábrica y comenzar a contar la historia del Doctor Zhivago a partir de un largo *flashback*, que surge durante el interrogatorio amistoso a una de las trabajadoras de la fábrica por parte del general Yevgraf Zhivago (Alec Guinnes). Éste, hermanastro del doctor Yuri Zhivago, trata de descubrir si ella es la hija que Lara (Julie Christie) tuvo con el doctor y poeta.

En esta primera escena la presa es irreconocible, pero la película termina con el cierre del *flashback*, volviendo al interrogatorio de Alec Guinnes. David Lean no puede resistirse a rodar un plano de la presa en su totalidad sobre el que el *The End* pone fin a la película y deja las gargantas de los espectadores en un puño.

El puente maquillado

Un militar de mediana edad debe dirigirse a una estación de tren en Londres camino a Francia en los comienzos de la II Guerra Mundial. Le pide al chofer que tome el rumbo por el puente de Waterloo y que le permita cruzarlo andando. Allí, sobre el río Támesis y agarrado a un pequeño amuleto recordará mediante un largo *flashback* su vida veinte años atrás durante la otra guerra mundial.

El hecho de que desee pasear por el puente corrobora la teoría tan comentada en este libro de que las grandes obras civiles fascinan y atraen como imanes. Tendemos a utilizarlas como puntos de referencia para multitud de situaciones. Es el caso de esta película de Melvyn LeRoy ('El puente de Waterloo', 1940, *Waterloo Bridge*), segunda versión de la obra teatral de Robert E. Sherwood (la primera corrió a cargo de James Whale), en la que los hechos más significativos de la historia ocurren todos sobre el puente de Waterloo. El *flashback* comienza con el momento en que el militar Roy Cronin (Robert Taylor), conoce a la bailarina Myra (Vivien Leigh, en su primer papel después de 'Lo que el viento se llevó'). Se encuentran por casualidad sobre el puente durante un ataque aéreo en la Primera Guerra Mundial. Allí mismo se enamorarán y ella le entregará su pequeño amuleto para darle suerte durante la guerra. Meses más tarde, en el puente Myra aceptará su primer trabajo como prostituta, y también el puente será utilizado para mostrar el paso del tiempo mediante la elipsis de sol, lluvia y nieve, utilizada entonces y luego con mayor y menor fortuna. Finalmente será el puente el escenario del desenlace.

En esta ocasión el rodaje de la película se realizó en California y no en Londres, y el puente, evidentemente no fue el de Waterloo sino uno de los muchos de este estado, que fue maquillado debidamente para que aparentase ser el puente de piedra de nueve arcos que diseñó a comienzos del siglo XIX John Rennie. El puente americano interpreta perfectamente su papel ayudado por una transparencia retroproyectada de la vista de Londres con la catedral de Saint Paul de fondo. Y no podría haber sido de otra manera, ya que la película fue rodada en el año 1940, dos años después de la demolición del original puente de Waterloo en Londres para la construcción de uno nuevo.

También resulta anecdótico el puente utilizado para la escena inicial y final de la película ambientada en el año 1939, cuando todavía no estaba terminado el nuevo puente y por tanto, no podría acudir a ese lugar a recordar su historia veinte años antes. Ese hecho no es tan importante como reflejar la espiral de tiempo que le permite transportarse mentalmente desde una guerra mundial hasta la otra con un simple paseo por el puente de Waterloo.

La versatilidad de una estación de tren

Si el puente de Waterloo tuvo que ser interpretado por otro puente ante la inexistencia del original, también encontraremos casos parecidos de estaciones de tren, sobre todo cuando la película se remonta en el tiempo presentándonos la estación

treinta o cuarenta años antes del rodaje. Las distintas reformas que han sufrido algunas de las mismas hace imposible creer que, por ejemplo, la estación *Grand Central* de los años 30 en Nueva York dirigida por Sergio Leone en 'Érase una vez en América' (1984, *Once upon a time in America*) es la misma *Grand Central* que está ahora y estaba entonces en funcionamiento durante el rodaje en 1984. Hubo que recurrir a la estación *Gare du Nord* en París ya que mantiene el estilo neoclásico combinado con las estructuras metálicas del siglo XIX, tal y como ocurría más o menos con la gran cubierta de cristal de la estación neoyorquina original, soportada por unas filas de columnas de acero de estilo corintio.

En esa misma línea pero con aires mucho más españoles encontramos el ejemplo de la granadina estación ferroviaria de Guadix. Su línea ferroviaria interpretó perfectamente el papel de vía férrea en el lejano oeste, poblado por gente como el bueno, el feo y el malo, en el *spaghetti western* por excelencia de Sergio Leone (1966, *Il buono, il bruto, il cattivo*). No terminaría ahí su carrera y volvería a ponerse frente a las cámaras en una producción italo-española sobre la revolución mexicana un año más tarde ('¡Quién sabe!- yo soy la Revolución', Damiano Damiani, 1967) y después de numerosas colaboraciones en westerns y otras grandes producciones le llegó la oportunidad de su vida: rodar con Steven Spielberg y en un papel de los que se podría denominar "con frase". Primerísimos planos de la estación transportada por la magia del cine hasta la zona fronteriza de Turquía y Siria, para hacerse pasar por la estación ferroviaria del ficticio sultanato de Iskenderum.

No hay duda que las estaciones ferroviarias han sido unas grandes intérpretes en la historia del cine. En ocasiones la actuación venía ya provocada por el guión de la película. Es el caso de '1997... Rescate en Nueva York' (John Carpenter, 1981, *Escape from New York*) donde Nueva York se ha convertido en una prisión y sus presos utilizan una vieja estación abandonada, con un ring de boxeo como atracción principal, como si del Madison Square Garden se tratase. La interpretación en esta ocasión corrió a cargo de una estación localizada realmente en Saint Louis, la estación *Union*, dando buen ejemplo de la versatilidad de su hall principal.

En 'Johnny Mnemonic' (Robert Longo, 1995), ambientada en una ciudad americana en el año 2021 cuando internet se ha transformado en un gigante descontrolado, las infoguerras se resuelven a golpe de virus informático, la información se transporta en implantes cerebrales de cable húmedo y la población se ve amenazada por una grave enfermedad conocida por el STN (Síndrome del Temblor Negro), que en la versión original es el NAS (Nerve Attenuation Syndrome). Unos datos importantísimos para la humanidad están almacenados en el implante de Keanu Reaves, pero necesita descargarlos pronto si no quiere morir. En su búsqueda de ayuda llegará a un edificio con aspecto de hospital de campaña en el que se está luchando contra el STN. Una sala gigantesca repleta de enfermos y quirófanos controlados por médicos y personal sanitario voluntario no es sino el gran hall de la estación *Union* de Toronto.

Y es en 'Blade Runner' (Ridley Scott, 1982) donde otra estación, también llamada *Union* pero situada esta vez en Los Ángeles, interpreta su gran papel en la panta-

lla, la comisaría que Scott ideó para el año 2019 en Los Ángeles, que pasa de recibir y despedir viajeros a albergar a policías y malhechores. La amplitud del hall y la espectacular cubierta le parecieron idóneas en contraposición con la imagen arquetípica de las comisarías pequeñas y claustrofóbicas. Antoine Fuqua en 1998 devuelve el bullicio de los viajeros a esta misma estación, pero en lugar de coger trenes embarcan en aviones porque en 'Asesinos de reemplazo' (*The replacement killers*) la estación *Union* de Los Ángeles simula ser un aeropuerto.

El puerto que viajó de costa a costa

Ni que decir tiene que los puertos más cercanos a Los Ángeles y Nueva York se han forjado una dilatada carrera como intérpretes gracias a las numerosas producciones estadounidenses que buscan escenarios para sus secuencias de puertos ubicados en cualquier rincón del planeta. En la mayoría de los casos no les compensa rodar en el escenario real, sobre todo cuando la película está ambientada suficientes años antes del momento del rodaje como para que las reformas realizadas en los puertos los hagan irreconocibles. El caso más rocambolesco lo encontramos en el rodaje de 'Chaplin' (Richard Attenborough, 1992). En una escena en la que Chaplin (Robert Downey Jr.) mira hacia el puerto de Nueva York desde la cubierta del barco, el puerto que realmente se está viendo es uno en Los Ángeles (Pier J en Long Beach) al que se le añadió el *skyline* en postproducción. En ese momento no hubiese sido muy útil plantear el rodaje en el Nueva York auténtico, ya que en el año del mismo había cambiado considerablemente la forma de ese *skyline*: las Torres Gemelas acababan de ser construidas en 1973, fecha posterior a la época que recreaba la película.

El mismo puente, distinto uso

Benjamín (Dustin Hoffman) es un joven recién graduado, que indeciso e inseguro cae en la lujuriosa seducción de la señora Robinson (Anne Bancroft). Esta amiga de sus padres tomará las riendas de la secreta relación gracias a un carácter autoritario, pero ni sus más precavidas exigencias pueden evitar que Ben, obligado esta vez por sus padres, salga con su hija, Eleine (Katharine Ross), y termine enamorándose. El pastel se descubre y Ben pierde a Eleine que regresa para continuar sus estudios en Berkeley. Éste es el planteamiento de 'El graduado' (Mike Nichols, 1967, *The graduate*). Hasta ese momento todo lo que Ben ha hecho ha sido decidido por otros: su entorno, sus padres, su amante. Tras un tiempo de reflexión por fin toma una decisión por sí solo. Decide casarse con Eleine, aunque ella todavía no lo sepa y seguramente no le parezca un buen plan. Y aunque pueda ser una idea descabellada y seguramente lo sea, es una decisión que ha tomado él mismo sin ser empujado por nadie excepto por el amor que siente hacia Eleine. Es el momento del cambio en la personalidad de Ben. Como ya hemos comentado en alguna ocasión en este libro, una buena manera de plasmar en imágenes la transformación de un personaje es hacerle cruzar un puente. En este caso, Mike

Nichols eligió el puente sobre la Bahía de Oakland, ese magnífico puente colgante de dos niveles que se combina con un túnel récord Guinness cuyo diámetro excavado es de más de 23 metros de ancho por 17 de alto. Pero Nichols se encontró con un problema para su plano aéreo. El sentido de circulación que abandona San Francisco es el que utiliza la plataforma inferior, mientras que la superior es recorrida por los automóviles que entran en la ciudad. Las dos opciones que se barajaron en un primer momento estaban claras. Una era rodar el plano con Ben al volante de su flamante Alfa Romeo abandonando la ciudad por la plataforma inferior, con el inconveniente de impedir su visión al abrir plano y mostrar todo el puente. La otra era filmar el recorrido del coche por la plataforma superior en sentido de entrada a la ciudad, lo que podía confundir a aquellos que se percatasen del *skyline* de San Francisco al fondo. Finalmente se rodó obedeciendo a una tercera propuesta. Cambiaron el sentido de la circulación en ambas plataformas para así, seguir con el plano aéreo al deportivo rojo de Ben y abrirlo mostrando el puente sin perder la visión del vehículo.

De esta forma, el puente sobre la Bahía de Oakland interpretó para el cine un papel muy similar al que ejerce a diario, pero diferente.

La estructura de un teodolito

Máquinas y herramientas habituales en la construcción de obras civiles también han interpretado en alguna ocasión papeles sorprendentes. En 1975 'Dersu Uzala' supuso la recuperación tanto cinematográfica como anímica del maestro Akira Kurosawa. Sumido en una depresión desde 1971, esta película con capital soviético consiguió devolverle la ilusión por hacer cine y le reportó diversos premios internacionales entre los que se cuenta el *Oscar* de Hollywood a la mejor película en lengua no inglesa. En ella nos cuenta la historia de amistad entre el capitán Vladimir Arseniev (Yuri Solomin), destinado a la región del río Usuri para la realización de unos estudios topográficos, y Dersu Uzala (Maksim Munzuk), un cazador de origen mongol que se convertirá en su guía y mano derecha.

La expedición se sitúa en los primeros años del siglo XX. El capitán y Dersu avanzan por una zona pantanosa congelada en busca del lago Hanka en la frontera chinorrusa. El atardecer amenaza con dejar la extensa planicie sin la única fuente de calor natural de la que disponen y Dersu insiste en volver antes de que la noche caiga y les sorprenda en un lugar así, sin medios para sobrevivir. Tan sólo tienen dos armas, un teodolito, una brújula y dos pequeños macutos en los que no hay gran cosa. Los dos están parados con la mirada en el lejano horizonte de hielo y la voz en *off* del Capitán sentencia:

"En la helada extensión del lago reinaba un silencio sobrecogedor que sólo presagiaba amenazas para dos seres indefensos"

Deciden volver pero las huellas han sido borradas por la ventisca y tras varias decepciones llegan a la conclusión de que hay que pasar la noche en esa gigantesca planicie, sin protección de ningún tipo. Únicamente se ven pequeños arbustos de aproximadamente un metro de altura, y Dersu habla como siempre, escueto:

"cortar muchas plantas"

Aquí comienza una de esas secuencias que no se olvidan. Durante más de cinco minutos sólo se ve a ambos cortando a machetazos manojos de esas plantas que van amontonando. No hay más conversación entre ellos, la oscuridad va cayendo y la ventisca va aumentando hasta que el capitán exhausto cae desmayado. El siguiente plano ya nos traslada a la mañana y el amanecer de los expedicionarios en el interior de una cabaña. Es difícil explicarse cómo se construyó ese refugio incluso para el capitán que se pregunta qué ha ocurrido y cómo ha sobrevivido. Dersu le explica al "Hombre Sabio" con unos dibujos a mano alzada cómo pensó que podría construir una protección con los materiales de que disponía.

Efectivamente, el teodolito acostumbrado a medir desniveles y longitudes, ayudado por unas cuerdas, sirvió como estructura para montar una tienda de campaña de emergencia. La herramienta encargada del replanteo inicial y el control periódico de los asientos de una estructura se convirtió en la propia estructura, no muy

alta, pero tan importante como para resistir los tremendos esfuerzos originados por el viento y así salvar las vidas del capitán y el cazador.

El concierto de la pilotadora

Estamos en la nochevieja de 1997, año en el que, meses después, Hong Kong pasará del protectorado británico a manos chinas. La ciudad es como un ser vivo, no hay mucha superficie por donde crecer, pero lo sigue haciendo, sustituyendo edificios bajos por rascacielos. Para ello necesita cimientos competentes y con el tejido urbano existente es imposible realizar grandes excavaciones. Se recurre a cimentaciones con pantallas y pilotes, y cada solar pequeño o grande es ocupado temporalmente por una máquina pilotadora que al ritmo de 40 ó 50 golpes por minuto retruena como un corazón lento que da la vida a 'La caja china' (Wayne Wang, 1997, *Chinese box*). Esta metáfora es utilizada en la primera secuencia para presentarnos a John (Jeremy Irons) y a la ciudad en la que habita. La excelente banda sonora de Graeme Revell y la voz de Dadawa acompaña la consecución de planos, entre los que se cuela uno de la citada máquina, lo que explica la procedencia de esos latidos, convertidos en parte de la banda sonora, percusión rítmica que se va desvaneciendo poco a poco, quizás como símil de la propia existencia del protagonista aquejado de leucemia terminal.

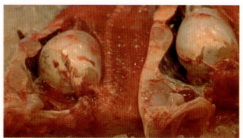

La interpretación de la maquinaria es muy sutil pero de una belleza incontestable. En el último plano retoma el protagonismo cuando los latidos del corazón, todavía vivo, de un pez abierto en canal en un típico mercadillo hongkonés, marcan el ritmo del golpeo constante de su martillo de acero contra el hormigón armado, ritmo vital de la ciudad.

Obras civiles recreadas para el cine

En ocasiones, los intérpretes han sido creados de la nada como si se tratase de dibujos de animación para una película de Pixar. A veces se ha construido una fiel reproducción de una obra civil existente en forma de decorado, y el resultado ha sido tan bueno y tan útil que se ha guardado en una almacén esperando el momento de volver a utilizarlo. Así, el tren elevado que caracteriza la ciudad de Chicago y que vimos en 'El golpe' (George Roy Hill, 1973, *The sting*) no es más que eso, un decorado, pero ni siquiera fue construido para la película. Se utilizó en varias otras antes de llegar a su madurez como intérprete junto a la exitosa pareja Robert Redford-Paul Newman.

El caso más llamativo y quizás más desconocido es el de la producción francesa 'Los amantes del Pont-Neuf' (Leos Carax, 1991, *Les amants du Pont-Neuf*), la película más cara del cine galo. El proyecto tiene su origen a comienzos del año 1988 con Alain Dahan y Philip Diaz como productores. Éstos estimaron en 32 millones de francos el presupuesto y solicitaron al ayuntamiento de París el permiso necesario para cortar al tráfico el Pont Neuf y rodar allí todas las escenas diurnas. Para las nocturnas se decidió construir un gigantesco decorado que simulase la silueta del puente. Michel Vandestien, decorador, presupuestó en 8 ó 9 millones de francos este trabajo, que se llevaría a cabo en el humedal de La Camargue, junto al pueblo de Lansargues. El decorado tendría 350 metros de largo sobre una finca de 15 hectáreas.

Una inoportuna lesión en el pulgar del pie del actor principal, Denis Lavant, retrasó un mes el rodaje; expiró el permiso del ayuntamiento y obligó al equipo a tomar una drástica decisión: el decorado debería servir también para rodar las escenas a la luz del día. Las aseguradoras intentaron evitarlo proponiendo la sustitución del actor, pero los contratos estaban claros y lo prohibían. Este cambio supuso un incremento de más de 23 millones de francos, cuando el seguro del decorado tan sólo ascendía a 12 millones. El dinero duró lo que duró y el proyecto, lógicamente se interrumpió.

El parón duró hasta la celebración del festival de cine de Cannes en el año 1989, donde el propio gobierno a través del *Centre National de la Cinématographie* lanzó un S.O.S. dirigido a los grandes productores franceses para que retomasen el proyecto. En ese momento surgió Dominique Vignier, que convenció a un millonario suizo, Francis Van Buren, y con la nueva sociedad *Paris à 2* rescataron la película con una previsión de gastos de 30 millones de francos adicionales. En ese mismo festival, el productor Fechner estimó en 70 millones el presupuesto necesario para terminar la producción, pero no se le creyó. Quizás Fechner conocía más que nadie el famoso "decálogo de deseos" de Leos Carax.

El renacer de los trabajos apenas duró tres meses, tiempo que tardó el suizo Van Buren en percatarse de que Fechner tenía razón. Salió por la puerta de atrás y en agosto de 1989 nadie contestaba al teléfono en sus oficinas. Las deudas eran tales que sólo en el área de Lansargues se debían 10 millones de francos. De nuevo todo estaba parado, y así estuvo durante casi un año. Un vigilante celoso de su trabajo evitó que los decorados en construcción cayesen en manos de vándalos. Lo que no pudo fue luchar contra la climatología, que causó grandes deterioros en el material.

Una vez más y durante la celebración del siguiente festival de cine de Cannes, la llamada de auxilio volvió a sonar. El equipo, desesperado, acudió al único que podía salvar la película. Fechner seguía allí, con su inalterable presupuesto de 70 millones, y en junio de 1990 el pequeño pueblo cercano a Montpellier presenció el empujón final.

El rodaje se terminó en la navidad de 1990 con un presupuesto final de 150 millones de francos.

¿Mereció la pena toda esta inversión? ¿Era tan importante el Pont Neuf? Leos Carax siempre contestará que sí, y la recreación del Pont Neuf, en palabras del decorador, supuso...

"2 millones de tornillos y clavos, 12 gradas de estadio de fútbol confrontadas, 320 toneladas de andamios, 1.300 cajas de vino de 12 botellas, 13 nacimientos de niños, 19 coches de desguace y un accidente laboral"

No se sabe si esta película la salvó Fechner o el eficiente vigilante, lo que se sabe es que fue el proyecto "*le plus fou du cinéma français!*"

Relación de PELÍCULAS

1492: La conquista del paraíso
(1492: conquest of paradise)
Ridley Scott, EEUU-Gran Bretaña-Francia-España, 1992
El descubrimiento de América conllevó una urbanización masiva de territorio virgen.
PP. 111 Y 269

1984 *(1984)*
Michael Radford, Gran Bretaña, 1984
• *Estación ferroviaria de Battersea Power Station, Londres, Gran Bretaña*
La escena del tren fue rodada en la vieja estación ferroviaria en desuso construida para la Central.

1997... Rescate en Nueva York
(Escape from New York)
John Carpenter, EEUU, 1981
• *Estación ferroviaria Union, Saint Louis, EEUU*
• *Puente Chain of Rocks, Saint Louis, EEUU*
El ring de boxeo, a modo de 'Madison Square Garden', fue rodado en el 'Grand Hall' de la estación. / El puente de la calle 59 de Nueva York fue suplantado por el 'Chain of Rocks'.
P. 317

2046 *(2046)*
Wong Kar Wai, Hong Kong, 2004
Wong Kar Wai inventa un futurista y mágico tren.
P. 128

39 escalones *(The 39 steps)*
Alfred Hitchcock, Gran Bretaña, 1935
• *Puente Forth, Edimburgo, Escocia*
Aunque fue rodada enteramente en estudios, se incluyeron planos de exteriores como el del puente entre Edimburgo y Dumfermline.

39 escalones *(The thirty-nine steps)*
Don Sharp, Gran Bretaña, 1978
• *Estación ferroviaria Marylebone, Londres, Gran Bretaña*
• *Línea ferroviaria de Severn Valley Railway, Severn Valley, Gran Bretaña*
El asesinato de John Mills tiene lugar en la estación de 'Marylebone Station'. / El puente 'Forth' de la película original de Hitchcock fue sustituido por el puente 'Victoria' sobre el 'Severn'.

8 1/2 *(8 1/2)*
Federico Fellini, Italia, 1963
En la pesadilla inicial de Marcello Mastroianni, él está encerrado en su automóvil en un atasco dentro de un túnel.
P. 171

A propósito de Niza *(A Propos de Nice)*
Jean Vigo, Francia, 1930
• *Puerto de Villefranche, al este de Niza, Francia*
Este puerto, al este de Niza es uno de los planos elegidos por Jean Vigo para experimentar con el efecto *Kulechov* en el montaje.

A propósito de Schmidt *(About Schmidt)*
Alexander Payne, EEUU, 2002
En esta *road movie* el vehículo utilizado por Jack Nicholson es una autocaravana.
P. 165

A través del Pacífico *(Across the Pacific)*
John Huston, EEUU, 1942
• *Canal de Panamá, Ciudad de Panamá, Panamá*
Humphrey Bogart descubrirá los planes japoneses de bombardear el canal y Pearl Harbour.

Accattone *(Accattone)*
Pier Paolo Pasolini, Italia, 1961
• *Via Appia Antica, Roma, Italia*
Franca Pasut (Stella) ejerce la prostitución empujada por Franco Citti (Accattone) en esta antigua calzada romana.
P. 110

Acción civil *(A civil action)*
Steven Zaillian, EEUU, 1998
John Travolta luchará contra unos vertidos ilegales que contaminan el abastecimiento de agua.
P. 200

Acordes y desacuerdos *(Sweet and lowdown)*
Woody Allen, EEUU, 1999
• *Estación ferroviaria Sunnyside Railyards, Queens, Nueva York, EEUU*
Las escenas junto a las vías del tren fueron rodadas en la 'Sunnyside Railyards' en 'Queens'.

Adiós a Matiora *(Proschanie's Matyoroy)*
Elem Klimov, URSS, 1981
Los habitantes de Matiora se despiden de su tierra natal por la construcción de un embalse.

Aeropuerto *(Airport)*
George Seaton, EEUU, 1970
Primera de la saga de accidentes aéreos. El aeropuerto 'Lincoln', supuestamente en Chicago, no existe en la realidad.
P. 283

Agatha *(Agatha)*
Michael Apted, Gran Bretaña, 1979
• *Estación ferroviaria de York, Gran Bretaña*
La llegada de Vanessa Redgrave a la estación de 'Harrogate' fue rodada realmente en la estación de 'York'.

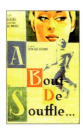
Al final de la escapada *(A bout de Souffle)*
Jean-Luc Godard, Francia, 1959
• *Puerto de Marsella, Francia*
En la primera escena de la película Belmondo roba un coche en el puerto de Marsella.

Alarma en el Expreso *(The lady vanishes)*
Alfred Hitchcock, Gran Bretaña, 1938
• *Línea ferroviaria British Southern, Hampshire, Gran Bretaña*
• *Línea ferroviaria Longmoor, Hampshire, Gran Bretaña*
Para los planos de trenes se utilizaron la 'British Southern Railway' y el 'Longmoor Military Railway'.
P. 131

Alas *(Wings)*
William W. Wellman, EEUU, 1927
Película pionera con el argumento de la aviación.
P. 280

Alba de América
Juan de Orduña, España, 1951
Citada como ejemplo de grandes aventuras en barco.
P. 269

Alfie *(Alfie)*
Lewis Gilbert, Gran Bretaña, 1966
• *Canal Grand Union, Londres, Gran Bretaña*
• *Tower Bridge, Londres, Gran Bretaña*
Michael Caine pasea con su amigo junto al canal 'Grand Union' hasta la compuerta de 'King's Cross'. / Caine fotografía a Shelley Winters en la Torre de Londres con el puente de fondo.

Alicia en las ciudades *(Alice in den Stadten)*
Wim Wenders, Alemania, 1974
• *Tren suspendido, Wuppertal, Alemania*
Rüdiger Vogler y Yella Rottländer recorren la ciudad en el tren suspendido construido en 1900, que presume de no haber sufrido un accidente jamás. / La ciudad en los años 70.
P. 300

Amateur *(Amateur)*
Hal Hartley, EEUU, 1994
• *Estación ferroviaria Grand Central, Nueva York, EEUU*
La estación vuelve a ser un buen lugar para citarse y aprovechar el anonimato que concede la multitud.

América, América *(America, America)*
Elia Kazan, EEUU, 1963
• *Muelles de Nueva York, EEUU*
Stathis Giallelis arriba a los muelles de Nueva York en una de las llegadas a puerto más famosas del cine.
P. 274

Amsterdammed *(Amsterdammed)*
Dick Maas, Holanda, 1988
• *Canal Keizersgracht, Amsterdam, Holanda*
• *Canal Reguliersgracht, Amsterdam, Holanda*
En el cruce de estos dos canales muere la primera víctima. A partir de ahí... canales, canales, canales.

Análisis final *(Final analysis)*
Phil Joanou, EEUU, 1992
• *Puente Golden Gate, San Francisco, EEUU*
El desenlace final se produce en un faro junto al Golden Gate de San Francisco, pero ese faro no existe en la realidad y fue añadido.

Anastasia *(Anastasia)*
Anatole Litvak, EEUU, 1956
• *Puente Alexandre III, París, Francia*
• *Estación ferroviaria Copenhagen, Copenhague, Dinamarca*
Ingrid Bergman piensa en sucididarse desde el puente 'Alexandre III', sobre el Sena.

Anatomía de un asesinato *(Anatomy of a murder)*
Otto Preminger, EEUU, 1959
• *Estación ferroviaria Ishpeming, Michigan, EEUU*
Arthur O'Connell se reúne con el psiquiatra del ejército en esta estación.

Aníbal *(Annibale)*
Carlo Ludovico Bragaglia, Italia, 1960
Victor Mature emprende su marcha hacia Roma a través de las calzadas empedradas cartaginesas.
P. 109

Aparajito *(Aparajito)*
Satyajit Ray, India, 1956
• *Estación ferroviaria Howrah, Howrah, India*
Apu llega al Este de la India a la estación 'Howrah' en la ribera norte del río 'Hooghly', frente a Calcuta.
P. 125

Arabesco *(Arabesque)*
Stanley Donen, EEUU, 1966
Gregory Peck y Sophia Loren son acosados por un helicóptero sobre un puente.
P. 230

¿Arde París? *(Paris brûle-t-il?)*
René Clément, Francia, 1966
Los alemanes tienen orden de incendiar París si los aliados entran. El control de los accesos y los puentes será crucial.
P. 222

Arma letal 3 *(Lethal weapon 3)*
Richard Donner, EEUU, 1992
• *Tren metropolitano, Los Ángeles, EEUU*
Primera película que utiliza el metro de Los Ángeles.

Ascensor para el cadalso *(Ascenseur pour l'echafaud)*
Louis Malle, Francia, 1957
• *Puente Bir-Hakeim, París, Francia*
Los ladrones abandonan el coche de Maurice Ronet en el puente de dos plataformas 'Bir-Hakeim'.

Asesinato en el Orient Express *(Murder on the Orient Express)*
Sidney Lumet, EEUU, 1974
• *Estación ferroviaria St Denis, París, Francia*
• *Puerto Bósforo, Estambul, Turquía*
El tren parte de la desvencijada estación en St Denis. / La llegada de los pasajeros en ferry se rodó en Turquía, en el Bósforo.
P. 132

Asesino implacable *(Get Carter)*
Mike Hodges, Gran Bretaña, 1971
• *Estación ferroviaria, Newcastle, Gran Bretaña*
• *Puente Tyne, Newcastle, Gran Bretaña*
• *Puente Swing, Newcastle, Gran Bretaña*
Michael Caine llega a la estación de Newcastle para investigar el asesinato de su hermano. / Se reúne con Dorothy White en el puente Tyne. / Y compra heroína para matarla en el puente Swing.

Asesinos de reemplazo *(The replacement killers)*
Antoine Fuqua, EEUU, 1998
• *Estación ferroviaria Union, Los Ángeles, EEUU*
El aeropuerto que recibe a los asesinos y despide a Chow Yun-Fat en realidad es esta estación.
P. 318

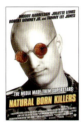
Asesinos natos *(Natural born killers)*
Oliver Stone, EEUU, 1994
• *Puente Taos Gorge, Taos, Nuevo México, EEUU*
El puente en el que se casan Woody Harrelson y Juliette Lewis es el Taos Gorge sobre el río Grande.
PP. 161 Y 218

Aterriza como puedas *(Airplane)*
Jim Abrahams, D. Zucker y J. Zucker, EEUU, 1980
Parodia de todas las películas de la saga de Aeropuerto.
P. 284

Atrapa a un ladrón *(To catch a thief)*
Alfred Hitchcock, Francia, 1955
• *Puente Éze, Éze, Francia*
• *Carretera Grande Corniche, MonteCarlo, Mónaco*
La persecución de coches se rodó en la 'Grande Corniche' sobre MonteCarlo.
P. 170

Atrapado por su pasado *(Carlito's way)*
Brian de Palma, EEUU, 1993
• *Estación ferroviaria 125th Street, Nueva York, EEUU*
• *Estación ferroviaria Grand Central, Nueva York, EEUU*
Al Pacino esquiva a los matones en la estación de la calle 125, en Park Avenue. / El desenlace final de la historia tiene lugar en la estación 'Grand Central'.
P. 142

Avaricia *(Greed)*
Erich Von Stroheim, EEUU, 1924
Citada como obra megalomaníaca.
P. 50

Bagdag Café *(Bagdag Café)*
Percy Adlon, EEUU, 1988
• *Planta solar fotovoltaica, Daggett, EEUU*
La 'luz en el cielo' de la visión de Marianne Sägebrecht, que aparece también en el cuadro de Jack Palance, es el reflejo de esta planta fotovoltaica.

Bailar en la oscuridad *(Dancer in the dark)*
Lars von Trier, Dinamarca, 2000
El número musical de "I've seen it all" discurre sobre un puente ferroviario de las vías que Björk utiliza como lazarillo.
PP. 128 Y 309

Barrio
Fernando León de Aranoa, España, 1998
• *Estación metropolitana de Chamberí, Madrid, España*
El trío protagonista cruza a pie por las vías la abandonada estación, ocupada por indigentes.
PP. 146 Y 305

Bataan *(Bataan)*
Tay Garnet, EEUU, 1943
Robert Taylor y sus hombres deben volar un puente en la península de Bataan.
P. 226

Belle Epoque
Fernando Trueba, España, 1992
Jorge Sanz conocerá en la estación de tren a las cuatro hermanas con las que compartirá una inolvidable temporada.
P. 141

Berlín: sinfonía de una ciudad
(Berlin: Die Sinfonie der Grosstadt)
Walter Ruttmann, Alemania, 1927
La ciudad en los años 20.
P. 290

Bésame antes de morir *(A kiss before dying)*
James Dearden, EEUU, 1991
• *Puente Manhattan, Nueva York, EEUU*
Matt Dillon arroja la maleta al río 'East' desde el puente 'Manhattan'.

Bienvenidos a Belleville
(Les triplettes de Belleville)
Sylvain Chomet, Francia, 2003
Los trenes también afectan a los animales, un perro en este caso, aunque sea de animación.
P. 128

Big *(Big)*
Penny Marshall, EEUU, 1988
• *Puente George Washington, New Jersey, EEUU*
Tom Hanks pide su deseo de ser mayor en la feria de New Jersey, bajo el puente 'George Washington'.

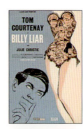

Billy el embustero *(Billy liar)*
John Schlesinger, Gran Bretaña, 1963
• *Estación ferroviaria Marylebone, Londres, Gran Bretaña*
En la escena final, Julie Christie parte de la estación de 'Bradford' hacia Londres, pero realmente se rodó en la estación de 'Marylebone'.

Birdy *(Birdy)*
Alan Parker, EEUU, 1984
• *Estación metropolitana 46th Street, Filadelfia, EEUU*
Nicolas Cage y Matthew Modine trepan para coger palomas al tren elevado junto a la estación '46th Street'.

Blade runner *(Blade runner)*
Ridley Scott, EEUU, 1982
• *Túnel Second Street, Los Ángeles, EEUU*
• *Estación ferroviaria Union, Los Ángeles, EEUU*
Harrison Ford cruza siempre este túnel, desde 'Figueroa Street' hasta 'Hill Street', para llegar a su casa. / La impresionante estación Union de Los Ángeles hace las veces de comisaría futurista.
PP. 288 Y 317

Bob le flambeur *(Bob le flambeur)*
Jean-Pierre Melville, Francia, 1955
Roger Duchesne planea el robo de un casino en Dauville.
P. 254

Bonnie & Clyde *(Bonnie and Clyde)*
Arthur Penn, EEUU, 1967
Warren Beatty y Faye Dunaway recorrerán las carreteras siempre huyendo.
P. 160

Botadura del Fürst-Bismarck
(Launching of Fürst-Bismarck)
Louis Lumière, Francia, 1895
Documental sobre la botadura del transatlántico Fürst-Bismarck.
P. 114

Boudu salvado de las aguas
(Boudu sauvé des eaux)
Jean Renoir, Francia, 1932
• *Puente de las Artes, París, Francia*
Michel Simon se intenta suicidar lanzándose al Sena desde el puente de las Artes.

Brannigan *(Brannigan)*
Douglas Hickox, EEUU, 1975
• *Alcantarillado de Londres, Gran Bretaña*
• *Tower Bridge, Londres, Gran Bretaña*
Los villanos consiguen escapar de Piccadilly Circus a través de las alcantarillas. / John Wayne salta con el coche el 'Tower Bridge' a medio abrir.
P. 228

Breakdown *(Breakdown)*
Jonathan Mostow, EEUU, 1997
Kurt Russell lucha, al final de esta *road movie*, sobre la cabina de un camión que se encuentra sobre un puente.
P. 231

Breve encuentro *(Brief encounter)*
David Lean, Gran Bretaña, 1945
• *Estación ferroviaria Carnforth, Lancashire, Gran Bretaña*
• *Estación ferroviaria Parade Beaconsfield, Buckinghamshire, Gran Bretaña*
• *Puente Long, Regent´s Park de Londres, Gran Bretaña*
La estación de 'Milford' en Kent, realmente está rodada en la estación 'Carnforth'. / La estación donde suena el organillo es la 'Beaconsfield'. / El puente donde Trevor Howard se agarra tras el accidente en el bote es el 'Long Bridge' del 'Regent´s Park'.
Cap. «La estructura»: P. 81; PP. 121, 126, 134, 137, 163, 212 Y 257

Bugsy *(Bugsy)*
Barry Levinson, EEUU, 1991
• *Estación ferroviaria Union, Los Ángeles, EEUU*
Warren Beatty es recibido en Los Ángeles por Joe Mantegna en esta estación.

Bullit *(Bullit)*
Peter Yates, EEUU, 1968
• *San Francisco, EEUU*
Steve McQueen protagoniza una espectacular persecución por las calles de San Francisco, finalizando en una carretera aledaña.

Buster: el robo del siglo *(Buster)*
David Green, Gran Bretaña, 1988
• *Línea ferroviaria Northampton's Central Steam, Leicestershire, Gran Bretaña*
Aunque el robo del tren en realidad ocurrió en la línea 'Euston-Northampton' en 'Hertfordshire', la película se rodó en esta otra línea entre 'Loughbororugh' y 'Rothley' en 'Leicestershire'.

Caballero sin espada
(Mr Smith goes to Washington)
Frank Capra, EEUU, 1939
• *Estación ferroviaria Union, Washington DC, EEUU*
James Stewart llega a Washington a la estación 'DC's Union' en 'Massachusetts Avenue'.

Cabaret *(Cabaret)*
Bob Fosse, EEUU, 1972
• *Estación ferroviaria Lubeck, al noreste de Hamburgo, Alemania*
La llegada de Michael York a Berlín, supuestamente a la estación de 'Hauptbahnhof', realmente se rodó en la vieja estación de Lubeck al noreste de Hamburgo.
P. 257

Cadena perpetua (*The Sawshank redemption*)
Frank Darabont, EEUU, 1994
Tim Robbins excava un túnel para escapar de la cárcel en tan sólo 20 años.
PP. 248 Y 250

Calle sin salida (*Dead end*)
William Wyler, EEUU, 1934
El mafioso Humphrey Bogart vuelve a su barrio del 'East Side', donde las calles terminan en el puerto y se reencuentra con viejos amigos, como Joel McCrea, un arquitecto desempleado.

Camino al cielo (*The apostle*)
Robert Duvall, EEUU, 1997
• *Puente sobre los pantanos de Louisiana, EEUU*
Robert Duvall cruza un puente metálico sobre unos pantanos de Louisiana y desde allí lanza su cartera al agua.

Cantando bajo la lluvia (*Singin' in the rain*)
Stanley Donen y Gene Kelly, EEUU, 1952
Citada como utilidad del agua de la lluvia.
P. 202

Capitanes intrépidos (*Captains couragous*)
Victor Fleming, EEUU, 1937
• *Puerto de Camdem, Maine, EEUU*
Rodada en el pequeño puerto de 'Camdem' en la costa de Maine.

Carnaval de almas (*Carnival of souls*)
Herk Harvey, EEUU, 1962
• *Puente Kaw, Lawrence, Kansas, EEUU*
La película comienza con el accidente de coche de una organista de iglesia en el puente 'Kaw' en 'Lawrence', un pueblo de Kansas.

Carretera asfaltada en dos direcciones (*Two-lane blacktop*)
Monte Hellman, EEUU, 1971
James Taylor y Dennis Wilson conducen su Chevy del 55 por el sudeste estadounidense y retarán a Warren Oates a una carrera hasta Washington DC.
P. 158

Carretera perdida (*Lost highway*)
David Linch, EEUU, 1997
El comienzo y el final de esta mágica y desconcertante película tiene a la carretera como protagonista.

Carros de fuego (*Chariots of fire*)
Hugh Hudson, Gran Bretaña, 1981
• *Puerto Birkenhead, Liverpool, Gran Bretaña*
• *Estación ferroviaria de York, Gran Bretaña*
El puerto del que parten los atletas con rumbo a las olimpiadas se supone que es el de Dover, pero se rodó en el puerto de Birkenhead. / La estación de 'York' hace las veces de la de 'Kings Cross'.

Carrusel (*Carousel*)
Henry King, EEUU, 1956
• *Puerto de Boothbay, Maine, EEUU*
Musical rodado en exteriores en el engalanado puerto de 'Boothbay Harbor'.

Casablanca *(Casablanca)*
Michael Curtiz, EEUU, 1942
Inolvidable final en falso aeropuerto, rodado en estudio. El comienzo de una gran amistad.
PP. 141 Y 284

Cayo Largo *(Key Largo)*
John Huston, EEUU, 1948
• *Autopista Florida's Overseas, Florida, EEUU*
Al comienzo de la película, rodada en estudios, aparecen unos planos de la autopista 'Florida's Overseas' que discurre entre las islas.

Chaplin *(Chaplin)*
Richard Atthemborough, EEUU, 1992
• *Línea ferroviaria Bluebell, Sussex, Gran Bretaña*
• *Estación ferroviaria St. Pancras, Londres, Gran Bretaña*
• *Muelle J (Long Beach), Los Ángeles, EEUU*
El viaje en tren desde Southampton a Londres realmente fue rodado en la vieja 'Bluebell Line' que une Horstead Keynes y Sheffield Park. / La estación de tren en la que es recibido con entusiasmo al llegar a Londres realmente ocurrió en la estación de Waterloo, pero se rodó en St Pancras. / El puerto al que Chaplin mira desde el barco supuestamente es el de Nueva York, pero en realidad se filmó en el puerto de Los Ángeles Pier J de Long Beach.
P. 318

Chinatown *(Chinatown)*
Roman Polanski, EEUU, 1974
• *Presa Mullholland, California, EEUU*
El embalse, centro de la polémica, es el 'Lake Hollywood' de la presa 'Mullholland Dam', una reserva de agua construida en 1925 por William Mullholland (Comisario del Agua).
PP. 182, 186 Y 187

Cielo negro
Manuel Mur Oti, España, 1951
• *Viaducto de la calle Bailén, Madrid, España*
Susana Canales desafía al destino colocándose al otro lado de la barandilla del viaducto con la intención de suicidarse.
P. 230

Ciudadano Kane *(Citizen Kane)*
Orson Welles, EEUU, 1941
Citada en relación al asalto a la diligencia de la película de John Ford.
P. 171

Cliente muerto no paga
(Dead men don't wear plaid)
Carl Reiner, EEUU, 1982
• *Estación ferroviaria Union, Los Ángeles, EEUU*
Steve Martin es seguido hasta el tren por Cary Grant (imagen de 'Sospecha' de Hitchcok) en la estación 'Union'.

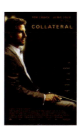

Colateral *(Collateral)*
Michael Mann, EEUU, 2004
• *Tren metropolitano, Los Ángeles, EEUU*
Escena final rodada en el metro de Los Ángeles.

Cómo casarse con un millonario
(How to marry a millionaire)
Jean Negulesco, EEUU, 1953
• *Puente George Washington, New Jersey, EEUU*
Fred Clark conduce el coche de cincuenta millones de dólares por el puente 'George Washington'.

Cómo ser John Malkovich
(Being John Malkovich)
Spike Jonze, EEUU, 1999
El fantástico túnel que lleva a John Cusack y Cameron Diaz al cerebro de Malkovich se materializa en un desagüe al abandonarlo.
P. 260

Con faldas y a lo loco *(Some like it hot)*
Billy Wilder, EEUU, 1959
Cánticos, bailes, disfraces y Marilyn, todo dentro de un coche-cama.
PP. 132 y 309

Con la muerte en los talones
(North by Northwest)
Alfred Hitchcock, EEUU, 1959
• *Estación ferroviaria Grand Central, Nueva York, EEUU*
• *Estación ferroviaria LaSalle Street, Chicago, EEUU*
• *Ruta 41, 'Prairie Stop', EEUU*
• *Ruta 99, Wasco, California, EEUU*
Cary Grant escapa por la estación 'Grand Central' en Park Avenue. / Cary Grant conoce a Eva Marie Saint en la estación 'LaSalle Street' de Chicago. / La carretera donde queda Grant con Mr Kaplan es la Route 41 llegando a Indianapolis en la parada 'Prairie Stop'; allí es atacado por el avión pero el ataque fue rodado en la Route 99 en Wasco cerca de Bakersfield donde murió James Dean.
P. 256

Conspiración de silencio
(Bad day at Black Rock)
John Sturges, EEUU, 1956
Spencer Tracy llega a Black Rock en un tren que llevaba cuatro años sin parar allí, y que lo volverá a hacer 24 horas después.
P. 134

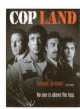
Cop land *(Cop land)*
James Mangold, EEUU, 1997
• *Puente George Washington, New Jersey, EEUU*
El tiroteo se rodó en el puente 'George Washington'.
P. 233

Corazón salvaje *(Wild at heart)*
David Lynch, EEUU, 1990
Inolvidables personajes los de esta *road movie*, especialmente el interpretado por William Dafoe.
P. 166

Corazonada *(One from the heart)*
Francis Ford Coppola, EEUU, 1982
Citada como obra megalomaníaca.
P. 50

Cotton Club *(The Cotton Club)*
Francis Ford Coppola, EEUU, 1984
• *Estación ferroviaria Grand Central, Nueva York, EEUU*
La escena final transcurre en la estación de trenes 'Grand Central' de Nueva York.

Crash *(Crash)*
David Cronenberg, EEUU, 1997
• *Autopista North York, Toronto, Canadá*
Rodada en tramos de la autopista en 'North York' al norte de Toronto.
P. 256

Cristóbal Colón: El descubrimiento
(Christopher Columbus: The discovery)
John Glen, Gran Bretaña-EEUU-España, 1992
El descubrimiento de América conllevó una urbanización masiva de territorio virgen.
P. 111

Crooklyn *(Crooklyn)*
Spike Lee, EEUU, 1994
La ciudad en los años 80.
P. 304

Crossroads *(Crossroads)*
Walter Hill, EEUU, 1986
El lugar elegido para el pacto con el diablo es un cruce de caminos.

Cuando el río crece *(The river)*
Mark Rydell, EEUU, 1984
Mel Gibson y los granjeros lucharán contra las crecidas del río con diques construidos por ellos mismos.
P. 192

Cuando ruge la marabunta
(The naked jungle)
Byron Haskin, EEUU, 1954
El único método para acabar con la marabunta pasará por abrir el dique e inundar la zona.
P. 199

Cuatro bodas y un funeral
(Four weddings and a funeral)
Mike Newell, Gran Bretaña, 1994
• *Puente Queen Elizabeth II, Thurrok, Essex, Gran Bretaña*
• *Túnel Dartford, Thurrok, Essex, Gran Bretaña*
El funeral de Simon Callow se celebra en Essex, Inglaterra, en la iglesia de St Clement y de fondo se aprecia el espectacular puente 'Queen Eliyabeth II' sobre el Támesis, junto al túnel.

Cuatro noches de un soñador
(Quatre nuits d´un rêveur)
Robert Bresson, Francia, 1971
• *Pont Neuf, París, Francia*
Basada en la misma novela de Dovstoiesky (Noches blancas) en la que se inspiró Visconti, Bresson sitúa la acción en Francia y coloca a la protagonista sobre el 'Pont Neuf'.
P. 214

Cuenta conmigo *(Stand by me)*
Rob Reiner, EEUU, 1986
• *Puente ferroviario sobre el río McCloud, 'Mount Shasta', California, EEUU*
El viaducto ferroviario por el que deben correr los chicos se encuentra sobre el río 'McCloud' al norte de California.

Danzad, danzad, malditos
(They shoot horses, don't they?)
Sydney Pollack, EEUU, 1969
• *Muelle Santa Mónica, Los Ángeles, EEUU*
El salón de baile está en el muelle de Santa Mónica, 'Colorado Avenue' en Los Ángeles.
P. 274

Darling *(Darling)*
John Schlesinger, Gran Bretaña, 1965
• *Puente Strand on the Green, Chiswick, suburbio de Londres, Gran Bretaña*
Jullie Christie coqueteó con Dirk Bogarde en la embarrada ribera del Támesis en 'Strand on the Green' al este del puente ferroviario, que aparece de fondo.

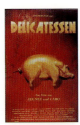
Delicatessen *(Delicatessen)*
Jean Pierre Jeunet y Marc Caro, Francia, 1991
Los trogloditas, grupo guerrillero vegetariano, habita en los túneles subterráneos y las alcantarillas.
P. 259

Deseos humanos *(Human desire)*
Fritz Lang, EEUU, 1954
Glenn Ford trabaja en el ferrocarril. Fritz Lang aprovechará los recursos dramáticos que éste le ofrece.
P. 127

Depredador 2 *(Predator 2)*
Stephen Hopkins, EEUU, 1990
• *Tren metropolitano BART, San Francisco, EEUU*
Lo que simula ser el metro de Los Ángeles es realmente el 'BART, Bay Area Rapid Transport', bajo Oakland cruzando la bahía desde San Francisco.

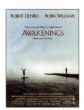
Despertares *(Awakenings)*
Penny Marshall, EUU, 1990
• *Puente Brooklyn, Nueva York, EEUU*
Robert De Niro siendo niño grava su nombre en el banco de madera al pie del puente de 'Brooklyn' en la primera escena de la película.

Dersu Uzala, el cazador *(Dersu Uzala)*
Akira Kurosawa, URSS, 1975
• *Teodolito*
Dersu y el capitán se ven sorprendidos en la laguna helada por una tormenta que les obliga a pasar la noche allí. Para salvarse, Dersu usará el ingenio y un teodolito.
P. 321

Destino Tokyo *(Destination Tokyo)*
Delmer Daves, EEUU, 1943
• *Puente Golden Gate, San Francisco, EEUU*
El puente es protagonista del primer plano de la película y del de la vuelta a casa del submarino.
P. 234

Desafío total *(Total recall)*
Paul Verhoeven, EEUU, 1990
Un grupo de mutantes resiste en los túneles bajo tierra.
P. 260

Diamantes para la eternidad
(Diamonds are forever)
Guy Hamilton, Gran Bretaña, 1971
• *Canal Amstel, Amsterdam, Holanda*
• *Puente Skinny, Amsterdam, Holanda*
El cuerpo de una anciana es recogido del canal 'Amstel' desde el puente 'Skinny' en Amsterdam.

Desde Rusia con amor
(From Russia with love)
Terence Young, Gran Bretaña, 1963
• *Estación ferroviaria Sirkeci, Estambul, Turquía*
• *Puente de los Suspiros, Venecia, Italia*
La estación 'Sirkeci' de Estambul es de la que parte el Orient Express y tambien simula ser la estación de Belgrado y la de Zagreb. / El último plano muestra a James Bond navegando por Venecia bajo el Puente de los Suspiros.

Doctor Zhivago *(Doctor Zhivago)*
David Lean, EEUU, 1965
• *Presa de Aldeadávila, Aldeadávila de la Ribera, Salamanca, España*
• *Vías construidas durante la invasión rusa (1940), Joensuu, Finlandia*
• *Estación ferroviaria, Candanchú, Huesca, España*
La presa de Aldeadávila de la Ribera en el río Duero simula ser una fábrica rusa. / Las escenas de tren fueron rodadas en Finlandia en las vías construidas durante la invasión rusa de 1940, en la ciudad de Joensuu a unas 400 millas al norte de Helsinki. / Aparece la estación de Candanchú en Huesca.
P. 312

Dos en la carretera (*Two for the road*)
Stanley Donen, EEUU, 1967
• *Carreteras francesas.*
La pareja protagonista recorre las carreteras francesas en tres momentos diferentes de sus vidas.
P. 162

Dos hombres y un destino
(*Butch Cassidy and the Sundance Kid*)
George Roy Hill, EEUU, 1969
• *Línea ferroviaria Durango-Siverton Narrow Gauge, Colorado, EEUU*
Los atracos a los trenes se filmaron en esta línea ferroviaria al sudoeste de Colorado.

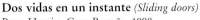

Dos vidas en un instante (*Sliding doors*)
Peter Howitt, Gran Bretaña, 1998
• *Puente Albert, Londres, Gran Bretaña*
• *Estación metropolitana Embankment, Londres, Gran Bretaña*
• *Estación metropolitana Waterloo, Londres, Gran Bretaña*
El puente donde se reconcilian es el puente 'Albert'. / La estación de tren en la que se ve a Gwyneth Paltrow entrar y salir es la de 'Embankment' aunque el andén en el que pierde y coge el tren es el de 'Waterloo'.

Driver (*The driver*)
Walter Hill, EEUU, 1978
• *Estación ferroviaria Union, Los Ángeles, EEUU*
Bruce Dern tiende una trampa a Ryan O'Neal en el desenlace de la película en la estación 'Union' de Nueva York.

Dublineses (*The dead*)
John Huston, EEUU, 1987
• *Puente Halfpenny, Dublín, sobre el río Liffey, Irlanda*
Aparece el puente 'Halfpenny' sobre el río Liffey en Dublín.

Easy rider (*Easy rider*)
Dennis Hopper, EEUU, 1969
• *Ruta 66, suroeste de EEUU, EEUU*
La película discurre a lo largo de la famosa ruta 66 del suroeste de EEUU.
PP. 156, 157, 158 Y 159

Educando a Rita (*Educating Rita*)
Lewis Gilbert, Gran Bretaña, 1983
• *Estación ferroviaria Pearse Street, Dublín, Irlanda*
Rita sale de Dublín para dirigirse a la escuela de verano desde la estación de 'Pearse Street'.

El acorazado Potemkin
(*Battleship Potemkin*)
Sergei Eisenstein, URSS, 1925
• *Puerto de Odessa, Odessa, Rusia*
Mítica secuencia en las escaleras 'Richelieu' del puerto de Odessa que ascienden hasta los grandiosos edificios del siglo XIX de 'Primorsky Bulvar'.
P. 144

El amigo americano
(*Der amerikanische Freund*)
Wim Wenders, Alemania, 1977
• *Túnel Old St Pauli, Hamburgo, Alemania*
Aparece el claustrofóbico 'Old St Pauli-Elbtunnel' de Hamburgo, construido entre 1907 y 1911, (490 yardas) con sus infinitas escaleras.
PP. 300 Y 305

El asalto al tren del dinero (*Money train*)
Joseph Ruben, EEUU, 1995
• *Tren metropolitano, Nueva York, EEUU*
Wesley Snipes y Woody Harrelson implicados en el robo al tren que recoge la recaudación del metro.
P. 140

El bola
Achero Mañas, España, 2000
• *Puente de Toledo, Madrid, España*
Los niños juegan peligrosamente en las vías del tren. / Precioso plano nocturno del puente con la luna llena.
P. 137

El buen ladrón *(The good thief)*
Neil Jordan, Irlanda, 2002
El butrón como túnel minimalista.
P. 254

El bueno, el feo y el malo
(Il buono, il brutto, il cattivo)
Sergio Leone, Italia-España, 1966
Clint Eastwood y Eli Wallach contemplan cómo se matan los nordistas y los confederados por un puente.
PP. 219, 220 Y 316

El buscavidas *(The hustler)*
Robert Rossen, EEUU, 1961
• *Estación ferroviaria Union, Los Ángeles, EEUU*
Piper Lauri acude a la estación, pero no va a coger ningún tren, huye de la soledad.

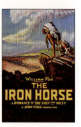

El caballo de hierro *(The iron horse)*
John Ford, EEUU, 1924
Película sobre la construcción de la primera línea transcontinental americana.
PP. 122, 124 Y 135

El cantor de jazz *(The jazz singer)*
Alan Crosland, EEUU, 1927
Primera película sonora de la historia.
P. 116

El cielo sobre Berlín
(Der Himmel über Berlin)
Wim Wenders, Alemania-Francia, 1987
La ciudad en los años 80.
P. 305

El cliente *(The client)*
Joel Schumacher, EEUU, 1994
• *Puente Huey P Long, Nueva Orleáns, Louisiana, EEUU*
En la escena final Susan Sarandon se dirige hacia el lugar donde está enterrado el senador, atravesando el puente 'Huey P Long'.

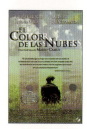

El color de las nubes
Mario Camus, España, 1997
• *Puente de la Maza, San Vicente de la Barquera, Cantabria, España*
Espectacular puente donde se realizará la entrega del alijo de droga.

El conde de Montecristo
(The Count of Montecristo)
Francis Boggs, EEUU, 1908
Primera versión cinematográfica de esta historia en la que el túnel es tan importante.
P. 249

El conformista (*Il conformista*)
Bernardo Bertolucci, Italia, 1969
• *Puente Sant Angelo, Roma, Italia*
Jean Louis Trintignant cruza el puente 'Sant'Angelo' en Roma para encontrarse en el Coliseo con el chofer que creyó matar años antes.

El corazón del ángel (*Angel heart*)
Alan Parker, EEUU, 1987
• *Estación ferroviaria Hoboken, Hoboken, New Jersey, EEUU*
La estación de tren a la que Rourke llega a Louisiana es en realidad la estación 'Hoboken' sobre el Hudson y fue rodada desde Lower Manhattan.

El día de los trífidos / La amenaza verde
(*The day of the triffids*)
Steve Sekely, Gran Bretaña, 1962
• *Estación ferroviaria Marylebone, Londres, Gran Bretaña*
Un conductor de tren, cegado, estrella el tren contra la estación de 'Marylebone'.

El diablo sobre ruedas (*Duel*)
Steven Spielberg, EEUU, 1971
• *Ruta 14, California, EEUU*
La carretera por donde se desarrolla toda la película es la Ruta 14 en California, cerca de Los Ángeles. El desenlace final es en el desvío de esa carretera hacia Ravenna.
P. 168

El diario de Bridget Jones
(*Bridget Jones's diary*)
Sharon Maguire, Gran Bretaña, 2001
Citada como ejemplo de la transformación física de una actriz para un papel.
P. 309

El espíritu de la colmena
Víctor Erice, España, 1973
• *Línea ferroviaria junto a Cíjara, Toledo, España*
Las niñas protagonistas esperan el paso del tren con el oído en la vía.
P. 126

El Expreso de Chicago (*Silver Streak*)
Arthur Hiller, EEUU, 1976
• *Estación ferroviaria Union, Toronto, Canadá*
• *Línea ferroviaria Calgary CPR, Alberta, Canadá*
La película discurre por la línea 'Southern Pacific', desde la presa de 'Boulder' hasta 'Chicago' y finaliza en la estación 'Union' de Chicago, pero realmente se rodó en una línea de California y en la 'CPR Railway' de Calgary, Alberta, terminando en la estación 'Union' pero de Toronto, no de Chicago.

El expreso de Shanghai (*Shanghai Express*)
Josef von Sternberg, EEUU, 1932
Marlene Dietrich y Clive Brook llegarán finalmente a la estación de Shanghai (recreada) después de un ajetreado viaje.
PP. 131, 141 Y 256

El fugitivo (*The fugitive*)
Andrew Davis, EEUU, 1993
• *Línea ferroviaria Great Smoky Mountains, Dillsboro, Carolina del Norte, EEUU*
• *Presa de Fontana, Carolina del Norte, EEUU*
El accidente del tren se rodó en la 'Great Smoky Mountains Railway' a la altura de 'Dillsboro', a unas 40 millas al oeste de Asheville. / Harrison Ford salta desde esta presa al río 'Little Tennessee' para escapar de Tommy Lee Jones.
P. 200

El golpe (*The Sting*)
George Roy Hill, EEUU, 1973
• *Estación ferroviaria Illinois Central, Chicago, EEUU*
• *Estación ferroviaria Union, Chicago, EEUU*
• *Estación ferroviaria LaSalle Street, Chicago, EEUU*
• *Estación ferroviaria Penn Central Freight Yards, Chicago, EEUU*
Todas las estaciones de tren que aparecen están en Chicago aunque algunas simulan ser de Nueva York y de Joliet.
P. 324

345

El graduado *(The graduate)*
Mike Nichols, EEUU, 1967
• *Puente Oakland Bay, San Francisco, EEUU*
Dustin Hoffman conduce hacia el sur por el puente de dos plantas utilizado en sentido contrario.
P. 319

El gran combate *(Cheyenne autumn)*
John Ford, EEUU, 1964
Citada como penúltima película de John Ford.
P. 135

El gran halcón *(Hudson Hawk)*
Michael Lehmann, EEUU, 1991
• *Puente Brooklyn, Nueva York, EEUU*
Disparatada persecución de coches sobre el puente 'Brooklyn'.

El gran robo del tren / Asalto y robo al tren
(The great train robbery)
Edwin S. Porter, EEUU, 1903
Considerada la primera película con guión, utiliza todos los recursos que una línea ferroviaria le ofrece.
PP. 15, 115 Y 139

El gran robo del tren
(The first great train robbery)
Michael Crichton, Gran Bretaña, 1979
Sean Connery esquiva todos los túneles que se encuentra mientras camina por encima del tren en marcha.
P. 140

El halcón maltés *(The maltese falcon)*
John Huston, EEUU, 1941
• *Puente Golden Gate, San Francisco, EEUU*
Las pocas tomas en exteriores que tiene la película incluyen un plano del puente 'Golden Gate'.

El hombre de la cámara de cine
(Chelovek s kino-apparatom)
Dziga Vertov, URSS, 1929
La ciudad de los años 20.
P. 290

El hombre de la pistola de oro
(The man with the golden gun)
Guy Hamilton, Gran Bretaña, 1974
• *Canales klongs, Bangkok, Tailandia*
Persecución de botes a traves de los 'klongs', red de canales entrecruzados entre sí.

El hombre elefante *(The elephant man)*
David Lynch, Gran Bretaña, 1980
• *Puente de Londres (London Bridge), Londres, Gran Bretaña*
• *Estación ferroviaria Liverpool Street, Londres, Gran Bretaña*
Las primeras escenas de Londres tienen al 'London Bridge' como protagonista. / Cuando John Hurt escapa del 'circo' y vuelve a Londres llega a la antigua estación de 'Liverpoll Street', 'Bishopsgate'.

El hombre mosca *(Safety last!)*
Fred C. Newmeyer y Sam Taylor, EEUU, 1923
La ciudad en los años 20.
P. 291

El hombre que mató a Liberty Valance
(The man who shot Liberty Valance)
John Ford, EEUU, 1962
James Stewart narra desde la estación ferroviaria, con un largo *flashback*, la historia del hombre que mató a Liberty Valance.
PP. 135, 136, 181 Y 182

El hombre que sabía demasiado
(The man who knew too much)
Alfred Hitchcock, Gran Bretaña, 1934
• *Tower Bridge, Londres, Gran Bretaña*
Hay un plano real del 'Tower Bridge' rodeado de grúas y muelles de descarga.

El hombre tranquilo *(The quiet man)*
John Ford, EEUU, 1952
• *Línea ferroviaria Sligo-Limerick Railway, Ballyglunin, Irlanda*
La escena en la vía del tren se rodó en 'Ballyglunin' en la línea entre 'Sligo' y 'Limerick' en Irlanda.

El honor de los Prizzi *(Prizzi's honor)*
John Huston, EEUU, 1985
• *Puente Brooklyn, Nueva York, EEUU*
El apartamento de Jack Nicholson situado en la '57 Montague Street' (apartamentos Breukelen) tiene una espectacular vista del puente 'Brooklyn'.

El imperio del sol *(Empire of the sun)*
Steven Spielberg, EEUU, 1987
• *Puente Waibaidu, Shanghái, China*
Aparece el 'Waibaidu Bridge' sobre el Suzhou Creek abarrotado de multitudes aterrorizadas junto al hotel.

El increíble hombre creciente
(The Amazing Colossal Man)
Bert I. Gordon, EEUU, 1957
• *Presa Hoover, Boulder City, al este de Las Vegas, EEUU*
El gigante es finalmente abatido en lo alto de la presa 'Hoover' cerca de Boulder City.
P. 277

El informe Pelícano *(The Pelican brief)*
Alan J. Pakula, EEUU, 1993
• *Puente sobre el Mississippi, Nueva Orleáns, EEUU*
Julia Roberts queda con el falso agente del FBI en el muelle del río en Nueva Orleáns con el puente de fondo.

El knack... Y cómo conseguirlo
(The knack... and how to get it)
Richard Lester, Gran Bretaña, 1965
• *Estación ferroviaria Victoria, Londres, Gran Bretaña*
Rita Tushingham llega a Londres a la estación 'Victoria'.

El largo viernes santo *(The long good Friday)*
John Mackenzie, Gran Bretaña, 1980
• *Muelles St Katherine´s, Londres, Gran Bretaña*
• *Puente Tower (Tower Bridge), Londres, Gran Bretaña*
Escenas rodadas en los muelles de 'St. Katherine' río abajo de la Torre de Londres, con el puente 'Tower Bridge' de fondo.

El manantial *(The fountainhead)*
King Vidor, EEUU, 1949
La película cuenta la historia de un renombrado arquitecto.
P. 295

El maquinista de la General *(The General)*
Buster Keaton y Clyde Bruckman, EEUU, 1926
• *Línea ferroviaria Cottage Grove, Oregón, EEUU*
Rodada en estas vías a unas 20 millas al sur de 'Eugene' en 'Oregon'.
P. 139

El motín de la Bounty / Rebelión a bordo
(Mutiny on the Bounty)
Frank Lloyd, EEUU, 1935
Citada como ejemplo de grandes aventuras en barco.
P. 269

El motín de la Bounty / Rebelión a bordo
(Mutiny on the Bounty)
Lewis Milestone, EEUU, 1962
Citada como ejemplo de grandes aventuras en barco.
P. 269

El muelle de las brumas *(Le quai des brumes)*
Marcel Carné, Francia, 1938
• *Puerto de Le Havre, Francia*
Jean Gabin, desertor, encuentra acomodo en una ciudad portuaria francesa.
P. 270

El mundo nunca es suficiente
(The world is not enough)
Michael Apted, Gran Bretaña, 1999
• *Puente Vauxhall, Londres, Gran Bretaña*
• *Puente Glengall, Isle of Dogs, Gran Bretaña*
• *Tower Bridge, Londres, Gran Bretaña*
La escena inicial, tras los créditos, se sitúa en el puente 'Vauxhall'. / Una de las persecuciones comienza en el puente 'Glengall', para seguir por el puente 'Tower Bridge'.

El mundo perdido: Jurassic Park 2
(Lost Word: The Jurassic park)
Steven Spielberg, EEUU, 1997
• *Puerto San Pedro, Los Ángeles, EEUU*
El puerto en el que el barco del T-Rex choca es realmente el puerto de San Pedro en Los Ángeles, simulando ser el puerto de InGen.

El Padrino *(The Godfather)*
Francis Coppola, EEUU, 1972
• *Puente George Washington, New Jersey, EEUU*
• *Estación ferroviaria Grand Central, Nueva York, EEUU*
• *Puente Queensboro, Nueva York, EEUU*
Al Pacino es sacado de 'Jack Dempsey´s Broadway Bar' y llevado a New Jersey a traves del puente 'George Washington'. / La reunión de las cinco familias tiene lugar en una sala de 'Penn Central Railroad' sobre la estación 'Grand Central'. / La escena del cambio de sentido con el coche se rodó en el puente 'Queensboro'.

El pan nuestro de cada día
(Our daily bread)
King Vidor, EEUU, 1934
Tom Keen y el resto de habitantes de la 'comuna' construyen un canal para transvasar agua hasta sus campos de maíz.
PP. 188 Y 194

El perdón *(The claim)*
Michael Winterbottom, EEUU, 2000
• *Línea ferroviaria Union Pacific Railway, EEUU*
El futuro paso del tren por un pueblo origina la trama de la película.
P. 124

El planeta de los simios *(Planet of the apes)*
Franklin J. Schaffner, EEUU, 1968
Citada como ejemplo de ciudad posnuclear.
P. 288

El proceso *(The trial)*
Orson Welles, Francia, 1962
• *Estación ferroviaria d'Orsay, París, Francia*
En una de esas escenas típicas de Orson Welles, Anthony Hopkins sale de la estación 'Gare d'Orsay' en París, baja por las escaleras del 'Palazzo di Giustizia' en Roma para encontrarse con su primo paseando por Milán y terminar en el ayuntamiento de Zagreb.

El puente *(Die Brücke)*
Bernhar Wicki, Alemania, 1959
Unos jóvenes adolescentes alistados en los últimos momentos de la II Guerra Mundial defenderán el puente de su pueblo.
P. 221

El puente de Cassandra
(The Cassandra crossing)
George Pan Cosmatos, EEUU, 1976
Un tren infectado por un peligroso virus está abocado a destruirse en un puente en desuso que no soportará su peso.
P. 133

El puente de Remagen
(The bridge at Remagen)
John Guillermin, EEUU, 1969
La lucha por el control del puente y sus decisiones como Mayor al mando le traerán consecuencias a Robert Vaughn.
PP. 220 Y 226

El puente de Waterloo *(Waterloo bridge)*
James Whale, EEUU, 1931
• *Puente sobre el río Los Ángeles, Los Ángeles, EEUU*
No se rodó en el auténtico puente de 'Waterloo' de Londres, sino que utilizó un puente sobre el río Los Ángeles.
P. 218

El puente de Waterloo *(Waterloo bridge)*
Mervyn Le Roi, EEUU, 1940
Tampoco se rodó en el auténtico puente de 'Waterloo' de Londres, sino que se 'maquilló' un puente para que pareciese el auténtico.
PP. 218 Y 314

El puente sobre el río Kwai
(The bridge on the river Kwai)
David Lean, EEUU, 1957
• *Puente sobre el río Kwai, Kitulgala, sobre el río Kelani, Sri Lanka*
Puente calculado por ingenieros daneses y construido en Sri Lanka bajo la supervisión del británico Keith Best.
Cap. «El subtexto»: P. 23; PP. 16, 55, 56, 68, 72, 81, 82, 83, 89, 97, 100, 221, 234, 239 Y 251

El quinteto de la muerte *(The ladykillers)*
Alexander Mackendrick, Gran Bretaña, 1955
• *Túnel Copenhagen, Londres, Gran Bretaña*
Los cadáveres son lanzados a los trenes de carga desde lo alto de la boca del túnel 'Copenhagen' en Kings Cross.

El reino de los cielos *(Kingdom of heaven)*
Ridley Scott, EEUU, 2005
Las cruzadas impulsaron el mantenimiento de los caminos.
PP. 111 Y 199

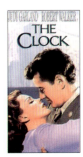
El reloj *(The clock)*
Vincente Minnelli, EEUU, 1945
• *Estación ferroviaria Grand Central, Nueva York, EEUU*
Judy Garland queda con Robert Walker bajo el reloj de la estación 'Grand Central' de Nueva York.

El rey pescador (*The fisher king*)
Terry Gilliam, EEUU, 1991
• *Puente Manhattan, Nueva York, EEUU*
• *Estación ferroviaria Grand Central, Nueva York, EEUU*
Robin Williams y su ejército de vagabundos rescatan a Jeff Bridges de los vigilantes al pie del puente 'Manhattan'. / Los viajeros bailan un romántico vals en el Hall de la estación 'Grand Central' en Nueva York

El salario del miedo (*Le salaire de la peur*)
George Clouzot, Francia, 1953
• *Carretera, Sanilhac-Sagriés, Francia*
El accidente de Charles Vanel se rodó en las afueras de 'Sanilhac-Sagriés' en la carretera que conduce al molino en ruinas.
P. 168

El Santo (*The Saint*)
Phillip Noyce, EEUU, 1997
• *Estación ferroviaria Leningrado, Leningrado, Rusia*
Espectacular escena rodada en la estación de Leningrado.

El señor de los anillos: la comunidad del anillo
(*The lord of the rings: the fellowship of the ring*)
Peter Jackson, EEUU, 2001
Elijah Wood y sus seis compañeros se enfrentarán a el *balrog* en los subterráneos de Moria.
PP. 195 Y 259

El silencio de un hombre (*Le samourai*)
Jean-Pierre Melville, Francia, 1967
• *Estación metropolitana George V, París, Francia*
• *Estación met. Porte d'Ivry, París, Francia*
• *Estación met. Telegraphe, París, Francia*
• *Estación met. Place des Fetes, París, Francia*
• *Estación ferr. Chatelet Les Halles, París, Francia*
Alain Delon se escabulle entrando en la estación de metro 'George V' y se dirige a 'Porte d'Ivry' donde es disparado y herido. / Hay otra persecución en el metro desde 'Telegraphe metro' hasta 'Place des Fetes'. / El último esquinazo Delon se lo da en uno de los intercambiadores de metro más grande del mundo, 'Chatelet Les Halles'.

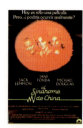

El síndrome de China (*The China syndrome*)
James Bridges, EEUU, 1979
• *Central nuclear Scattergood, California, EEUU*
Los exteriores de la central nuclear corresponden a la 'Scattergood Power Plant', situada en la carretera que une el aeropuerto de Los Ángeles con Playa del Rey.

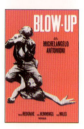

El sonido de la muerte (*Blow out*)
Brian de Palma, EEUU, 1981
• *Puente Wissahickon, Filadelfia, EEUU*
• *Estación metropolitana 30th Street, Filadelfia, EEUU*
El supuesto accidente de coche que origina la trama ocurre en el puente 'Wissahickon'. / John Travolta y Nancy Allen se encuentran en la estación '30th street Station'.

El talento de Mr. Ripley
(*The talented Mr. Ripley*)
Anthony Minghella, Italia, 1999
• *Estación ferroviaria Palermo, Sicilia, Italia*
• *Estación ferroviaria Santa Lucia, Venecia, Italia*
Matt Damon llega a Italia a la estación *art decó* de Palermo (Sicilia). / Gwyneth Paltrow llega a Venecia a la estación 'Santa Lucia'.

El temible burlón (*The crimson pirate*)
Robert Siodmak, EEUU, 1952
Problema planteado y resuelto sobre el aire comprimido de una barca volcada.
P. 265

El tercer hombre (*The third man*)
Carol Reed, Austria, 1949
• *Estación ferroviaria Vienna, Viena, Austria*
• *Alcantarillado, Viena, Austria*
La persecución de Orson Welles se rodó en la auténtica red de alcantarillado de Viena y en una reconstrucción parcial en estudios.
PP. 201, 287 Y 294

El testamento de Orfeo *(Le testament d'Orphee)*
Jean Cocteau, Francia, 1960
• *Rue Obscure, Villefranche-sur-Mer, Francia*
La calle subterránea es la 'Rue Obscure' en 'Villefranche-sur-Mer' en la riviera francesa y fue construida por la resistencia francesa para poder huir de los alemanes.

El tren *(The train)*
John Frankenheimer, EEUU, 1965
• *Línea ferroviaria, Normandía, Francia*
Rodada por completo en exteriores a lo largo de la línea férrea en los alrededores de Normandía.
Cap. «El texto»: P. 55; PP. 81, 82, 87, 139 Y 166

El tren de la vida *(Train de vie)*
Radu Mihaileanu, Rumanía, 1998
Todo un pueblo judío al completo recorre una vía ferroviaria en busca de la libertad.
P. 139

El tren de Zhou Yu *(Zhou Yu de huo che)*
Zhou sun, China-Hong Kong, 2002
El paisaje exterior pasa por delante de la ventana de la casa como si fuese la ventana de un tren.
P. 121

El tren del infierno *(Runaway train)*
Andrei Konchalovsky, EEUU-Israel, 1985
Tras escapar de la prisión Jon Voight y Eric Roberts se dirigen hacia la muerte en un tren sin control.
PP. 133 Y 252

El triunfo de la voluntad *(Triumph des Willens)*
Leni Riefenstahl, Alemania, 1935
La ciudad en los años 30.
P. 292

El último gran héroe *(Last action hero)*
John McTiernan, EUU, 1993
• *Puente 1st Street, Los Ángeles, EEUU*
• *Canalización del río Los Ángeles, Los Ángeles, EEUU*
Un coche vuela y cae el canal del río Los Ángeles a la altura del puente de 'First Street'.

El último refugio *(High Sierra)*
Raoul Walsh, EEUU, 1941
• *Carretera Whitney Portal, Lone Pine, California, EEUU*
La persecución final de coches se produce desde 'Lone Pine' hacia el oeste por la 'Whitney Portal Road' hasta lo alto del nevado 'Mount Whithey' en California.

El último tango en París *(Last tango in Paris)*
Bernardo Bertolucci, Italia-Francia, 1972
• *Puente Bir-Hakeim, París, Francia*
Marlon Brando conoce a Maria Schneider en el puente de 'Bir-Hakeim' llamado originalmente 'Passy Viaduct'.

El último testigo *(The Parallax view)*
Alan J. Pakula, EEUU, 1974
• *Presa de Lake Chelan, Chelan, Washington State, EEUU*
Warren Beatty está a punto de ahogarse en la 'Lake Chelan Dam' en Chelan en la 'Route 97' del estado de Washington.

El último tren *(Corazón de fuego)*
Diego Arsuaga, Uruguay, 2002
Una locomotora antigua, que es secuestrada por los vecinos para evitar su venta, recorrerá las abandonadas líneas férreas del interior argentino.
P. 129

El último tren a Gun Hill
(Last train from Gun Hill)
John Sturges, EEUU, 1959
La estación de Gun Hill será el escenario del desenlace de este *western*.
P. 134

El vientre del arquitecto
(The belly of an architect)
Peter Greenaway, Gran Bretaña, 1987
• *Estación ferroviaria Ventimiglia, Ventimiglia, Italia*
Brian Dennehy interpretando al arquitecto Kracklite aparece en la Estación de 'Ventimiglia', punto de entrada a Italia desde Francia en la costa sur.

El zurdo *(The left handed gun)*
Arthur Penn, EEUU, 1958
Citada como ejemplo de forajidos de leyenda.
P. 161

Elegidos para la gloria *(The right stuff)*
Philip Kaufman, EEUU, 1983
El paso de la aviación a la carrera espacial, con la lógica evolución de aparatos, aeropuertos y seres humanos.
P. 281

En construcción
José Luis Guerín, España, 2000
La transformación del barrio chino de Barcelona a través de la demolición y reconstrucción de un edificio.
P. 107

En el calor de la noche
(In the heat of the night)
Norman Jewison, EEUU, 1967
Sidney Poitier es arrestado en la estación del pequeño pueblo del Mississippi a la que llegó desde Filadelfia.
P. 134

En tránsito *(Tombés du ciel)*
Philippe Lioret, Francia, 1993
• *Aeropuerto Charles de Gaulle, París, Francia*
Primera aproximación a la historia de Merhan Karimi Nasseri, condenado a vivir en las terminales del aeropuerto 'Charles de Gaulle'.
P. 282

Entre pillos anda el juego *(Trading places)*
John Landis, EEUU, 1983
• *Estación ferroviaria Thirtieth Street, Filadelfia, EEUU*
Eddie Murphy y Dan Aykroyd salen para Nueva York de la estación 'Thirtieth Street' en Filadelfia.

Érase una vez en América
(Once upon a time in America)
Sergio Leone, EEUU, 1984
• *Puente Williamsburg, Nueva York, EEUU*
• *Estación ferroviaria Grand Central, Nueva York, EEUU*
• *Estación ferroviaria Nord, París, Francia*
• *Estación ferroviaria Hoboken, New Jersey, EEUU*
El barrio de Brooklyn perfectamente fotografiado bajo el puente de 'Williamsburg'. Bajo el mismo muere el pequeño de la banda. / La estación neoyorquina 'Grand Central' de los *flashbacks* en los años 30 se rodó en la 'Gare du Nord' de París.
PP. 144, 205, 235, 275 Y 316

Erin Brockovich *(Erin Brockovich)*
Steven Soderbergh, EEUU, 2000
Julia Roberts investigará un caso de vertidos ilegales y contaminación de aguas.
P. 200

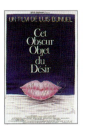
Ese oscuro objeto del deseo
(Cet obscur objet de desir)
Luis Buñuel, Francia-España, 1978
• *Estación ferroviaria, Sevilla, España*
Las escenas iniciales de la película fueron rodadas en la estación ferroviaria de Sevilla.

Esencia de mujer *(Scent of a woman)*
Martin Brest, EEUU, 1992
• *Puente Williamsburg, Nueva York, EEUU*
Al Pacino conduce (ciego) un coche junto al 'East River' cruzando bajo el puente 'Williamsburg'.

Espartaco *(Spartacus)*
Stanley Kubrick, EEUU, 1960
• *Via Appia Antica, Roma, Italia*
Kirk Douglas y sus gladiadores son crucificados al borde de esta calzada.
P. 109

Estación Termini *(Stazione Termini)*
Vittorio de Sica, Italia, 1953
• *Estación ferroviaria Termini, Roma, Italia*
Prácticamente rodada por completo en la estación central de trenes de Roma que da título a la película.
P. 142

Estación Unión *(Union Station)*
Rudolph Maté, EEUU, 1950
• *Estación ferroviaria Union, Chicago, EEUU*
• *Estación ferroviaria Union, Los Ángeles, EEUU*
Los secuestradores eligieron la estación 'Union' de Chicago como escondite, y aunque hay parte rodada allí, la mayoría se rodó en la también estación 'Union', pero de Los Ángeles.
P. 130

Europa *(Europa)*
Lars von Trier, Dinamarca, 1991
Jean-Marc Barr trabaja en una compañía de ferrocarriles en la Alemania de posguerra.
P. 128

Evasión o victoria *(Victory)*
John Huston, EEUU, 1981
La Resistencia francesa comunica las alcantarillas con el vestuario a través de un túnel.
P. 252

Evita *(Evita)*
Alan Parker, EEUU-Argentina, 1996
• *Estación ferroviaria Retiro, Buenos Aires, Argentina*
La estación de tren es la de Retiro, de estilo Victoriano.

Extraños en un tren *(Strangers on a train)*
Alfred Hitchcock, EEUU, 1951
• *Estación ferroviaria Union, Washington DC, EEUU*
• *Estación ferroviaria Danbury, Connecticut, EEUU*
• *Estación ferroviaria Pennsylvania, Nueva York, EEUU*
La escena inicial con Robert Walker y Farley Granger cogiendo el tren se rodó en la estación 'DC's Union' / Granger discute con su mujer en la 'Danbury railroad stop'. / Después del partido de tenis, los polis siguen a Granger hasta la estación 'Pennsylvania' de Nueva York.
P. 201

Fahrenheit 451 *(Fahrenheit 451)*
François Truffaut, Francia, 1966
• *Tren monorraíl Chateauneuf-sur-Loire, Orleans, Francia*
El monorraíl futurista existe en la realidad y se encuentra en 'Chateauneuf-sur-Loire' a unas 15 millas de Orleans.

Fallen angels *(Duo luo tian shi)*
Wong Kar Wai, Hong Kong, 1995
Leon Lai comparte piso junto a unas vías de tren.
P. 127

Fiebre del sábado noche
(Saturday night fever)
John Badham, EEUU, 1977
• *Puente Brooklyn, Nueva York, EEUU*
• *Puente Verrazano, Nueva York, EEUU*
El plano inicial muestra el puente de 'Brooklyn', y a continuación el 'Verrazano-Narrows', con más significación de la que puede parecer. / Además, John Travolta y sus amigos suelen jugar arriesgando incluso sus vidas en el puente 'Verrazano'.
PP. 232 Y 233

Filadelfia *(Philadelphia)*
Jonathan Demme, EEUU, 1993
• *Puente Benjamin Franklin, Filadelfia, EEUU*
La película comienza con una serie de panorámicas de lugares y edificios de Filadelfia incluyendo el puente 'Benjamin Franklin' sobre el río 'Delaware'.

Forajidos de leyenda *(The long riders)*
Walter Hill, EEUU, 1980
Citada como ejemplo de forajidos de leyenda, nunca mejor dicho.
P. 161

Forrest Gump *(Forrest Gump)*
Robert Zemeckis, EEUU, 1994
• *Puerto de Santa Mónica, Los Ángeles, EEUU*
• *Carreteras, California y Utah, EEUU*
El primer destino de las carreras de Tom Hanks es el puerto de Santa Mónica en Los Ángeles. / Carreteras por las que Tom Hanks corre, y corre, y corre...

French connection *(The french connection)*
William Friedkin, EEUU, 1971
• *Puente Triborough, Nueva York, EEUU*
• *Estación ferroviaria Grand Central, Nueva York, EEUU*
• *Estación metropolitana Bay 50th Street, Nueva York, EEUU*
• *Puente ferroviario Bensonhust, Nueva York, EEUU*
• *Estación metropolitana 62nd Street, Nueva York, EEUU*
El puente donde Tony Lo Bianco es seguido es el puente 'Triborough' hacia 'Randall´s Island' en el extremo este de la 125th street. / Fernando Rey se escabulle con el procedimiento de entrar y salir de la estación de metro 'Grand Central' en Nueva York. / La persecución por el metro comienza en la estación 'Bay 50th Street'. / La persecución en coche se rodó bajo el tren elevado 'Bensonhurst' y termina en la estación metropolitana '62nd Street'.
PP. 145 Y 170

Fuera de control *(Pushing tin)*
Mike Newell, EEUU, 1999
• *Aeropuerto JFK, Nueva York, EEUU*
Rivalidades entre dos controladores aéreos del aeropuero JFK.
P. 284

Fuerza 10 de Navarone
(Force ten from Navarone)
Guy Hamilton, Gran Bretaña, 1977
El comando debe dinamitar una presa con la finalidad de destruir un puente localizado aguas abajo del río.
P. 196

Fugitivos (*The defiant ones*)
Stanley Kramer, EEUU, 1958
• *Línea ferroviaria Piru, California, EEUU*
Sidney Poitier y Tony Curtis, encadenados y huidos de la justicia, saltan a un tren de mercancías en unas vías, 15 millas al noroeste de 'Piru' en California.

Full monty (*The full monty*)
Peter Cattaneo, Gran Bretaña, 1997
• *Puente Bacon Lane, Attercliffe, Gran Bretaña*
• *Canal Sheffield and Tinsley, Attercliffe, Gran Bretaña*
• *Carretera Pickering, Sheffield, Gran Bretaña*
Gaz y Dave encallan el coche junto al puente 'Bacon lane' en el 'Sheffield and Tinsley Canal' en 'Attercliffe'. / Lomper intenta suicidarse en la carretera 'Pickering Road' también en Sheffield, Yorkshire.

Funeral en Berlín (*Funeral in Berlin*)
Guy Hamilton, Gran Bretaña, 1966
El intercambio de rehenes se realizará sobre un puente.
P. 227

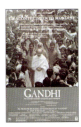

Gandhi (*Gandhi*)
Richard Atthemborough, Gran Bretaña, 1982
• *Línea ferroviaria, Udaipur, India*
Las escenas del viaje en tren de Ben Kingsley fueron rodadas en una línea férrea en los alrededores de Udaipur.

Gansters de Nueva York
(*Gangs of New York*)
Martin Scorsese, EEUU, 2002
Citada como obra megalomaníaca.
P. 50

Gas-s-s-s (*Gassss*)
Roger Corman, EEUU, 1970
• *Autopista Dallas LBJ, Dallas, EEUU*
El múltiple choque fue rodado en la nueva autopista (en su día, sin abrir al tráfico todavía) 'LBJ Freeway'.

Godzilla (*Gojira*)
Inoshiro Honda y Terry Morse, Japon, 1954
• *Estación ferroviaria Shinagawa, Tokyo, Japón*
• *Puente Sukiya, Tokyo, Japón*
• *Puente Kachidoki, Tokyo, Japón*
Godzilla llega al puerto al este de Tokyo y destroza un tren en la estación ferroviaria de 'Shinagawa'. / Cruza el puente 'Sukiya' hacia el noreste / Y antes de volver al océano, Godzilla destroza el puente 'Kachidoki' en la desembocadura del río 'Sumida'.
P. 276

Godzilla (*Godzilla*)
Roland Emmerich, EEUU, 1998
• *Puente de la calle 42, Nueva York, EEUU*
El monstruo aparece en Nueva York en la 5ª Avenida junto al puente de la calle 42.

Goldeneye (*Goldeneye*)
Martin Campbell, Gran Bretaña, 1995
• *Presa de Tusker, Hittnau, Suiza*
• *Carretera Thoren, Thoren, Francia*
• *Puente Vauxhall, Londres, Gran Bretaña*
La espectacular huida de Pierce Brosnan saltando desde la supuesta fábrica de armas químicas rusas se rodó en la presa 'Tusker'. / La 'carrera' de coches entre Pierce Brosnan y Framke Janssen se supone que es por las carreteras de MonteCarlo, pero realmente se rodó en carreteras de montaña de 'Thoren', 20 millas al norte de Grasse. / La oficina de M está junto al puente 'Vauxhall' de Londres.
PP. 200, 311 y 312

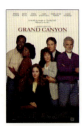

Grand Canyon (Grand Canyon)
Lawrence Kasdan, EEUU, 1991
La ciudad en los años 90.
P. 307

Granujas a todo ritmo (The Blues brothers)
John Landis, EEUU, 1980
• *Puente East 95th Street, Calumet, al sur de Chicago, EEUU*
• *Puente ferroviario 22 West Van Buren Street, Chicago, EEUU*
El puente que salta el nuevo 'bluesmovil' es el 'East 95th Street Bridge' sobre el río Calumet. / El hotel bajo el tren donde vivían se encuentra en '22 West Van Buren Street'.
PP. 127, 170, 175 Y 228

Granujas de medio pelo (Small time crooks)
Woody Allen, EEUU, 2000
Butrón organizado por Woody Allen y una banda no muy avezada.
P. 254

Grease (Grease)
Randal Kleiser, EEUU, 1978
• *Canalización del río Los Ángeles, Los Ángeles, EEUU*
• *Puente 1st Street, Los Ángeles, EEUU*
• *Puente 7th Street, Los Ángeles, EEUU*
La carrera de coches por los canales de hormigón del río Los Ángeles discurre entre los puentes de la calle primera y la séptima, al este del *downtown*.
P. 201

Grupo salvaje (The wild bunch)
Sam Peckinpah, México, 1969
• *Línea ferroviaria, La Goma, México*
• *Puente sobre el río Nazas, Torreón, México*
El robo del tren de municiones se rodó en un ramal al sur de 'La Goma' en México. / La voladura del puente se rodó en el río 'Nazas' al sur de 'Torreón'.
P. 161

Gunga Din (Gunga Din)
George Stevens, EEUU, 1939
Cary Grant y Sam Jaffe cruzan un puente colgante mientras un elefante lo agita.
P. 227

Harry el sucio (Dirty Harry)
Don Siegel, EEUU, 1971
• *Estación ferroviaria Forest Hill Muni, San Francisco, EEUU*
• *Túnel Waldo, autopista 101 en San Francisco, EEUU*
• *Puente Golden Gate, San Francisco, EEUU*
La estación de tren que aparece durante la noche de búsqueda del asesino es 'Forest Hill Muni' entre Twin Peaks y Mount Davidson. / Durante el último enfrentamiento, Scorpio secuestra un autobús escolar y cruza el puente 'Golden Gate' y el túnel 'Waldo' en la autopista 101.

Hello, Dolly! (Hello, Dolly!)
Gene Kelly, EEUU, 1969
• *Estación ferroviaria Garrison, al norte de Nueva York, EEUU*
Lo que parece ser la estación 'Yonkers' se rodó en la estación de 'Garrison' 30 millas al norte de Nueva York justo sobre el río Hudson.

Historias de Tokyo (Tokyo monogatari)
Yasuhiro Ozu, Japón, 1953
Los hijos despiden a sus ancianos padres en una estación japonesa abarrotada.
P. 141

Historias del kronen
Montxo Armendáriz, España, 1994
• *Puente de Eduardo Dato, Madrid, España*
• *Túneles de Azca, Madrid, España*
Juan Diego Botto y Aitor Merino juegan peligrosamente colgados del puente sobre el Paseo de la Castellana. / Jordi Mollá junto a Botto conducen por los túneles de Azca en dirección contraria.
P. 261

Hombres de negro *(Men in black)*
Barry Sonnenfeld, EEUU, 1997
• *Estación ferroviaria Grand Central, Nueva York, EEUU*
Will Smith se enfrenta a su primer alien en la estación 'Grand Central'.

Hombres de presa *(Tycoon)*
Richard Wallace, EEUU, 1947
John Wayne construirá un puente en tiempo récord, pero se verá amenazado por una crecida.
PP. 231 Y 262

Horizontes perdidos *(Lost horizon)*
Frank Capra, EEUU, 1937
Citada como ejemplo de supervivencia en accidentes aéreos.
P. 284

Huida a medianoche *(Midnight run)*
Martin Brest, EEUU, 1988
• *Estación ferroviaria Grand Central, Nueva York, EEUU*
• *Puente Salt River Canyon, Globe, Arizona, EEUU*
De Niro y Grodin parten de Nueva York desde la estación 'Grand Central'. / El ataque del helicóptero es en el puente del 'Salt River Canyon' en la I-60 a unas 35 millas al norte de 'Globe'.

Independence day *(Independence day)*
Roland Emmerich, EEUU, 1996
• *Túnel Second Street, Los Ángeles, EEUU*
El atasco en el túnel se rodó en el túnel 'Second Street' de Los Ángeles entre Hill Street y Figueroa Street.

Indiana Jones y el templo maldito
(Indiana Jones and the temple of doom)
Steven Spielberg, EEUU, 1984
• *Puente de cuerda, junto a una presa en construcción, Sri Lanka*
La escena del puente de cuerda fue rodada con un puente construido sobre una garganta de casi cien metros de profundidad. Fue construido junto a una presa en construcción cuyos ingenieros ayudaron a calcular el puente.
PP. 227 Y 261

Indiana Jones y la última cruzada
(Indiana Jones and the last crusade)
Steven Spielberg, EEUU, 1989
• *Línea ferroviaria Cumbras and Toltec, Colorado, EEUU*
• *Estación ferroviaria de Guadix, Granada, España*
La escena inicial del tren se rodó en la vía férrea 'Cumbras and Toltec' en Southern Colorado. / La estación de tren de la ficticia ciudad de 'Iskenderun' (pequeño sultanato al sur de Turquía y al norte de Siria) realmente es la estación de Guadix, en Granada.

Instinto básico *(Basic instinct)*
Paul Verhoeven, EEUU, 1992
• *Puente Bixby, California, EEUU*
• *Carretera Spindrift, California, EEUU*
Puente que separa física y simbólicamente la casa de la playa de Sharon Stone de la casa de San Francisco. / Espectacular persecución de coches con adelantamientos imposibles por la sinuosa carretera de Carmel.
P. 170

Intolerancia *(Intolerance)*
D.W. Griffith, EEUU, 1916
Citada como obra megalomaníaca.
P. 50

Ipcress *(The Ipcress file)*
Sidney J Furie, Gran Bretaña, 1965
• *Estación ferroviaria Marylebone, Londres, Gran Bretaña*
La estación en la que el científico desaparece es la de 'Marylebone'.

Johnny Mnemonic *(Johnny Mnemonic)*
Robert Longo, EEUU, 1995
• *Estación ferroviaria Union, Toronto, Canadá*
Lo que aparenta ser el hospital del doctor Henry Rollins realmente es la estación de tren 'Union' de Toronto.
P. 317

Jules et Jim *(Jules et Jim)*
François Truffaut, Francia, 1961
• *Puente de piedra, St. Paul de Vence, Francia*
La decisión final de Jeanne Moreau tiene como escenario este puente, con Oskar Werner como espectador privilegiado.
P. 230

Julia *(Julia)*
Fred Zinnemann, EEUU, 1977
• *Estación ferroviaria Nord, París, Francia*
• *Estación ferroviaria Strasbourg, Estrasburgo, Francia*
• *Estación ferroviaria Shirmack, Shirmack, Francia*
Jane Fonda parte de la estación de trenes de 'Gare du Nord'. / La estación de 'Strasbourg' hace las veces de estación 'Berlin´s Railway Terminal'. / La estación de Shirmack, 40 millas al oeste de Strasbourg, simula ser el puesto fronterizo alemán.

Jungla de cristal 2 *(Die Hard 2)*
Renny Harlin, EEUU, 1990
• *Aeropuerto Stapleton, Colorado, EEUU*
Bruce Willis debe volver a salvar a la humanidad, esta vez en un aeropuerto.
P. 283

Jungla de cristal III. La venganza *(Die hard with a vengeance)*
John McTiernan, EEUU, 1995
• *Tuneladoras*
El butrón elevado a la máxima potencia, utilizando ¡tuneladoras!
P. 255

Kartum *(Khartoum)*
Basil Dearden, EEUU, 1966
Charlton Heston ordena construir un canal que una las dos corrientes del Nilo para convertir la ciudad en un fortín.
P. 199

King Kong *(King Kong)*
Merian C. Cooper, E. Schoedsack, EEUU, 1933
Puentes y trenes elevados son comparados con el grandioso tamaño de King Kong. El desenlace final ocurre en la gran estructura del 'Empire State Building'.
P. 277

L'Atalante *(L'Atalante)*
Jean Vigo, Francia, 1934
• *Canal Conflans-Sainte-Honorine, París, Francia*
• *Canal St. Martin, París, Francia*
• *Canal Ourcp, París, Francia*
Los canales son protagonistas: 'Conflans-Sainte-Honorine' es un centro para la navegación fluvial en el Sena; 'Canal de Ourcp' y 'Canal St. Martin' en los muelles de 'Quai de la Loire'.
PP. 183, 184 Y 185

La Aventura *(L'Avventura)*
Michelangelo Antonioni, Italia, 1960
• *Puente Fabricio, Isola Tiberina, Italia*
El apartamento de 'Sandro' se encuentra junto al puente 'Fabricio' en Isola Tiberina (pequeña isla en el Tíber, entre Palatino y el distrito Trastavere). Es el puente más antiguo sobre el Tíber.

La batalla de los sexos
(The battle of the sexes)
Charles Crichton, Gran Bretaña, 1960
• *Estación ferroviaria Waverley, Edimburgo, Escocia*
• *Puente Waverley, Edimburgo, Escocia*
Peter Sellers llega a la estación 'Waverley' en Edimburgo, desde donde se divisa una vista del puente del mismo nombre.

La bestia humana *(La bête humaine)*
Jean Renoir, Francia, 1938
• *Estación ferroviaria St-Lazare, París, Francia*
• *Estación ferroviaria Le Havre, Le Havre, Francia*
Desde el apartamento de Jean Gabin se puede ver la salida de la estación 'Gare St-Lazare' que es la tercera estación de tren más grande del mundo. / La máquina de tren se avería en 'Le Havre Station'.
P. 127

La caja china *(The chinesse box)*
Wayne Wan, EEUU, 1998
• *Máquina hincadora de pilotes*
La maquinaria hincadora de pilotes forma parte de la banda sonora de la película.
P. 323

La canción del camino *(Pather panchali)*
Satyajit Ray, India, 1955
Apu corre por los campos de la India para ver pasar un tren.
P. 125

La carrera del siglo *(The great race)*
Blake Edwards, EEUU, 1965
• *Línea ferroviaria Sierra Railroad, California, EEUU*
Las escenas de tren se rodaron en la línea 'Sierra Railroad' en California.

La chica del puente *(La fille sur le pont)*
Patrice Leconte, Francia, 1999
• *Puente ferroviario Viaduc d'Austerlitz, París, Francia*
• *Puente Fatih Sultan Mehmed, Estambul, Turquía*
Vanessa Paradis intenta suicidarse desde un puente sobre el Sena, pero Daniel Auteuil está allí para evitarlo. / El final de la película cambia de puente, desde París hasta Estambul y el estrecho del Bósforo.
P. 216

La ciudad desnuda *(The naked city)*
Jules Dassin, EEUU, 1948
• *Puente Williamsburg, Nueva York, EEUU*
El enfrentamiento final entre el asesino y el policía se produce en el puente de 'Williamsburg' desde el que el villano cae en picado al 'East River'.

La ciudad sin ley *(Barbary Coast)*
Howard Hawks, EEUU, 1935
Ejemplo de ciudad portuaria que crece desde el mismo puerto.

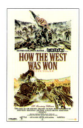
La conquista del oeste
(How the west was won)
Henry Hathaway, John Ford, George Marshall, EEUU, 1962
• *Línea ferroviaria Custer State Park, California, EEUU*
Las escenas del tren fueron rodadas en 'Custer State Park' en California.

La costa de los mosquitos
(The mosquito coast)
Peter Weir, EEUU, 1986
• *Puente giratorio manual, Belice, EEUU*
Aparece el único puente giratorio manual que queda en toda América.
P. 228

La decisión de Sophie *(Sophie's choice)*
Alan J. Pakula, EEUU-Yugoslavia, 1982
• *Puente Brooklyn, Nueva York, EEUU*
Meryl Streep bebe champán en el puente 'Brooklyn'.

La demolición de un muro
(La démolition d'un mur)
Louis Jean Lumière, Francia, 1895
Documental sobre la demolición de un muro que, gracias a la moviola, vuelve a erigirse automáticamente.
P. 114

La diligencia *(Stagecoach)*
John Ford, EEUU, 1939
Ejemplo de caminos antes del asfalto.
P. 157

La diva *(Diva)*
Jean-Jacques Beineix, Francia, 1981
• *Estación metropolitana Opera, París, Francia*
• *Estación ferroviaria Avenue Foch, París, Francia*
El mensajero huye sobre su bicicleta por dentro del metro de París en la estación de 'Opera'. / El encuentro del mensajero con la prostituta se rodó a través de una de las cubiertas en forma de alas de mariposa de la 'Avenue Foch' diseñadas por Hector Guimard.

La escapada *(Il sorpasso)*
Dino Risi, Italia, 1962
• *Carreteras alrededor de Roma, Italia*
Vittorio Gassman liará a Jean Louis Trintignat en esta *road movie* por las carreteras de Italia.
P. 159

La evasión *(Le trou)*
Jacques Becker, Francia, 1960
Excavación de un túnel por parte de unos presos que tratan de escapar de la prisión.
P. 252

La fuga de Segovia
Imanol Uribe, España, 1981
Varios presos de ETA político-militar escapan a través de un túnel.
P. 252

La gran evasión *(The great escape)*
John Sturges, EEUU, 1963
• *Línea ferroviaria Munich-Hamburgo, Hamburgo, Alemania*
Las escenas del tren se rodaron en un tramo de vía entre Munich y Hamburgo. / El argumento gira en torno a la excavación de varios túneles para escapar del campo de prisioneros.
PP. 249, 250 Y 252

La gran ilusión *(La grande illusion)*
Jean Renoir, Francia, 1937
Jean Gabin junto a otros prisioneros franceses excavan un túnel para huir del campo alemán.
P. 252

La gran prueba *(Friendly persuasion)*
William Wyler, EEUU, 1956
Citada como película con guión de Michael Wilson.
P. 30

La hoguera de las vanidades
(The bonfire of the vanities)
Brian de Palma, EEUU, 1990
La ciudad en los años 80.
P. 303

La hora final *(On the beach)*
Stanley Kramer, EEUU, 1959
• *Puente Golden Gate, San Francisco, EEUU*
El Puente 'Golden Gate' absolutamente desierto aumenta la desolación en Gregory Peck y su tripulación.
P. 235

La humanidad en peligro *(Them!)*
Gordon Douglas, EEUU, 1954
• *Canalización del río Los Ángeles, Los Ángeles, EEUU*
• *Viaducto Sixth Street, Los Ángeles, EEUU*
Las hormigas mutantes aparecen en este clásico de la ciencia ficción por los canales de Los Ángeles asomando por el viaducto de la 'Sixth Street'.

La invasión de los ladrones de cuerpos
(Invasion of the body snatchers)
Don Siegel, EEUU, 1956
La única salvación posible para Kevin McCarthy y Dana Wynter es llegar a la carretera.

La jungla en armas *(The real glory)*
Henry Hathaway, EEUU, 1939
Gary Cooper debe remontar el cauce seco del río para destruir el dique que ha sido construido para asediar el campamento.
PP. 198 Y 199

La ley de la calle *(Rumble fish)*
Francis Coppola, EEUU, 1983
• *Puente 21st Street, Tulsa, Oklahoma, EEUU*
El puente junto al que los peces son liberados al río Arkansas es el '21st Street Bridge' de Tulsa.
PP. 287 Y 300

La ley del silencio *(On the waterfront)*
Elia Kazan, EEUU, 1954
• *Puerto Hoboken, New Jersey, EEUU*
Los muelles donde transcurre la acción son los del puerto de 'Hoboken' en New Jersey.
PP. 29, 191 Y 271

La lista de Schindler *(Schindler´s list)*
Steven Spielberg, EEUU, 1993
• *Puente sobre el Vístula, calle Krakowska, Krakovia, Polonia*
• *Estación ferroviaria Krakow Glowny, Krakovia, Polonia*
Los judíos son evacuados en masa cruzando el puente sobre el río Vístula, al final de la calle Krakowska. / La estación de tren utilizada es la Krakow Glowny.
P. 138

La llegada del tren a la estación
(L'Arrivée d'un train en Gare de la Ciotat)
Louis Jean Lumière, Francia, 1895
• *Estación ferroviaria de La Ciotat, Francia*
Conocida como la primera película proyectada en público. Documental sobre la llegada de un tren a la estación.
PP. 15, 114 Y 115

La marcha del millón de hombres
(Get on the bus)
Spike Lee, EEUU, 1996
Distintas personas con caracteres variados viajan juntos en un autobús a través de los Estados Unidos en el aniversario de la marcha del millón de hombres.
P. 165

La máscara *(The mask)*
Charles Russell, EEUU, 1994
• *Viaducto Sixth Street, Los Ángeles, EEUU*
La máscara es finalmente devuelta al río desde el viaducto de la calle 6, en el *downtown* de Los Ángeles.

La momia *(The mummy)*
Stephen Sommers, EEUU, 1999
• *Muelle Ghatham, Kent, Gran Bretaña*
El puerto de Giza en el Nilo es realmente 'Chatham Docks' en Kent.

La mujer del teniente francés
(The french lieutentant's woman)
Karel Reisz, Gran Bretaña, 1981
• *Dique Cobb Harbor, Lyme Regis, Dorset, Gran Bretaña*
• *Estación ferroviaria Lyme Regis, Lyme Regis, Dorset, Gran Bretaña*
• *Estación ferroviaria Windsor Central, Berkshire, Gran Bretaña*
Espectaculares imágenes de Meryl Streep en el rompeolas del siglo XIII. / La estación de tren abandonada de Lyme vuelve al trabajo. / La supuesta estacion de tren 'Exeter St David's Station' realmente es la 'Windsor Central Station' en Berkshire.

La naranja mecánica *(A clockwork orange)*
Stanley Kubrick, Gran Bretaña, 1971
• *Puente Albert, Londres, Gran Bretaña*
La revancha final de los mendigos se produce bajo el puente 'Albert' en 'Chelsea Embankment'.

La noche del demonio *(Night of the demon)*
Jacques Tourneur, Gran Bretaña, 1958
• *Línea ferroviaria St. Albans-Watford Railway, Bricket Wood, Gran Bretaña*
El demonio se materializa finalmente en la vía del tren en 'Bricket Wood' entre St Albans y Watford.

La pasión de vivir *(The music lovers)*
Ken Russell, Gran Bretaña, 1970
• *Canal Grand Union, Londres, Gran Bretaña*
• *Puente Gloucester Avenue, Londres, Gran Bretaña*
El intento de suicidio del compositor se rodó en el canal 'Grand Union' donde salta a la sucia agua bajo el puente ferroviario junto al puente de la avenida 'Gloucester' entre Camden Lock y Regent's Park.

La puerta del cielo *(Heaven's gate)*
Michael Cimino, EEUU, 1980
Llegada de Kris Kristofferson a la estación de Wyoming. Trenes y carreteras hicieron posible el paso del sedentarismo al nomadismo mediante la emigración.
PP. 152, 153, 182 y 192

La selva esmeralda *(The emerald forest)*
John Boorman, Gran Bretaña, 1985
• *Presa de Tucurui, Brasil*
Su construcción da origen a toda la trama de la película. El accidente en la presa fue rodado con una maqueta.
P. 194

La sombra de una duda *(Shadow of a doubt)*
Alfred Hitchcock, EEUU, 1943
• *Estación ferroviaria 9 Fourth Street, California, EEUU*
Joseph Cotten llega a una estación de tren, ya en desuso. Actualmente es la oficina de turismo.

La tapadera *(The firm)*
Sydney Pollack, EEUU, 1993
• *Tren monorraíl de Mud Island, Memphis, EEUU*
• *Puente peatonal de Mud Island, Memphis, EEUU*
El monorraíl y el puente peatonal que llevan a la isla en la escena final se encuentran en 'Mud Island' en Memphis y comienzan en la '125 Front Street' en 'Adams Avenue'.

La tentación vive arriba
(The seven year itch)
Billy Wilder, EEUU, 1955
• *Rejilla de ventilación en Lexington Avenue con 52th Street, Nueva York, EEUU*
La rejilla de ventilación del metro que levanta la falda de Marilyn Monroe se encuentra en la esquina noroeste de 'Lexington Avenue' y '52th Street', en Nueva York.
P. 147

La terminal *(The terminal)*
Steven Spielberg, EEUU, 2004
Tom Hanks pasará meses viviendo en la terminal del aeropuerto JFK de Nueva York.
P. 283

La tormenta perfecta *(The perfect storm)*
Wolfgang Petersen, EEUU, 2000
Citada como ejemplo de la vida en un pequeño puerto de mar.
P. 270

La torre de los siete jorobados
Edgar Neville, España, 1944
Bajo Madrid se encuentra toda otra ciudad excavada, a la que se accede por la torre que crece hacia abajo y donde se encuentra hasta una sinagoga.
P. 259

La vida en un hilo
Edgar Neville, España, 1945
Conchita Montes descubrirá durante un viaje en tren la vida que podría haber llevado. En la estación de destino en Madrid, tendrá una nueva oportunidad.
P. 141

La vida es bella *(La vita è bella)*
Roberto Benigni, Italia, 1997
Con el trayecto en tren hasta el campo de concentración comienza el juego al que debe jugar Giustino Durano.
P. 138

La vida es un milagro *(Zevot je cudo)*
Emir Kusturica, Bosnia Herzegovina-Francia, 2004
Curiosa utilización de las vías ferroviarias como soporte para esnifar cocaína. / Intercambio de rehenes sobre un puente.
PP. 129 Y 227

La vida privada de Sherlock Holmes
(The private life of Sherlock Holmes)
Billy Wilder, EEUU, 1970
• *Línea ferroviaria Keighley and Worth Valley, Yorkshire, Gran Bretaña*
Las escenas en el tren fueron rodadas en la línea 'Keighley and Worth Valley Railway' en Yorkshire.

La vuelta al mundo en ochenta días
(Around the world in eighty days)
Michael Anderson, EEUU, 1956
Citada como ejemplo del furor explorador.
P. 149

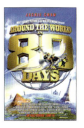

La vuelta al mundo en ochenta días
(Around the world in eighty days)
Frank Coraci, Gran Bretaña, 2004
Citada como ejemplo del furor explorador.
P. 149

Ladrón de bicicletas *(Ladri di biciclette)*
Vittorio de Sica, Italia, 1948
Citada como ilustre película-denuncia.
P. 153

Lawrence de Arabia *(Lawrence of Arabia)*
David Lean, Gran Bretaña, 1952
Se construyó una línea ferroviaria para rodar el asalto al tren en el desierto.
PP. 30 Y 199

Las aventuras de Priscilla, reina del desierto
(The adventures of Priscilla, queen of the desert)
Stephan Elliott, Australia, 1994
• *Puente Harbour, Sydney, Australia*
La *road movie* comienza con imágenes del puente 'Habour' en Sydney.
P. 165

Licencia para matar *(Licence to kill)*
John Glen, Gran Bretaña, 1989
• *Carretera Rumorosa Pass, Mexiali, México*
La persecucion final tiene lugar en el 'El Diablo' y discurre por 'Rumorosa Pass' un tramo de carretera a 50 millas al oeste de 'Mexiali' justo en la frontera con California.

Las huellas borradas
Enrique Gabriel, España, 1999
La construcción de una presa borrará del mapa un pueblo lleno de recuerdos para Federico Luppi.
P. 190

Llegada de un tren a la estación de ferrocarril del Norte, de Barcelona
Fructuoso Gelabert, España, 1898
• *Estación del Norte, Barcelona, España*
Película documental en los albores del cine español.
P. 115

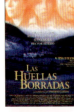
Las montañas de la luna
(Mountains of the moon)
Bob Rafelson, EEUU, 1990
La ausencia de obra civil fue uno de los obstáculos para los aventureros exploradores.
PP. 149 Y 199

Llegada de un tren de Teruel a Segorbe
Anónimo, España, 1896
• *Estación de Segorbe, Teruel, España*
Documental sobre la llegada de un tren a la estación. Para muchos, la primera película española.

Llegada del vapor Bellver a Mallorca
Fructuoso Gelabert, España, 1899
• *Puerto de Palma de Mallorca, España*
Documental sobre la llegada del vapor Bellver al puerto.

Las uvas de la ira *(The grapes of wrath)*
John Ford, EEUU, 1940
Henry Fonda y su familia emprenden una *road movie* desde Oklahoma hasta California en busca de trabajo.
P. 153

Llueve sobre mi corazón *(The rain people)*
Francis Ford Coppola, EEUU, 1969
Shirley Knight interpreta uno de sus mejores papeles en esta *road movie* que emprende cansada de su matrimonio.
P. 166

Lo que el viento se llevó
(Gone with the wing)
Victor Fleming, EEUU, 1939
Citada como ejemplo de destrucción de decorados antiguos.
PP. 51 Y 194

Lo que queda del día *(The remains of the day)*
James Ivory, Gran Bretaña, 1993
• *Muelle Grand Pier, Weston-SuperMare, Somerset, Gran Bretaña*
Anthony Hopkins y Emma Thompson se sientan juntos en el muelle 'Grand Pier' de 'Weston-SuperMare' en la costa de 'Somerset'.

Lobos humanos *(Wolfen)*
Michael Wadleigh, EEUU, 1981
• *Puente Manhattan, Nueva York, EEUU*
• *Puente Brooklyn, Nueva York, EEUU*
Albert Finney interroga a Edward James Olmos en lo alto del arco del puente 'Manhattan', tras ascender por los tirantes. / Tambíen hay planos en lo alto del puente de 'Brooklyn'.

Locuras de verano *(Summer madness)*
David Lean, Italia, 1955
• *Estación ferroviaria Santa Lucia, Venecia, Italia*
• *Canal San Barnaba, Venecia, Italia*
• *Puente San Barnaba, Venecia, Italia*
Katherine Hepburn llega a Venecia a la estación de tren 'Stazione Ferroviaria Santa Lucia' / Y se cae al canal 'San Barnaba' en 'Campo San Barnaba', donde también se luce el pequeño puente de 'San Barnaba'.
P. 187

Los amantes del Pont-Neuf
(Les Amants du Pont-Neuf)
Leos Carax, Francia, 1990
• *Pont Neuf, París, Francia*
• *Puente de las Artes, París, Francia*
Denis Lavant vive en el 'Pont Neuf' y allí compartirá 'hogar' con Juliete Binoche.
PP. 50, 215 Y 324

Los amos de la noche *(The warriors)*
Walter Hill, EEUU, 1979
• *Metropolitano de Nueva York, EEUU*
Una banda callejera tiene que volver a Coney Island atravesando toda la red de metro de Nueva York, con el resto de bandas dándoles caza.
P. 145

Los apuros de un pequeño tren
(The Titfield thunderbolt)
Charles Crichton, Gran Bretaña, 1952
• *Línea ferroviaria Limpley Stoke, Bath, Gran Bretaña*
• *Estación ferroviaria Monckton Coombe, Bath, Gran Bretaña*
Rodada en la línea, ya en desuso, de 'Limpley Stoke' cerca de 'Bath'. / La estación del pueblo que tratan de mantener con su compañía local es la abandonada 'Monckton Coombe' al sur de Bath.

Los caballeros de la mesa cuadrada
(Monty Python and the holy grail)
Terry Gilliam, Gran Bretaña, 1975
• *Puente 'Meeting of the Three Waters', Glen Coe, Escocia*
El Puente de la Muerte está en el 'meeting of the Three Waters' cuando las aguas de la montaña se convierten en el río 'River Cae'.

Los goonies *(The goonies)*
Richard Donner, EEUU, 1985
Citada como ejemplo de persecución.
PP. 170 Y 261

Los hermanos Marx en el Oeste *(Go west)*
Edward Buzzel, EEUU, 1940
• *Línea ferroviaria Sierra Railroad, California, EEUU*
El tren que comanda Groucho y sus hermanos es el viejo 'Sierra Railroad' al norte de California.
P. 139

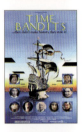

Los héroes del tiempo *(Time bandits)*
Terry Gilliam, Gran Bretaña, 1981
Citada como ejemplo de viajes en el tiempo.
P. 258

Los inmortales *(Highlander)*
Russell Mulcahy, EEUU, 1986
• *Aparcamiento del Madison Square Garden, Nueva York, EEUU*
Christopher Lambert decapita a un rival en el aparcamiento subterráneo del 'Madison Square Garden'.

Los intocables de Eliot Ness *(The untouchables)*
Brian de Palma, EEUU, 1987
• *Tren elevado Wrigleyville, Chicago, EEUU*
• *Puente Michigan Avenue, Chicago, EEUU*
• *Estación ferroviaria Union, Chicago, EEUU*
• *Puente Hardy, Missouri, Montana, EEUU*
La explosión inicial del Café se produce bajo el 'el' (elevated train) en Wrigleyville. / Kevin Costner se cita con Sean Connery en el puente 'Michigan Avenue'. / La estación del homenaje a 'Acorazado Potemkin' es la estación 'Union' de Chicago. / Plano de los transportistas de alcohol ilegal en el puente 'Hardy'.
PP. 144 Y 309

Los muelles de Nueva York
(The docks of New York)
Josef Von Sternberg, EEUU, 1928
• *Muelles de Nueva York, EEUU*
El marinero George Bancroft conoce a Betty Compson cuando ella está a punto de suicidarse en el muelle.
P. 270

Los puentes de Madison
(The bridges of Madison County)
Clint Eastwood, EEUU, 1995
• *Puente Roseman, Winterset, Iowa, EEUU*
• *Puente Holliwell, Winterset, Iowa, EEUU*
• *Puente de piedra del City Park, Winterset, Iowa, EEUU*
Los dos puentes que aparecen son el puente 'Roseman' construido en 1883 y el 'Holliwell', el más largo de los 6 que quedan en pie de los 19 iniciales / El puente de piedra donde toman el picnic está en el 'City Park' de Winterset.
P. 212

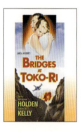

Los puentes de Toko-Ri
(The bridges at Toko-Ri)
Mark Robson, EEUU, 1954
William Holden debe cumplir su misión de volar unos puentes muy vigilados durante la guerra de Corea.
P. 226

Los viajes de Sullivan *(Sullivan's travels)*
Preston Sturges, EEUU, 1941
Citada como contrapunto a 'Las uvas de la ira' sin abandonar el mismo trasfondo.
P. 154

Mad Max *(Mad Max)*
George Miller, Australia, 1979
• *Carretera aledaña, Melbourne, Australia*
Mel Gibson vengará la muerte de su familia enfrentándose a todo tipo de vehículos en las carreteras futuristas de Australia.
P. 159

Mad Max 2 *(Mad Max 2)*
George Miller, Australia, 1981
• *Carretera New South Wales, Silverston, Australia*
El choque final sc rodó en la carretera de 'New South Wales' a la salida de la ciudad fantasma de Silverston en Australia.

Malas calles (Mean streets)
Martin Scorsese, EEUU, 1973
Robert de Niro es tiroteado en el coche después de cruzar un puente supuestamente de Nueva York, pero rodado en Los Ángeles.
P. 233

Mallrats (Mallrats)
Kevin Smith, EEUU, 1995
La ciudad en los años 90.
P. 307

Manhattan (Manhattan)
Woody Allen, EEUU, 1979
• *Puente Queensboro, Nueva York, EEUU*
Espectacular vista del puente de 'Queensboro' con Allen y Keaton sentados en la 'Riverview Terrace' en 'Sutton Square'.
PP. 171 Y 236

Marathon man (Marathon man)
John Schlesinger, EEUU, 1976
• *Depósito de agua de Central Park, Nueva York, EEUU*
El encuentro final entre Dustin Hoffman y Lawrence Olivier se produce en la entrada al depósito (North Gate House).

Marius y Jeannette (Marius et Jeannette)
Robert Guédiguian, Francia, 1997
La ciudad en los años 90.
P. 305

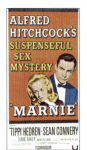
Marnie la ladrona (Marnie)
Alfred Hitchcock, EEUU, 1964
• *Estación metropolitana 30th Street, Filadelfia, EEUU*
Marnie llega a Filadelfia a la estación de la calle 30.

Master and commander: Al otro lado del mundo (Master and commander: The far side)
Peter Weir, EEUU, 2003
Citada como ejemplo de grandes aventuras en barco.
P. 269

Matrix (The Matrix)
Andy y Larry Wachowski, EEUU, 1999
La estación de tren en la que Keanu Reeves lucha contra Hugo Weabing fue rodada en un tramo de vías detrás de los silos de White Bay en el lado de Balmain de el puente Anzac.

Matrix reloaded (The Matrix reloaded)
Andy y Larry Wachowski, EEUU, 2003
Espectacular persecución por la autopista.
P. 171

Máxima ansiedad (High anxiety)
Mel Brooks, EEUU, 1977
• *Puente Golden Gate, San Francisco, EEUU*
Aparece 'Fort Point' junto al pie del puente 'Golden Gate' en homenaje a 'Vértigo'.

Memoria letal *(The long kiss goodnight)*
Renny Harlin, EEUU, 1996
• *Estación ferroviaria Hamilton, Toronto*
• *Puente Niagara Falls, EEUU*
La estación de Chesterman donde ocurre el tiroteo y el salto al canal helado es en realidad la vieja estación 'Hamilton'. / El desenlace fue rodado en las cataratas del Niágara en un puente que, por supuesto, está intacto.

Mentiras arriesgadas *(True lies)*
James Cameron, EEUU, 1994
• *Puente Old Seven Mile, Florida, EEUU*
El puente de la escena del helicóptero es el 'Old Seven Mile' que une 'Key Vaca' con 'Bahia Honda Key' en Florida.

Metrópolis *(Metropolis)*
Fritz Lang, Alemania, 1926
Los 'trabajadores' habitan un mundo subterráneo.
P. 260

Mi familia *(My family)*
Gregory Nava, EEUU, 1995
• *Puentes de Los Ángeles, EEUU*
El protagonista recuerda a su familia cuando pasa por los puentes de Los Ángeles.
P. 233

Mi hermosa lavandería
(My beautiful laundrette)
Stephen Frears, Gran Bretaña, 1985
• *Puente ferroviario sobre Stewarts Road, Londres, Gran Bretaña*
El puente de tren bajo el que Gordon Warnecke es atacado está sobre 'Stewarts Road' cerca de 'Ascalon Street'.

Mi tío *(Mon oncle)*
Jacques Tati, Francia, 1958
La ciudad en los años 50.
PP. 297 Y 299

Milagro en Milán *(Miracolo a Milano)*
Vittorio de Sica, Italia, 1950
El poblado chavolista con tan peculiar ordenación urbana se levanta junto a una línea ferroviaria.
P. 127

Mimic *(Mimic)*
Guillermo del Toro, EEUU, 1997
• *Metropolitano de Nueva York, EEUU*
Extrañas criaturas mutantes habitan en los túneles del metro.
P. 259

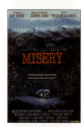
Misery *(Misery)*
Rob Reiner, EEUU, 1990
• *Carretera Old Donner Pass I-80, Reno, Nevada, EEUU*
La carretera donde James Caan se estrella con el coche es 'Old Donner Pass' en la I-80 al oeste de Reno, en la frontera entre Nevada y California.

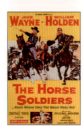
Misión de audaces *(The horse soldiers)*
John Ford, EEUU, 1959
John Wayne y su brigada del Séptimo de Caballería debe destruir la línea férrea y la estación de Newton.
PP. 124 Y 229

Misión imposible (*Mission: Impossible*)
Brian de Palma, EEUU, 1996
• *Puente Karluv, Praga, República Checa*
• *Línea ferroviaria Annan-Dumfries, entre Dumfries y New Cumnock, Escocia*
• *Estación ferroviaria Liverpool Street, Londres, Gran Bretaña*
John Voight cae al río 'Vltava' desde el famoso puente 'Charles' en Praga. / Las escenas supuestamente en el Eurotúnel están rodadas en tramos de la línea entre Annan y Dumfries, en Escocia. / Cruise queda citado con Voight en la estación de 'Liverpool Street' de Londres.
P. 261

Mo' better blues (*Mo' better blues*)
Spike Lee, EEUU, 1990
• *Puente Brooklyn, Nueva York, EEUU*
El loft donde vive Denzel Whasington está a la sombra del puente de 'Brooklyn'. En un plano, Denzel Whasington, abandonado por Joie Lee y Cynda Williams, está tocando su trompeta por la noche en el nivel superior del puente de 'Brooklyn'.

Moby Dick (*Moby Dick*)
John Huston, EEUU, 1956
• *Puerto Youghal, al este de Cork, Irlanda*
El 'Pequod' zarpa del puerto de New Bedford, pero realmente se rodó en el puerto de Youghal, unas 25 millas al este de Cork.
P. 269

Mona Lisa (*Mona Lisa*)
Neil Jordan, Irlanda, 1986
• *Muelle Brighton, Brighton, Gran Bretaña*
Aparece el muelle de Brighton durante una persecución.

Monster (*Monster*)
Patty Jenkins, EEUU, 2003
Citada como ejemplo de la transformación física de una actriz para un papel.
P. 309

Morir todavía (*Dead again*)
Kenneth Branagh, EEUU, 1991
• *Puente Shakespeare, Los Ángeles, distrito de 'Los Feliz', EEUU*
Kenneth Branagh recibe una paliza de Campbell Scott en el puente 'Shakespeare' en 'Franklin Avenue' en el distrito de 'Los Feliz'.

Moulin Rouge (*Moulin Rouge*)
John Huston, EEUU, 1952
• *Puente Alexandre III, París, Francia*
Aparece el famoso puente parisino.

Muerte de un ciclista
J. A. Bardem, España, 1950
• *Carretera aledaña a Madrid, España*
El atropello del ciclista que origina toda la trama sucede en una carretera no muy concurrida a las afueras de Madrid.
P. 164

Muerte en Venecia (*Morte a Venezia*)
Luchino Visconti, Italia, 1971
• *Canales de Venecia, Italia*
La atracción que Dirk Bogarde siente por un joven adolescente tiene a la ciudad de Venecia como telón de fondo.
P. 187

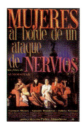

Mujeres al borde de un ataque de nervios
Pedro Almodóvar, España, 1988
• *Túneles de Azca, Madrid, España*
• *Aeropuerto Barajas, Madrid, España*
La persecución final del taxi y la moto discurre por los túneles de Azca. / La última escena tiene lugar en el aeropuerto de Madrid-Barajas.
PP. 261 Y 284

Nadie hablará de nosotras cuando hayamos muerto
Agustín Díaz Yanes, España, 1995
• *Metropolitano de Madrid, España*
Victoria Abril recorre los pasillos del metro como alma en pena.
P. 146

Noches blancas *(Le notti bianche)*
Luchino Visconti, Italia, 1957
Marcello Mastroianni encuentra a una joven, Maria Schell, pensativa en un puente sobre un canal de una ciudad italiana. Se acerca a hablar con ella y a partir de ahí, casi todas las conversaciones entre ambos tienen lugar sobre o cerca de los dos puentes sobre el canal, uno metálico y otro de piedra.
P. 214

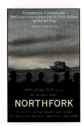

Northfork *(Northfork)*
Michael Polish, EEUU, 2003
Los habitantes del pueblo de Northfork se enfrentan de distintas maneras a la futura desaparición del mismo por la construcción de una presa.
P. 195

Novecento *(1900)*
Bernardo Bertolucci, Italia, 1976
Citada como película de denuncias sociales.
P. 153

Octopussy *(Octopussy)*
John Glen, Gran Bretaña, 1983
• *Estación ferroviaria Nene Valley, Middlesex, Gran Bretaña*
La huida de Roger Moore de 'Karl Marx-Stadt' (Chemnitz) se rodó en la estación 'Nene Valley'.

Oh, Mr Porter! *(Oh, Mr Porter!)*
Marcel Varnel, Gran Bretaña, 1937
• *Estación ferroviaria Cliddesden Halt, Hampshire, Gran Bretaña*
Rodada en la estación de tren abandonada de 'Cliddesden Halt' en la 'Basingstoke-Alton line' en Hampshire (en la película es la estación irlandesa 'Buggleskelly') donde Will Hay tratará de hacer renacer la 'embrujada' estación.

Oklahoma! *(Oklahoma!)*
Fred Zinnemann, EEUU, 1955
• *Estación ferroviaria Elgin, Arizona, EEUU*
El gran número musical de la estación de tren se rodó en 'Elgin', 20 millas al oeste de Tombstone en Arizona.

Old boy *(Old boy)*
Park Chan-Wook, Corea del Sur, 2003
• *Presa de Habchun, Corea del Sur*
Una joven adolescente se deja caer desde lo alto de la presa para conseguir su felicidad y la de su hermano.
P. 195

Otello *(Otello)*
Franco Zeffirelli, Italia, 1986
• *Puerto Heraklion, Creta, Grecia*
El puerto utilizado para el rodaje es el de Heraklion en Creta.

Pactar con el diablo *(The devil's advocate)*
Taylor Hackford, EEUU, 1997
• *Estación metropolitana Chambers Street, Nueva York, EEUU*
• *Puente Brooklyn, Nueva York, EEUU*
• *Puente Manhattan, Nueva York, EEUU*
• *Puente Williamsburg, Nueva York, EEUU*
Al Pacino sale de una limousina para bajar al metro en la estación de 'Chambers Street Subway Station'. / Al Pacino tiene su oficina en Wall Street en la 'Continental Plaza' con una espectacular vista de los tres puentes cruzando el 'East River'.

Pánico en el túnel *(Daylight)*
Rob Cohen, EEUU, 1996
• *Túnel Holland, Nueva York, EEUU*
Las explosiones en cadena provocadas por el transporte ilegal de sustancias peligrosas colapsa el túnel dejando algunos supervivientes encerrados.
P. 262

Panorama para matar *(A view to a kill)*
John Glen, Francia, 1985
• *Puente Alexandre III, París, Francia*
• *Puente Golden Gate, San Francisco, EEUU*
James Bond salta sobre el barco del Senna desde el puente 'Alexandre III'. / El desenlace final tiene lugar en el puente 'Golden Gate' de San Francisco.

Papillon *(Papillon)*
Franklin J Schaffner, EEUU, 1973
• *Muelle Kingston, Kingston, Jamaica*
El puerto donde atraca el barco prisión esta rodado en Kingston, Jamaica.

París, Texas *(Paris, Texas)*
Wim Wenders, Alemania-Francia, 1984
La ciudad en los años 70.
P. 300

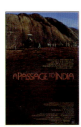
Pasaje a la India *(A Passage to India)*
David Lean, Gran Bretaña-EEUU, 1984
• *Canales en el Lago de Dal, Srinagar, Kashmir, India*
El final de la película está rodado en estos canales, donde los ingleses viven en casas flotantes.

Pasaporte a Pimlico *(Passport to Pimlico)*
Henry Cornelius, Gran Bretaña, 1949
• *Puente Lambeth, Londres, Gran Bretaña*
• *Puente ferroviario sobre Lambeth Road, Londres, Gran Bretaña*
Se construyeron decorados simulando Pimlico, pero junto al puente de 'Lambeth Bridge' y el puente ferroviario en Lambeth Road.

Pat Garret & Billy the kid *(Pat Garret & Billy the kid)*
Sam Peckinpah, EEUU, 1973
Citada como ejemplo de forajidos de leyenda.
P. 161

Pelham, uno, dos, tres *(The Taking of Pelham one two three)*
Joseph Sargent, EEUU, 1974
• *Línea ferroviaria Pelham Bay, Nueva York, EEUU*
• *Estación metropolitana Court Street Station, Nueva York, EEUU*
• *Estación metropolitana 28th Street, Nueva York, EEUU*
Todas las escenas del metro se rodaron en esta línea. / Los interiores fueron rodados en la estación en desuso de 'Court Street'. / La entrega por parte de los secuestradores se rodó en la estación '28th Street'.

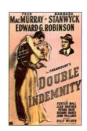
Perdición *(Double indemnity)*
Billy Wilder, EEUU, 1944
• *Estación ferroviaria Glendale Amtrak, Glendale, California, EEUU*
La estación de 'Pasadena Station' se rodó realmente en la 'Glendale Amtrak' en 'Cerritos Avenue'.

Pink Floyd-El muro *(Pink Floyd-The wall)*
Alan Parker, Gran Bretaña, 1982
• *Estación ferroviaria Keighley, Yorkshire, Gran Bretaña*
El retorno de la guerra se rodó en Keighley Station en la línea 'Keighley-Worth Valley Railway' cerca de Bradford.

Plan diabólico (*Seconds*)
John Frankenheimer, EEUU, 1966
• *Estación ferroviaria Grand Central, Nueva York, EEUU*
La escena inicial se rodó en la estación 'Grand Central' de Nueva York.

Playtime (*Playtime*)
Jacques Tati, Francia, 1967
La ciudad en los años 50.
PP. 297 Y 298

Polar Express (*The Polar Express*)
Robert Zemeckis, EEUU, 2004
Cuento navideño de animación con un tren como protagonista.
P. 128

Poli de guardería (*Kindergarten cop*)
Ivan Reitman, EEUU, 1990
• *Ruta 26, Autopista Sunset, Oregón, EEUU*
• *Puente Astoria-Megler, Astoria, Oregón, EEUU*
Arnold Schwarzenegger conduce por la preciosa carretera de la 'Route 26, Sunset Highway'. / El colegio de Astoria tiene una espectacular vista del 'Columbia River' con el altísimo puente hacia el estado de Washington.

Por quién doblan las campanas
(*For whom the bell tolls*)
Sam Wood, EEUU, 1943
Gary Cooper debe volar por los aires un puente en beneficio del ejército republicano durante la guerra civil española.
P. 228

Posada Jamaica (*Jamaica Inn*)
Alfred Hitchcock, Gran Bretaña, 1939
Citada por la frase de Hitchcock sobre con quién no se debería rodar.
P. 309

Principiantes (*Absolute Beginners*)
Julien Temple, Gran Bretaña, 1986
• *Puente Albert, Londres, Gran Bretaña*
El número musical de Eddie O´Connell "Have you ever had it blue" se rodó en el puente 'Albert' de Londres.

Psicosis (*Psycho*)
Alfred Hitchcock, EEUU, 1960
• *Autopista Golden State, Los Ángeles, EEUU*
• *Autopista I-99, California, EEUU*
La policia hace parar a Janet Leigh en la I-5, la 'Golden State Freeway' en Gorman, al norte de Los Ángeles. / Aunque el viaje en coche se rodó en estudios con retroproyecciones rodadas en la I-99 entre Fresno y Bakersfield, en California.

Puños y lágrimas
(*It happened at the world´s fair*)
Norman Taurog, EEUU, 1963
• *Tren monorraíl Hallweg, Seattle, EEUU*
Aparece el monorraíl 'Hallweg' que realmente fue construido para la Feria Internacional, en Seattle, Washington State.

¡Qué bello es vivir! (*It's a wonderful life*)
Frank Capra, EEUU, 1946
James Stewart piensa suicidarse lanzándose al río desde el puente, pero se lanzará para otro cometido.
P. 231

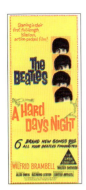

Qué noche la de aquel día *(A hard day's night)*
Richard Lester, Gran Bretaña, 1964
• *Estación ferroviaria Marylebone, Londres, Gran Bretaña*
La escena inicial de adolescentes histéricos en la estación de tren de Liverpool fue rodada en la estación 'Marylebone' de Londres.

Querelle *(Querelle-Ein Pakt mit dem Teufel)*
Rainer Werner Fassbinder, Alemania-Francia, 1982
• *Puerto de Brest, Francia*
Ambiente portuario con el marinero Brad Davis como protagonista.
P. 270

Rain Man *(Rain Man)*
Barry Levinson, EEUU, 1988
• *Puente John A Roebling, Cincinnati, EEUU*
• *Estación ferroviaria Santa Ana, Santa Ana, California, EEUU*
El puente colgante que cruzan Tom Cruise y Dustin Hofman al salir de la ciudad es el 'John A Roebling', / La estación de tren de la despedida de ambos es 'Santa Ana Train Station' en '2880 North Main Street' en Santa Ana.

Regreso a Howards End *(Howards End)*
James Ivory, Gran Bretaña, 1992
• *Estación ferroviaria St. Pancras, Londres, Gran Bretaña*
• *Puente sobre el Cherwell en el Magdalen College, Oxford, Gran Bretaña*
• *Estación ferroviaria Bewdley, Bewdley, Gran Bretaña*
Emma Thompson y Vanessa Redgrave compran los billetes de tren para Hilton en 'St Pancras Station'. / Emma Thompson queda con su hermano en el puente sobre el 'Cherwell' en el 'Magdalen College' en Oxford. / La estación de Hilton es la de 'Bewdley' un par de millas al sur de Hilton en la 'Severn Valley Railway'.

Regreso al futuro *(Back to the future)*
Robert Zemeckis, EEUU, 1985
Citada como ejemplo de viaje en el tiempo.
P. 258

Rescate *(Ransom)*
Ron Howard, EEUU, 1996
• *Túnel Holland, Nueva York, EEUU*
Mel Gibson cruza el túnel 'Holland' desde Canal Street (SoHo) hasta la 12th Street (Jersey City).

Riff-Raff *(Riff-Raff)*
Ken Loach, Gran Bretaña, 1990
La ciudad en los años 80.
P. 305

Rififí *(Du rififi chez les hommes)*
Jules Dassin, Francia, 1955
Jean Servais se vale del butrón para atracar una gran joyería.
P. 254

Río salvaje *(Wild river)*
Elia Kazan, EEUU, 1960
Montgomery Clift viaja hasta Alabama para convencer a una mujer de que abandone su casa, ya que será inundada por el embalse de una presa en el río Tennessee.
P. 190

RKO 281 *(RKO 281)*
Benjamin Ross, EEUU, 1999
Citada en alusión a la vida de Orson Welles.
P. 171

Roma ciudad abierta *(Roma città aperta)*
Roberto Rossellini, Italia, 1945
Citada en alusión a la importancia que una ciudad puede tener en el desarrollo de una película.
P. 287

Rufufú *(I Soliti ignoti)*
Mario Monicelli, Italia, 1958
El butrón más desternillante de la historia de los grandes robos.
P. 254

Ruta suicida *(The Gauntlet)*
Clint Eastwood, EEUU, 1977
Clint Eastwood conducirá un peculiar autobús para proteger a una testigo desde Las Vegas a Phoenix.
P. 165

Sabor a miel *(A taste of honey)*
Tony Richardson, Gran Bretaña, 1961
• *Canales de Manchester, Gran Bretaña*
• *Muelle Blackpool, Gran Bretaña*
• *Puente ferroviario Salford, Gran Bretaña*
Primera película inglesa rodada enteramente en exteriores aprovechando los canales de Manchester y los muelles de Blackpool / Rita Tushingham y Murray Melvin rompen su relación junto al puente 'Salford'.

Sabotaje (1942) *(Saboteur)*
Alfred Hitchcock, EEUU, 1942
• *Presa de Boulder, Las Vegas, Nevada, EEUU*
Uno de los objetivos del saboteador es la presa 'Boulder' sobre el río Colorado en las afueras de Las Vegas, Nevada.

Sabrina *(Sabrina)*
Sydney Pollack, EEUU, 1995
• *Puente de las Artes, París, Francia*
• *Puente Alexandre III, París, Francia*
• *Puerto de Chilmark, Isla de 'Martha's Vineyard', Massachusetts, EEUU*
En este *remake*, el abrazo final se rodó en el estrecho puente de madera al sur del Louvre, puente de las Artes. También aparece el puente 'Alexandre III' y el puerto pesquero de 'Chilmark' en la costa suroeste de la isla de 'Martha´s Vineyard' en Massachussets.

Salvar al soldado Ryan *(Saving private Ryan)*
Steven Spielberg, EEUU, 1998
El salvamento del soldado Ryan pasa, en última instancia, por cruzar un puente.
P. 222

San Francisco *(San Francisco)*
W.S. Van Dyke, EEUU, 1936
Citada como ejemplo de ciudad portuaria que crece desde el mismo puerto.

Secretos del corazón
Montxo Armendáriz, España, 1997
Andoni Erburu tiene miedo a cruzar el río por el vado donde unos pequeños pilares sirven a modo de puente.
P. 237

Secretos y mentiras (Secrets & Lies)
Mike Leigh, Gran Bretaña, 1996
• *Estación metropolitana Holborn, Londres, Gran Bretaña*
Marianne Jean-Baptiste queda con su madre, Brenda Blethyn, en la estación 'Holborn', donde protagonizarán un precioso, largo y pausado plano.

Secuestrada (The vanishing)
George Sluizer, EEUU, 1993
• *Carretera Mount St Helens, Washington, EEUU*
• *Túnel del Yellowstone National Park, Wyoming, EEUU*
Kiefer Sutherland y Sandra Bullock conducen por las carreteras de 'Mount St Helens' en el estado de Washington, aunque el túnel por el que corren está en Wyoming a seis millas de Cody entrando en el Parque Nacional de Yellowstone.

Senda tenebrosa (Dark Passage)
Delmer Daves, EEUU, 1947
• *Puente Golden Gate, San Francisco, EEUU*
Lauren Bacall, al cruzar el 'Golden Gate' sufre un incidente en el control de peaje estilo *art decó*, posteriormente reemplazado.

Senderos de gloria (Paths of glory)
Stanley Kubrick, EEUU, 1957
Citada como producción de Sam Spiegel.
P. 29

Senso (Senso)
Luchino Visconti, Italia, 1953
• *Canal Cannareggio, Venecia, Italia*
Alida Valli y Farley Granger pasean por 'Fondamenta di Cannareggio' en el canal de Cannareggio en Venecia.

Serpico (Serpico)
Sidney Lumet, EEUU, 1973
• *Puente Williamsburg, Nueva York, EEUU*
• *Estación metropolitana Dimars Boulevar, Nueva York, EEUU*
• *Estación metropolitana 57th Street, Nueva York, Italia*
Al Pacino cruza el puente de 'Williamsburg' desde Brooklyn para empezar una nueva vida en 'Greenwich Village'. / La estación de metro en la que Pacino persigue a un ladrón es la 'Dimars Boulevard'... / y donde encuentra a un policía drogado es la '57th Street Station'.

Seven (Seven)
David Fincher, EEUU, 1995
La casa en la que viven Brad Pitt y Gwyneth Paltrow es zarandeada por la línea de metro que pasa junto a ella.
P. 127

Shanghai blues (Shanghai blues)
Tsui Hark, China, 1984
• *Puente Coochow, Shanghái, China*
Una pareja encuentra cobijo durante el bombardeo japonés de Shanghái de 1937 bajo este puente, donde quedarán citados para después de la guerra.

Siete mujeres (7 women)
John Ford, EEUU, 1966
Citada como última película de John Ford.
P. 135

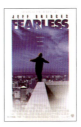
Sin miedo a la vida (Fearless)
Peter Weir, EEUU, 1993
Jeff Bridges sobrevive a un accidente aéreo y eso le dificultará volver a vivir como lo hacía antes.
P. 283

Sin Perdón *(Unforgiven)*
Clint Eastwood, EEUU, 1992
• *Línea ferroviaria Sierra Railroad, California, EEUU*
Las escenas de tren fueron rodadas en la 'Sierra Railroad' en Jamestown, al norte de California.

Slacker *(Slacker)*
Richard Linklater, EEUU, 1991
• *Puente Austin, Austin, Texas, EEUU*
El amante despechado por la infidelidad de su novia, arroja por el puente los objetos que más le recuerdan a ella, como la tienda de campaña donde hicieron el amor por primera vez o la máquina de escribir.

Solo ante el peligro *(High noon)*
Fred Zinnemann, EEUU, 1952
• *Línea ferroviaria Sierra Railroad, California, EEUU*
• *Depósito de agua, Warnerville, al suroeste de California, EEUU*
La estación de tren no existía y fue construida junto al depósito de agua que sí existía en Warnerville, un pequeño pueblo al suroeste de California, sobre las vías de la 'Sierra Railroad'.
PP. 29 Y 134

Sólo los ángeles tienen alas
(Only angels have wings)
Howard Hawks, EEUU, 1939
Un grupo de pilotos deben arriesgar diariamente su vida para cruzar un peligroso paso junto al pequeño aeropuerto en Sudamérica.
PP. 279, 280 Y 281

Sospechoso *(Suspect)*
Peter Yates, EEUU, 1987
• *Puente Francis Scott Key, Georgetown, Washington DC, EEUU*
El asesinato tiene lugar en un parking bajo el puente 'Francis Scott Key' en Georgetown (Washington DC).

Species *(Species)*
Roger Donaldson, EEUU, 1995
• *Estación ferroviaria Brigham City, Utah, EEUU*
• *Estación ferroviaria Union, Los Ángeles, EEUU*
La estación de tren victoriana es la de 'Brigham City' en Utah. / Ella (el alien) llega a la estación 'Union' de Los Ángeles.

Speed *(Speed)*
Jan de Bont, EEUU, 1994
• *Autopista Glenn Anderson, California, EEUU*
El autobús realiza el salto en la autopista inacabada 'Glenn Anderson Freeway' en California.

Star Trek *(Star Trek-The motion picture)*
Robert Wise, EEUU, 1979
• *Puente Golden Gate, San Francisco, EEUU*
La 'Starfleet Academy' está situada junto al puente 'Golden Gate'.

Subway, en busca de Fredy *(Subway)*
Luc Besson, Francia, 1985
• *Estación ferroviaria Chatelet Les Halles, París, Francia*
• *Estación metropolitana Dupleix, París, Francia*
• *Estación metropolitana Concorde, París, Francia*
• *Estación metropolitana Gallieni, París, Francia*
La mayor parte de la acción se centra en el gigante intercambiador de la estación de metro más grande del mundo: 'Chatelet Les Halles'. / Christopher Lambert escapa de los asesinos a sueldo cogiendo el metro en 'Dupleix'. / Jean-Hugues Anglade es perseguido hasta el tren en 'Concorde'. / Lambert escucha el saxofonista en 'Gallieni'.
P. 146

Sucedió una noche *(It happens one night)*
Frank Capra, EEUU, 1934
Clark Gable y Claudert Colbert protagonizan esta *road movie*, primera película en ganar los cinco grandes Oscars.

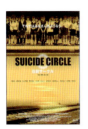

Suicide club *(Jisatsu saakuru)*
Shion Sono, Japón, 2002
• *Estación de Shinjuku, Tokyo, Japón*
Espectacular comienzo en la estación de tren con más de cincuenta colegialas como protagonistas.
P. 137

Superman *(Superman)*
Richard Donner, EEUU, 1978
• *Estación ferroviaria Grand Central, Nueva York, EEUU*
• *Puente Golden Gate, San Francisco, EEUU*
• *Presa de Boulder, Las Vegas, Nevada, EEUU*
El ayudante de Gene Hackman, Ned Beatty es seguido por las líneas de metro bajo la estación 'Grand Central' de Nueva York. / Christopher Reeve salva a un autobús escolar en el 'Golden Gate' de San Francisco / Y rescata a Marc McClure de la presa 'Boulder' en Nevada.

Surcos
José Antonio Nieves Conde, España, 1951
• *Línea ferroviaria entre Salamanca y Ávila, España*
Citada como ejemplo español del tratamiento que el cine dio a la emigración.
P. 154

Tal como éramos *(The way we were)*
Sydney Pollack, EEUU, 1973
• *Estación ferroviaria Union, Los Ángeles, EEUU*
Barbara Streisand escapan de una manifestación de 'red-baiters' en la estación 'Union' de Los Ángeles.

Tarzán en Nueva York *(Tarzan's New York adventure)*
Richard Thorpe, EEUU, 1942
• *Puente Brooklyn, Nueva York, EEUU*
Johnny Wissmuller se lanza al 'East River' desde el puente 'Brooklyn'.

Te querré siempre *(Viaggio in Italia)*
Roberto Rossellini, Italia, 1953
Road movie a la italiana, con Ingrid Bergman en el papel protagonista.
P. 164

Teddy al galope *(Teddy at the throttle)*
Clarence Badger, EEUU, 1916
Gloria Swanson es encadenada a las vías de un tren por Wallace Beery.
P. 138

Tener y no tener *(To have and nave not)*
Howard Hawks, EEUU, 1944
Humphrey Bogart vive en el puerto de la isla de Martinica y se gana la vida paseando a la gente en su barco.
P. 273

Teorema *(Teorema)*
Pier Paolo Pasolini, Italia, 1968
• *Estación ferroviaria Centrale, Milán, Italia*
Massimo Girotti, el padre de la familia burguesa seducida al completo (incluyendo sirvienta) por Terence Stamp, se desnuda en el andén de la Estación Central de Milán.

Terminator 2 *(Terminator 2: judgement day)*
James Cameron, EEUU, 1991
• *Canal Bull Creek, San Fernando Valley, California, EEUU*
• *Autopista Terminal Island, California, EEUU*
• *Autopista Pacific Coast, California, EEUU*
El canal utilizado en la persecución es el 'Bull Creek' en 'San Fernando Valley'. / La persecución final fue rodada en la 'Terminal Island Freeway' y en la 'Pacific Coast Highway'.
P. 201

Terminator 3: la rebelión de las máquinas
(Terminator 3: rise of the machines)
Jonathan Mostow, EEUU, 2003
Persecución espectacular.
P. 171

Terremoto *(Earthquake)*
Mark Robson, EEUU, 1974
• *Presa Mullholland, California, EEUU*
• *Autopista Glendale, Glendale, California, EEUU*
Los primeros indicios del futuro terremoto se descubren en la presa 'Mullholland', junto a Hollywood. / La carretera que termina devastada es un tramo de una autopista inacabada que está cerca de Glendale.

Testigo accidental *(Narrow margin)*
Peter Hyams, EEUU, 1990
Gene Hackman debe proteger a Anne Archer durante el trayecto en tren desde Los Ángeles a Vancouver.
PP. 132 Y 133

The boxer *(The boxer)*
Jim Sheridan, Irlanda-EEUU, 1997
Daniel Day-Lewis y Emily Watson resolverán su situación bajo un túnel.
P. 257

The dam busters *(The dam busters)*
Michael Anderson, Gran Bretaña, 1954
• *Presa de Lake Windemere, Lake District, Gales*
• *Presa de Elan Valley, Powys, Gales*
Los ataques a las presas se rodaron en 'Lake Windemere' en Lake District y en 'Elan Valley' en Powys.
P. 196

The navigator: una odisea en el tiempo
(The navigator: a mediaeval odyssey)
Vincent Ward, Australia / Nueva Zelanda, 1988
Citada como ejemplo de viajes en el tiempo.
P. 258

The smallest show on earth
(The smallest show on earth)
Basil Dearden, Gran Bretaña, 1957
• *Puentes ferroviarios junto a Kilburn Underground S, Londres, Gran Bretaña*
El cine heredado por la pareja protagonista está encajonado, ficticiamente, entre dos puentes ferroviarios junto a la estación metropolitana 'Kilburn'.

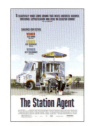

The station agent, vías cruzadas
(The station agent)
Tom McCarthy, EEUU, 2003
• *Estación ferroviaria Hoboken, New Jersey, EEUU*
Peter Dinklage convierte una estación abandonada en su nuevo hogar, y dedicará gran parte de su tiempo en observar trenes pasar.
PP. 83 Y 126

Theatre of blood *(Theatre of blood)*
Douglas Hickox, Gran Bretaña, 1973
• *Puente Hammersmith, Londres, Gran Bretaña*
• *Puente Albert, Londres, Gran Bretaña*
• *Puente Vauxhall, Londres, Gran Bretaña*
• *Puente Lambeth, Londres, Gran Bretaña*
La casa de la primera víctima de Vincent Price está en 'Hammersmith Bridge Road' y tiene vistas al puente 'Hammersmith'. / Otra de las casas tiene vistas al puente 'Albert'. / El edificio desde el que Price se lanza al Támesis está entre los puentes de 'Lambeth' y 'Vauxhall'.

Thelma & Louise (Thelma & Louise)
Ridley Scott, EEUU, 1991
• *Línea ferroviaria Shafter, California, EEUU*
• *Carreteras, California y Utah, EEUU*
La escena del tren se rodó en las vías en la zona del norte de Shafter. / Susan Sarandon y Geena Davis recorren las solitarias carreteras de California y Utah.
P. 159

THX 1138 (THX 1138)
George Lucas, EEUU, 1970
• *Tren metropolitano BART, San Francisco, EEUU*
Primera película de Lucas en la que aparece el claustrofóbico sistema de túneles del 'San Francisco Bay Area Rapid Transit' (BART).
P. 260

Tiburón (Jaws)
Steven Spielberg, EEUU, 1975
• *Puente American Legion Memorial, Massachusetts, EEUU*
• *Puerto Menemsha, Massachusetts, EEUU*
Aparece el 'American Legion Memorial Bridge' bajo el que el tiburón penetra en la charca de 'Sengekontacket' y ataca al hijo del *sheriff* 'Brody'. / El pequeño puerto de 'Menemsha' es el lugar donde se encuentra la tienda de Robert Shaw.

Tiempos modernos (Modern times)
Charles Chaplin, EEUU, 1936
La ciudad en los años 30.
P. 292

Tierra de audaces (Jesse James)
Henry King, EEUU, 1939
Citada como ejemplo de forajidos de leyenda.
P. 161

Tierra de faraones (Land of the pharaohs)
Howard Hawks, EEUU, 1955
Ejemplo de las técnicas constructivas más enigmáticas de la historia.
P. 107

Tierras de penumbra (Shadowlands)
Richard Atthemborough, Gran Bretaña, 1993
• *Estación ferroviaria Loughboroug, Leicestershire, Gran Bretaña*
La estación de tren 'Great Central Railway, Loughborough Station', en Leicestershire hace las veces de la estación de Oxford que no pudo utilizarse por estar completamente remodelada y renovada.

Titanic (Titanic)
James Cameron, EEUU, 1997
Leonardo Di Caprio partirá del puerto de Southampton en el barco que no podía hundirse.
P. 274

Todo el oro del mundo (Tout l'or du monde)
René Clair, Francia, 1961
La especulación inmobiliaria dentro de la ordenación urbana como telón de fondo de esta comedia.

Todo empieza hoy
(Ça commence aujourd'hui)
Bertrand Tavernier, Francia, 1999
La ciudad en los años 90.
P. 305

Todos dicen "I love you" *(Everyone says I love you)*
Woody Allen, EEUU, 1996
• *Puente Tournelle, París, Francia*
Woody Allen baila con Goldie Hawn a orillas del Sena con el puente de fondo.

Todos los hombres del presidente *(All the president's men)*
Alan J. Pakula, EEUU, 1976
• *Aparcamiento del ABC Center, Los Ángeles, EEUU*
Robert Redford se cita en este siniestro garaje bajo el 'ABC Entertainment Center' en Los Ángeles.

Tomates verdes fritos *(Fried green tomatoes at the Whistle Stop Cafe)*
Jon Avnet, EEUU, 1991
• *Línea ferroviaria en Juliette, Georgia, EEUU*
Las vías de tren donde es atropellado el chico son unas vías existentes en 'Juliette' a unas 60 millas al sureste de Atlanta, Georgia.
P. 137

Toro salvaje *(Raging bull)*
Martín Scorsese, EEUU, 1980
Citada como ejemplo de transformación física de un actor para un papel.
P. 309

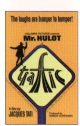
Traffic *(Traffic)*
Jacques Tati, Francia, 1972
La ciudad en los años 50.
P. 297

Traidor en el infierno *(Stalag 17)*
Billy Wilder, EEUU, 1957
Los soldados aliados del campo de prisioneros alemán excavan un túnel para escapar.
P. 252

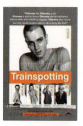
Trainspotting *(Trainspotting)*
Danny Boyle, Escocia, 1996
• *Puente Calton Street, Edimburgo, Escocia*
En la escena inicial, Ewan McGregor es golpeado por el coche en la calle 'Princess Street' junto al puente de 'Calton Street'.

Trenes rigurosamente vigilados *(Ostre sledovane vlaky)*
Jiri Menzel, Checoslovaquia, 1966
• *Estación ferroviaria Lodenice, Lodenice, República Checa*
El protagonista es el guardia de una estación de trenes y está rodada toda en la estación de Lodenice en Checoslovaquia.
P. 127

Último tren a Katanga *(The mercenaries)*
Jack Cardiff, Gran Bretaña, 1968
Rod Taylor y sus ayudantes deben proteger este tren con una importante carga humana y de diamantes durante la guerra civil en El Congo.

Un día de furia *(Falling down)*
Joel Schumacher, EEUU, 1993
• *Muelle Venice, Los Ángeles, EEUU*
Michael Douglas finalmente se da cuenta de su locura sobre el muelle 'Venice Pier' al final de Washington Street.
P. 171

Un día en Nueva York (*On the town*)
Gene Kelly, EEUU, 1949
• *Puente Manhattan, Nueva York, EEUU*
La escena inicial y la final se rodaron junto al puente 'Manhattan' en Flushing Avenue, en el 'Brooklyn Naval Yard'.

Un hombre lobo americano en Londres
(*An american werewolf in London*)
John Landis, Gran Bretaña, 1981
• *Estación metropolitana Tottenham Court Road, Londres, Gran Bretaña*
El *dandy* inglés es atacado y mordido por el hombre lobo tras una claustrofóbica persecución por la estación de metro.
P. 146

Un lugar en el mundo
Adolfo Aristaráin, Argentina, 1991
• *Presa en Valle Bermejo, San Luis, Argentina*
La especulación provocada por la información privilegiada acerca de la futura construcción de una presa serán el caballo de batalla de José Sacristán, Federico Luppi y Cecilia Roth.
PP. 136, 181 Y 193

Un lugar en el sol (*A place in the sun*)
George Stevens, EEUU, 1951
Citada como película con guión de Michael Wilson.
P. 30

Un lugar en la cumbre (*Room at the top*)
Jack Clayton, Gran Bretaña, 1958
• *Estación ferroviaria Halifax, Yorkshire, Gran Bretaña*
La película empieza con la llegada de Laurence Harvey a la ficticia ciudad de 'Warnley Town' usando la estación de 'Halifax Station' en Yorkshire.

Un pez llamado Wanda (*A fish called Wanda*)
Charles Crichton, Gran Bretaña, 1988
• *Canal Grand Union, Londres, Gran Bretaña*
La casa en la que vive Wanda en su pecera está en la avenida 'Maida' en el canal 'Grand Union'.

Un puente lejano (*A Bridge too far*)
Richard Atthemborough y Sidney Hayers, EEUU, 1977
• *Puente Nijmegen, Nijmegen, Holanda*
El puente y los alrededores se encuentran en la ciudad de 'Nijmegen', Holanda, donde realmente ocurrieron los hechos.
PP. 222 Y 225

Un trabajo en Italia (*The italian job*)
Peter Collinson, Gran Bretaña, 1969
Michael Caine y Noel Coward se valdrán de atascos, alcantarillas, callejones y tres mini-couper para llevar a cabo un atraco.
P. 170

Un tranvía llamado Deseo
(*A streetcar named Desire*)
Elia Kazan, EEUU, 1951
• *Estación ferroviaria L&N, Nueva Orleáns, EEUU*
• *Tranvía, Nueva Orleáns, EEUU*
La estación de tren es la 'L&N Train Station' al pie de Canal Street. / Los tranvías ya habían desaparecido cuando se rodó la película, pero se utilizó uno de los auténticos para rodar los planos.

Una barca saliendo del puerto
(*Sortie du port*)
Louis Jean Lumière, Francia, 1895
• *Puerto de La Ciotat, Francia*
Documental sobre la salida de una barca del puerto.
P. 114

Una habitación con vistas
(A room with a view)
James Ivory, Gran Bretaña, 1986
• *Estación ferroviaria Horsted Keynes, Sussex, Gran Bretaña*
La estación de tren es 'Horsted Keynes Station', la teminal norte de la famosa 'Bluebell Line' al norte de 'Haywards Heath'.

Una historia verdadera *(The Straight story)*
David Lynch, EEUU, 1999
En esta *road movie* el vehículo que Richard Farnsworth conduce es una segadora.
P. 166

Una proposicion indecente
(Indecent Proposal)
Adrian Lyne, EEUU, 1993
• *Muelle Paradise Cove, Malibú, EEUU*
La escena final del beso se rodó en el muelle en 'Paradise Cove', una playa privada al oeste de Malibú.

Único testigo *(Witness)*
Peter Weir, EEUU, 1985
• *Estación ferroviaria Thirtieth Street, Filadelfia, EEUU*
El asesinato inicial tine lugar en los cuartos de baño de la estación '30th Street Railway Station' de Filadelfia.
P. 144

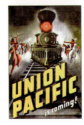
Unión Pacífico *(Union Pacific)*
Cecil B DeMille, EEUU, 1939
• *Línea ferroviaria Union Pacific Railway, Iowa, EEUU*
El argumento de la película gira en torno a la construcción de la línea ferroviaria 'Union Pacific Railway', primera línea transcontinental americana.
P. 124

Uno de los nuestros *(Goodfellas)*
Martin Scorsese, EEUU, 1990
• *Canal Gowanus, Nueva York, EEUU*
• *Tren elevado F line, Nueva York, EEUU*
La tensa reunión con el paranoico Robert De Niro se rodó en 'Smith Street', junto al canal 'Gowanus Canal' bajo el ferrocarril elevado 'F line'.

Vértigo-De entre los muertos *(Vertigo)*
Alfred Hitchcock, EEUU, 1958
• *Puente Golden Gate, San Francisco, EEUU*
Kim Novak se zambulle en la bahía de San Francisco desde el estribo sur del puente 'Golden Gate', en el lugar llamado 'Fort Point'.

Viaje alucinante *(Fantastic voyage)*
Richard Fleischer, EEUU, 1966
Viaje a través de otros túneles menos ingenieriles, las venas y arterias.
P. 260

Vidas rebeldes *(The misfits)*
John Huston, EEUU, 1961
• *Puente Truckee River, Reno, Nevada, EEUU*
Marilyn Monroe tira su anillo de boda tras el divorcio al río desde el puente 'Truckee River' en Reno.

Viven *(Alive)*
Frank Marshall, EEUU, 1993
Citada como ejemplo de supervivencia en accidentes aéreos.
P. 284

Wall Street *(Wall Street)*
Oliver Stone, EEUU, 1987
La ciudad en los años 80.
P. 303

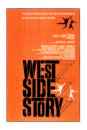

West Side Story *(West Side Story)*
Robert Wise, EEUU, 1961
La ciudad en los años 60.
PP. 287 y 300

Wilbur se quiere suicidar
(Wilbur wants to kill himself)
Lone Scherfig, Dinamarca, 2002
La ciudad en los años 90.
P. 305

X-men *(X-men)*
Bryan Singer, Canadá, 2000
• *Carretera del parque natural Rouge River, Toronto, Canadá*
• *Estación ferroviaria Old Hamilton, Hamilton, Toronto*
La carretera donde es atacado el camión es la carretera del parque natural 'Rouge River Valley Park' al este de Toronto. / En la 'Old Hamilton Train Station', Ian McKellen usa sus poderes electromagnéticos para hacer levitar los coches de policía.

Y Dios creó a la mujer
(Et Dieu... crea la femme)
Roger Vadim, Francia, 1957
• *Puerto Méloe Jean Réveille, Saint Tropez, Francia*
Brigitte Bardot se dio a conocer en el cine contoneándose por este puerto.

Y el mundo marcha *(The crowd)*
King vidor, EEUU, 1929
La ciudad en los años 20.
PP. 291 y 292

Zabriskie Point *(Zabriskie Point)*
Michelangelo Antonioni, EEUU, 1970
La ciudad en los años 70.
PP. 300 y 301

Zazie en el metro *(Zazie dans le métro)*
Louis Malle, Francia, 1960
• *Tren metropolitano, París, Francia*
Catherine Demongeot tiene que pasar dos días con un tío suyo en París, pero ella escapará para explorar por sí sola la ciudad, con la obsesión de conocer el metro de París.

Relación de FOTOGRAMAS

Los fotogramas citados en el libro corresponden a las siguientes películas:

P. 17	La llegada de un tren a la estación, 1895, Lumière Productions (Louis Lumière, *L'arrivée d'un train à la Ciotat*)
P. 25	El puente sobre el río Kwai, 1957, Columbia Pictures (David Lean, *The bridge on the river Kwai*)
P. 30	Títulos de crédito de 'El puente sobre el río Kwai' de 1957 y su corrección en 1985
PP. 32, 33, 34, 35, 36, 37, 39, 40, 41, 43, 47 Y 48	El puente sobre el río Kwai, 1957, Columbia Pictures (David Lean, *The bridge on the river Kwai*)
PP. 56, 58, 59, 60, 61, 62, 64, 67, 69, 71, 73, 74, 75 Y 79	El tren, 1965, Metro-Goldwyn-Mayer (John Frankenheimer, *The train*)
PP. 83, 84, 85, 86, 87, 91, 93, 94, 96, 99 Y 101	Breve encuentro, 1946, Cineguild (David Lean, *Brief encounter*)
PP. 109	Fotogramas superiores: Espartaco, 1960, Universal Pictures (Stanley Kubrick, *Spartacus*). Foto inferior: En construcción, 2001, Ovideo TV (José Luis Guerin)
PP. 111 Y 112	1492: La conquista del paraíso, 1992, Cyrk-Legende-Due West (Ridley Scott, *1492: conquest of paradise*)
PP. 115	De arriba a abajo: Botadura del Fürst Bismarck, 1896, Lumière Productions (Louis Lumière, *Lancement du Fürst-Bismarck*); Partida de pescadores de un puerto, 1895, Lumière Productions (Louis Lumière, *Barque sortant du port*); Demolición de un muro, 1895, Lumière Productions (Louis Lumière, *Démolition d'un mur*); Asalto y robo al tren, 1903, Edison Manufacturing Company (Edwin S. Porter, *The great train robbery*)

PP. 123 Y 124	El caballo de hierro, 1924, 20th Century Fox (John Ford, *The iron horse*)
P. 125	La canción del camino, 1955, Satyajit Ray (Satyajit Ray, *Pather panchali*)
PP. 126 Y 127	El espíritu de la colmena, 1973, Elías Querejeta P.C. (Víctor Erice)
PP. 128 Y 129	Bailar en la oscuridad, 2000, Zentropa (Lars Von Trier, *Dancer in the dark*)
P. 131	El expreso de Shanghai, 1932, Paramount Pictures (Josef Von Sternberg, *Shanghai express*)
PP. 132 Y 133	El puente de Cassandra, 1976, International Cine (George Pan Cosmatos, *The Cassandra crossing*)
P. 135	El hombre que mató a Liberty Valance, 1962, Paramount Pictures (John Ford, *The man who shot Liberty Valance*)
P. 137	El bola, 2000, Tesela P.C. (Achero Mañas)
P. 138	Anna Karenina, 1948, Motion Pictures (Julien Duvivier, *Anna Karenina*)
P. 141	El maquinista de la general, 1927, United Artists (Búster Keaton & Clyde Bruckman, *The General*)
P. 142	Historias de Tokyo, 1953, Shochiku Films (Yasujiro Ozu, *Tokyo monogatari*)
P. 143	Estación Termini, 1953, Columbia Pictures (Vittorio de Sica, *Stazione Termini*)
P. 144	Érase una vez en América, 1984, Warner Bros. Pictures (Sergio Leone, *Once upon a time in America*)
P. 146	Fotos superiores: Barrio, 1998, Elías Querejeta P.C./Sogetel (Fernando León de Aranoa). Foto inferior: Nadie hablará de nosotras cuando hayamos muerto, 1995, Flamenco Films (Agustín Díaz Yanes)
P. 147	La tentación vive arriba, 1955, 20th Century Fox (Billy Wilder, *The seven year itch*)
P. 155	Las uvas de la ira, 1940, 20th Century Fox (John Ford, *The grapes of wrath*)
PP. 156, 157 Y 158	Easy rider, 1969, Columbia Pictures (Dennis Hopper, *Easy rider*)
P. 159	Fotos superiores: Thelma y Louise, 1991, Metro-Goldwyn-Mayer (Ridley Scott, *Thelma and Louise*). Fotos inferiores: La escapada, 1962, Fair Film (Dino Risi, *Il sorpasso*)
PP. 160 Y 161	Bonnie y Clyde, 1967, Warner Bros. Pictures (Arthur Penn, *Bonnie and Clyde*)
P. 163	Dos en la carretera, 1967, 20th Century Fox (Stanley Donen, *Two for the road*)
P. 165	Muerte de un ciclista, 1955, Guión Films/Trionfalcine (Juan Antonio Bardem)
P. 166	Una historia verdadera, 1999, Picture Factory/Film Four (David Lynch, *The straight story*)
P. 167	El diablo sobre ruedas, 1971, Universal Pictures (Steven Spielberg, *Duel*)
P. 168	El salario del miedo, 1953, International Affiliates (H.G. Clouzot, *Le salaire de la peur*)
P. 170	Atrapa a un ladrón, 1955, Paramount Pictures (Alfred Hitchcock, *To catch a thief*)
P. 171	Matrix reloaded, 2003, Warner Bros. Pictures (Andy y Larry Wachowski, *Matrix reloaded*)

PP. 172 Y 173	Manhattan, 1979, Metro-Goldwyn-Mayer (Woody Allen, *Manhattan*)
PP. 175 Y 177	Granujas a todo ritmo, 1980, Universal Pictures (John Landis, *The Blues brothers*)
P. 182	Izquierda: El hombre que mató a Liberty Valance, 1962, Paramount Pictures (John Ford, *The man who shot Liberty Valance*). Derecha: Chinatown, 1974, Long Road Productions (Roman Polanski, *Chinatown*)
PP. 183, 185, 186 Y 187	L'Atalante, 1934, Gaumont (Jean Vigo, *L'Atalante*)
P. 188	Chinatown, 1974, Long Road Productions (Roman Polanski, *Chinatown*)
P. 189	El pan nuestro de cada día, 1934, Fox Film Corporation (King Vidor, *Our daily bread*)
P. 193	Un lugar en el mundo, 1992, Aristarain/Papaleo (Adolfo Aristarain)
PP. 194 Y 195	Old boy, 2003, Show East (Chan-Wook Park, *Old boy*)
P. 197	Fotografías a la izquierda: The dam busters, 1954, Warner Bros. Pictures (Michael Anderson, *The dam busters*). Fotografías a la derecha: La guerra de las galaxias, 1977, 20th Century Fox/LucasFilms (George Lucas, *Stars wars*)
P. 200	El fugitivo, 1993, Warner Bros. Pictures (Andrew Davis, *The fugitive*)
P. 201	El tercer hombre, 1949, London Films (Carol Reed, *The third man*)
P. 202	Extraños en un tren, 1951, Warner Bros. Pictures (Alfred Hitchcock, *Strangers on a train*)
P. 203	Cantando bajo la lluvia, 1952, Metro-Goldwyn-Mayer (Stanley Donen & Gene Kelly, *Singin' in the rain*)
PP. 205, 206, 209 Y 210	Érase una vez en América, 1984, Warner Bros. Pictures (Sergio Leone, *Once upon a time in America*)
P. 213	Los puentes de Madison, 1995, Warner Bros. Pictures/Malpaso (Clint Eastwood, *The bridges of Madison County*)
P. 214	Noches blancas, 1957, Cinematográfica Associates (Luchino Visconti, *Le notti bianche*)
P. 215	Los amantes del Pont-Neuf, 1991, Films Christian Fechner (Leos Carax, *Les amants du Pont-Neuf*)
P. 217	La chica del puente, 1999, Films Christian Fechner (Patrice Leconte, *La fille sur le ponte*)
PP. 220 Y 221	El puente de Remagen, 1969, Metro-Goldwyn-Mayer/United Artists (John Guillermin, *The bridge at Remagen*)
PP. 222 Y 223	El puente, 1957, Fono Film (Bernhard Wicki, *Die Brücke*)
P. 227	Indiana Jones y el templo maldito, 1984, Paramount Pictures (Steven Spielberg, *Indiana Jones and the temple of doom*)
P. 230	Jules y Jim, 1961, Les Films du Carrosse (François Truffaut, *Jules et Jim*)
P. 231	Fotos superiores: ¡Qué bello es vivir!, 1946, RKO Radio Pictures/Liberty Films (Frank Capra, *It's a wonderful life!*) Fotos inferiores: Hombres de presa, 1947, RKO Radio Pictures (Richard Wallace, *Tycoon*)

PP. 232 Y 233	Fiebre del sábado noche, 1977, Paramount Pictures (John Badham, *Saturday night fever*)
P. 236	Érase una vez en América, 1984, Warner Bros. Pictures (Sergio Leone, *Once upon a time in America*)
P. 237	Foto superior: Manhattan, 1979, Metro-Goldwyn-Mayer (Woody Allen, *Manhattan*). Fotos inferiores: Secretos del corazón, Aiete Films/Ariane Films (Montxo Armendáriz)
PP. 239 Y 241	El puente sobre el río Kwai, 1957, Columbia Pictures (David Lean, *The bridge on the river Kwai*)
PP. 248 Y 249	Cadena perpetua, 1994, Castle Rock Entertainment/Columbia Pictures (Frank Darabont, *The Sawshank redemption*)
PP. 250 Y 251	La gran evasión, 1963, Metro-Goldwyn-Mayer/United Artists (John Sturges, *The great escape*)
P. 253	La evasión, 1960, Titanus (Jacques Becker, *Le trou*)
P. 255	Granujas de medio pelo, 2000, Sweetland Films/Magnolia Productions (Woody Allen, *Small time crooks*)
P. 257	Con la muerte en los talones, 1959, Metro-Goldwyn-Mayer (Alfred Hitchcock, *North by northwest*)
P. 259	Fotogramas superiores: Delicatessen, 1991, UGC/Hachette Premiere (Jean Pierre Jeunet y Marc Caro, *Delicatessen*) Fotogramas inferiores: La torre de los siete jorobados, 1944, J Films/España Films (Edgar Neville)
P. 260	Metrópolis, 1926, U.F.A. (Fritz Lang, *Metropolis*)
P. 261	Mujeres al borde de un ataque de nervios, 1988, El Deseo (Pedro Almodóvar)
P. 263	Hombres de presa, 1947, RKO Radio Pictures (Richard Wallace, *Tycoon*)
PP. 265, 267 Y 268	El temible burlón, 1952, Warner Bros. Pictures (Robert Siodmak, *The crimson pirate*)
P. 272	La ley del silencio, 1954, Columbia Pictures (Elia Kazan, *On the waterfront*)
P. 275	América, América, 1963, Warner Bros. Pictures (Elia Kazan, *America, America*)
P. 276	Fotogramas superiores: Érase una vez en América, 1984, Warner Bros. Pictures (Sergio Leone, *Once upon a time in America*) Fotograma inferior: Godzilla, 1954, Toho Films (Inoshiro Honda, *Gojira*)
P. 277	Godzilla, 1954, Toho Films (Inoshiro Honda, *Gojira*)
P. 278	Stromboli, 1950, Excelsa Film (Roberto Rossellini, *Stromboli, terra di Dio*)
P. 279	¿Quién puede matar a un niño?, 1976, Penta Films (Narciso Ibáñez Serrador)
P. 284	Mujeres al borde de un ataque de nervios, 1988, El Deseo (Pedro Almodóvar)
P. 285	Casablanca, 1942, Warner Bros. Pictures (Michael Curtiz, *Casablanca*)
P. 291	Y el mundo marcha..., 1929, Metro-Goldwyn-Mayer (King Vidor, *The crowd*)
P. 292	El hombre mosca, 1923, Pathé (Fred D. Newmeyer & Sam Taylor, 1923, *Safety last!*)

P. 293	El triunfo de la voluntad, 1935, Reichsparteitagsfilm (Leni Riefenstahl, *Dokument vom Reichsparteitag*)
P. 294	El tercer hombre, 1949, London Films (Carol Reed, *The third man*)
P. 298	Fotogramas superiores: Mi tío, 1958, Jacques Tati Films/Specta-Gray-Alter Films (Jacques Tati, *Mon oncle*) Fotograma inferior: Playtime, 1967, Specta Films (Jacques Tati, *Playtime*)
P. 299	Playtime, 1967, Specta Films (Jacques Tati, *Playtime*)
P. 300	Izquierda: El amigo americano, 1977, Road Movies Dritte Produktionen (Wim Wenders, *Der amerikanische Freund*) Derecha: La ley de la calle, 1983, Hot Weather Films (Francis Ford Coppola, *Rumble fish*)
P. 301	Alicia en las ciudades, 1974, Production 1/Filmverlag der Autoren (Wim Wenders, *Alice in den Stadten*)
P. 305	Fotogrma superior: Barrio, 1998, Elías Querejeta P.C./Sogetel (Fernando León de Aranoa) Fotograma inferior: El cielo sobre Berlín, 1987, Road Movies Dritte Produktionen/Argos Films (Wim Wenders, *Der Himmel über Berlin*)
P. 306	Vidas cruzadas, 1993, Sandcastle 5 Productions/Avenue Pictures (Robert Altman, *Short Cuts*)
P. 311	Goldeneye, 1995, Eon Productions/Danjaq (Martin Campbell, *Goldeneye*)
P. 313	Doctor Zhivago, 1965, Metro-Goldwyn-Mayer (David Lean, *Doctor Zhivago*)
P. 316	Érase una vez en América, 1984, Warner Bros. Pictures (Sergio Leone, *Once upon a time in America*)
P. 317	Fotograma superior: 1997...Rescate en Nueva York, 1981, Avco Embassy Pictures/Goldcrest Films International (John Carpenter, *Escape from New York*) Fotograma inferior: Johnny Mnemonic, 1995, Aliance Atlantis (Robert Longo, *Johnny Mnemonic*)
P. 318	Izquierda: Blade runner, Ladd Company/Shaw Brothers (Ridley Scott, *Blade runner*). Derecha: Asesinos de reemplazo, 1998, Columbia Pictures (Antoine Fuqua, *The replacement killers*)
P. 320	El graduado, 1967, Lawrence Turman/Embassy Pictures (Mike Nichols, *The graduate*)
PP. 322 Y 323	Dersu Uzala, 1975, MosFilm/Toho Company (Akira Kurosawa, *Dersu Uzala*)
P. 324	La caja china, 1997, Wayne Wang Productions/NDF International (Wayne Wang, *Chinese box*)
P. 327	Enquête sur un film au-dessus de tout soupçon (Olivier Guiton, 1991, *Enquête sur un film au-dessus de tout soupçon*)

Todas las imágenes has sido facilitadas por la Filmoteca Nacional y por colecciones privadas.

BIBLIOGRAFÍA comentada

Ábalos, Iñaki. *La buena vida,* Editorial Gustavo Gili, Barcelona, 2000. Interesante ensayo sobre esta película y el análisis de la vivienda contemporánea.

Alzola y Minondo, Pablo de. *Historia de las obras públicas en España,* Colegio de Ingenieros de Caminos, Canales y Puertos, Madrid, 2001 (3ª Ed.).
Reedición del libro que escribió Pablo de Alzola en 1899 en el que analiza la historia y la evolución de las obrás públicas españolas.

AMOMA. *Content,* Rem Koolhaas/&&&/Simon Brown/Jon Link, Taschen, Colonia, 2004.
Léase al respecto del *junk space*.

Aristóteles. *Poética,* Ediciones Istmo, Madrid, 2002.
La primera teórica sobre narrativa.

Augé, Marc. *Los no lugares. Espacios del anonimato. Una antropología de la sobremodernidad,* Editorial Gedisa, Barcelona, 2004.
Para profundizar en esta nueva perspectiva sobre el crecimiento urbano y los nuevos espacios de relación.

Benévolo, Leonardo. *La proyectación de ciudad moderna,* Gustavo Gili, Barcelona, 2000.
Amplio estudio del urbanismo y la arquitectura de comienzos del siglo XX.

Boulle, Pierre. *El puente sobre el río Kwai,* Emecé Editores, Buenos Aires, 1958.
Novela que originó el guión de la película.

Carrière, Jean-Claude. La *película que no se ve,* Ed. Paidós, Barcelona, 1997.
Sabiduría y experiencia de uno de los grandes guionistas y dramaturgos europeos.

Fernández Ordóñez, José A. *Eugène Freyssinet,* 2 c Ediciones, Barcelona, 1978.
Biografía del ingeniero francés inventor del pretensado y precursor de tantas otras técnicas para la construcción.

Gordon, William A. *Shot on this site,* Carol Publishing Group, EEUU, 1996.
Catálogo de localizaciones de películas y series de televisión.

Gubern, Román. *Historia del cine,* Editorial Lumen, España, 1991 (XX Ed.).
Repaso de la historia mundial del cine a través de los distintos movimientos en cada país.

Hemingway, Ernst. *Death in the Afternoon,* Scribner's, 1932.
Novela en la que el autor aprovecha, de forma escueta, para analizar cómo debe escribir un escritor de prosa.

Klein, Alexander. *Vivienda mínima: 1906-1957,* publicada en castellano por Gustavo Gili, Barcelona, 1980.
Texto clave para comprender que el Funcionalismo es un término amplio y ambiguo con el que se recogen todas las aspiraciones cientifistas, economicistas e higienistas que se dieron en la arquitectura de esa época.

Koolhaas, Rem. *Delirious New York,* 010 Publishers, Rótterdam, 1994.
En él se estudia la cultura de congestión como elemento fundamental de desarrollo de la gran ciudad norteamericana.

Lambert, Phyllis (ed.) *Mies in America,* CCA y Whitney Museum of American Art, editores, Nueva York, 2001.
Fundamental para comprender la influencia de Mies van der Rohe y otros arquitectos europeos en la arquitectura estadounidense.

Mallozi, Vincent M. *Artículo del New York Times,* publicado en la contraportada del periódico El País, 18-4-05.

Moix, Terence. *La gran historia del cine,* editada en fascículos por el semanario ABC Blanco y Negro, 1995.
Extenso y detallado repaso a la historia del cine con motivo de su centenario, dividido en tres tomos, el último de los cuales está dedicado al cine moderno y español.

Molema, Jan. *The New Movement in The Netherlands 1924-1936,* 010 Publishers, Rotterdam, 1996.
Léase al respecto de la Nueva Objetividad.

Moliner, María. *Diccionario de uso del español,* Ed. Gredos S.A., Madrid, 1992.

Nafus, Chale. *Bridges on Films,* Historic Bridge Foundation, Austin, 2002.
Ensayo sobre la importancia de los puentes en el cine.

ONU. *Cumbre mundial sobre el desarrollo sostenible,* Johanesburgo, Sudáfrica, 2002

Passek, Jean Lup, VV.AA. *Diccionario del cine,* Ediciones Rialp, España, 1992 (XX Ed.).
Enciclopedia del cine con entradas de cineastas, intérpretes, estilos, movimientos y aspectos técnicos.

Pratley, Gerald. *The cinema of David Lean,* A. S. Barnes & Co., Inc. 1974.
Estudio crítico sobre el cine de David Lean.

Pratley, Gerald. *The cinema of John Frankenheimer,* A. Zwemmer Limited, London. A.S. Barnes & Co., New York, 1969.
Estudio crítico sobre el cine de John Frankenheimer.

Reeves, Tony. *The worldwide guide to movie locations,* Library of Congress Cataloging in Publication Data (A Capella Books), Chicago, 2001.
Catálogo de localizaciones de películas.

Rivera Gámez, David. *Los Ángeles, Las Vegas, Zabriskie Point. El paisaje urbano vernáculo de lo Estados Unidos y la crítica arquitectónica de los años 70.* La ventana indiscreta nº. 2. Abril 2005. Cuadernos del Aula de cine y arquitectura de la ETSAM, Madrid, 2005.
Artículo que analiza "Zabriskie Point" en relación con el urbanismo de los 70.

Sanders, James. *Celluloid Skyline, New York and the movies,* Bloomsbury Publishing, EEUU, 2002.
La ciudad de Nueva York reflejada en el cine a través de las películas que la eligieron como localización.

Silverman, Stephen M. *David Lean,* Harry N. Abrahams Inc. publishers, New York, 1989.
Retrato de la vida de uno de los directores de cine más grandes de la historia a través de sus películas.

Trueba, Fernando. *Diccionario de Cine,* Editorial Planeta S.A., Barcelona, 1997.
Interesantes definiciones, divertidas y muy personales sobre el mundo del cine y sus protagonistas.

Truffaut, François. *El cine según Hitchcock,* RBA Editores, Barcelona, 1992.
Extensa entrevista que el director francés le hizo a Alfred Hitchcock.

Vale, Eugene. *Técnicas del guión para cine y televisión*, Ed. Gedisa, S. A., Barcelona, 1996.
Manual de guión para cine y televisión.

Vergara, Camilo José. *The New American Ghetto,* Rutgers University Press, Nueva Jersey, 1995.
Véase al respecto del "cuarto mundo".